U0143198

全球价值链测度理论、方法与应用

——基于投入产出模型

祝坤福　著

国家自然科学基金项目（72173130，71733003）

科 学 出 版 社

北 京

内 容 简 介

　　全球价值链是近几十年经济全球化的重要现象，量化并测度全球价值链的演化特征是国际经济学研究领域的重要问题，也是政府、业界和学界关注的时代热点。本书基于投入产出技术，从单国模型到全球多国模型，从同质性部门模型扩展至反映部门内部异质型企业的模型，提出了基于全球价值链的贸易分解核算框架和生产分解核算框架，以及贸易增加值、垂直专业化、全球价值链参与度与位置等一系列全球价值链量化指标的测度方法，研究了全球价值链分工的演化特征和中国在全球价值链中角色和作用的变化。本书由浅入深，有助于读者逐步了解全球价值链量化方法与分工现状，启发读者利用全球价值链思维分析传统研究问题。

　　本书适用于国际经济、产业经济和公共管理等领域的硕士、博士研究生和学者，并可供贸易投资政策和产业政策研究和制定的政府部门、有关企事业单位从业人员参考阅读。

图书在版编目（CIP）数据

全球价值链测度理论、方法与应用：基于投入产出模型 / 祝坤福著. —— 北京：科学出版社，2023.6
　　ISBN 978-7-03-075905-4

　　Ⅰ．①全… Ⅱ．①祝… Ⅲ．①投入产出模型－应用－世界经济－研究 Ⅳ．①F223②F11

中国国家版本馆 CIP 数据核字（2023）第 110480 号

责任编辑：郝　悦 / 责任校对：贾娜娜
责任印制：张　伟 / 封面设计：有道设计

科学出版社 出版
北京东黄城根北街 16 号
邮政编码：100717
http://www.sciencep.com

北京盛通数码印刷有限公司印刷
科学出版社发行　各地新华书店经销

*

2023 年 6 月第　一　版　开本：720×1000　1/16
2023 年 6 月第一次印刷　印张：12 1/2
字数：252 000

定价：150.00 元
（如有印装质量问题，我社负责调换）

作 者 简 介

祝坤福，中国人民大学经济学院副教授，中国科学院数学与系统科学研究院管理学博士。曾任亚洲开发银行（Asian Development Bank）经济与统计专家，亚太经济合作组织贸易增加值数据库技术专家，美国哥伦比亚大学、约翰·霍普金斯大学和美国国际贸易委员会访问学者。研究方向为全球价值链量化、投入产出经济学、贸易与气候变化等。在 *Journal of Comparative Economics*、*Journal of International Money and Finance*、*Nature Climate Change*、*One Earth*、*Applied Energy*、*Energy Economics*、*Global Climate Change*、*China Economic Review*、《中国社会科学》《经济研究》和《中国工业经济》等国内外期刊上发表文章 40 余篇。主持国家自然科学基金项目多项，省部级政策咨询项目 10 余项。曾获第十九届孙冶方经济科学奖（2020 年）、第八届高等学校科学研究优秀成果奖（人文社会科学）二等奖（2020 年）、第十九届安子介国际贸易研究奖一等奖（2016 年）、第十三届孙冶方经济科学奖（2009 年）和第二届张培刚发展经济学研究优秀成果奖（2009 年）等。

前　言

近三四十年来，贸易投资自由化提升和信息通信技术革新，大大地推动了全球价值链的形成。全球价值链下的产品生产跨越多个国界的现象越来越普遍，产品的价值来源也涉及很多国家或地区。传统的官方生产贸易统计存在严重不足，已不能反映当前以全球价值链为基础的国际生产分工的实际情况。如何透过复杂的跨国的生产和贸易数据，追溯全球价值链各个生产环节，量化并测度全球生产中"全球价值链"活动，研究其演化特征与动态趋势，既是国际经济学研究领域的重要科学问题，也是政府、业界和学界关注的时代热点。希望通过本书，对前期研究成果进行系统梳理，将之前相对零散的研究以更为完整的形式呈现给读者。本书相关研究成果已经发表在 *Journal of Comparative Economics*、*Journal of International Money and Finance*、《中国社会科学》和《经济研究》等国内外重要权威期刊，并获得第十九届孙冶方经济科学奖（2020 年）、第八届高等学校科学研究优秀成果奖（人文社会科学）二等奖（2019 年）、第十九届安子介国际贸易研究奖一等奖（2016 年）、第十三届孙冶方经济科学奖（2009 年）和第二届张培刚发展经济学研究优秀成果奖（2009 年）等，具有较高的学术水平与理论价值，值得广大读者借鉴和参考。

本书基于投入产出技术，从最简单的单国一般非竞争型投入产出模型入手，根据中国利用成本优势和政策优惠，以吸引外资和加工贸易方式融入全球价值链的特征，构建了反映加工贸易和外资企业的非竞争型投入产出模型，并进一步从单国投入产出模型扩展至全球多国（地区）投入产出模型，提出了基于全球价值链的贸易分解核算框架和生产分解核算框架，以及贸易增加值、垂直专业化、全球价值链参与度与位置等一系列全球价值链量化指标的测度方法，进一步研究了全球价值链分工的演化特征，以及中国在全球价值链中角色和作用变化。本书共包括十章内容。前六章内容是基于单国投入产出模型，以中国为视角的全球价值链量化与应用研究。第一章介绍了最基础的单国一般非竞争型投入产出模型和中国完全国内增加值和完全进口分析。第二章介绍了反映加工贸易的非竞争型投入产出模型及应用，第三章基于该模型分析了中国出口的国内增加值及其影响因素。

第四章介绍了反映加工贸易和外资企业的非竞争型投入产出模型，第五章和第六章应用该模型分别研究了中国出口中的属地增加值和属权增加值，以及从属权增加值（国民收入）视角下对中美贸易平衡的重新测度。后四章内容是基于全球多国（地区）投入产出模型，以全球为视角研究全球价值链量化方法及其应用领域。第七章介绍了全球价值链的贸易核算框架——总贸易核算法及其相关应用。第八章基于总贸易核算法研究了中国增加值出口的比较优势。第九章介绍了全球价值链的生产核算框架及其相关应用。第十章是在全球多国（地区）投入产出模型中引入企业的异质性，提出并介绍了反映跨国公司活动的全球价值链核算框架以及相关应用研究。

　　本书编写过程中，得到了中国科学院数学与系统科学研究院陈锡康教授和杨翠红教授、美国乔治梅森大学王直教授和国务院发展研究中心李善同教授的悉心指导，对外经济贸易大学余心玎教授、中国科学院数学与系统科学研究院田开兰博士和首都经济贸易大学李鑫茹博士对本书相关章节的编撰提供了帮助，对外经济贸易大学博士研究生郭雪凡、中国人民大学博士研究生王家荣和硕士研究生丁家坤对全书进行了编辑和统稿。在此我谨向所有为本书编写和出版工作给予支持和帮助的同志们表示衷心感谢！限于作者的时间和水平，不足之处在所难免，敬请广大读者和有关专家予以批评和指正！

祝坤福

2023 年 6 月 1 日

目　录

第一章　非竞争型投入产出模型及应用

投入产出分析（input output analysis）是由俄裔美国经济学家瓦西里·里昂惕夫（Wassily Leontief）所创立的（Leontief，1936）。Leontief 将数学方法与经济学理论相结合，通过编制投入产出表，建立相应的投入产出数学模型，研究了作为生产单位或消费单位的个体（部门、行业或产品）之间的投入与产出的相互依存关系。因此，投入产出分析是根据一定经济理论，综合系统地分析经济单位（全球、国家、地区、企业）各部门、各生产环节之间相互依存关系的一种经济数量分析方法。其中，投入是指产品生产或服务提供中所需的原材料、能源动力、固定资产折旧和劳动力的投入；产出是指产品生产或服务提供的总量及其在再生产、消费、积累和净出口间的分配和使用去向。投入与产出既包括物质和非物质产品，也涵盖有形产品和无形服务，有形产品如原材料、辅助材料、燃料、动力、办公用品等，无形服务包括金融、保险、技术专利、其他服务和劳动力等。投入产出分析中最基础的部分是投入产出表。投入产出表是以棋盘式平衡表的形式反映经济系统中生产单位和消费单位相互之间投入产出的关系。

在前人关于经济活动的相互依存性的研究[①]基础上，里昂惕夫于 1936 年发表的投入产出分析的第一篇论文 "Quantitative input and output relations in the economic systems of the United States"，标志着投入产出分析的诞生，其在 1941 年发表的 *The Structure of the American Economy，1919–1929* 中编制了美国经济投入产出表，并在 1953 年出版了 *Studies in the Structure of the American Economy：Theoretical and Empirical Explorations in Input-Output Analysis*，进一步阐述了投入产出的基本理论及其发展。

根据对系统与外部环境之间输入输出的处理不同，投入产出模型可以分为 A、B、C、D 四种类型。其中，A 型表［竞争型（进口）投入产出表］和 C 型表［非竞争型（进口）投入产出表］最为常用。下面重点讨论竞争型（进口）投入产出

[①] 比如法国经济学家弗朗索瓦·魁奈（Francois Quesnay）1758 年提出的 "经济表"（tableau economique）、19 世纪卡尔·马克思（Karl Marx）提出的两个部门再生产模型，特别是莱昂·瓦尔拉斯（Léon Walras）构造的多个生产部门一般均衡数学模型等对投入产出分析的产生有重要影响。

模型（competitive imports type of input-output model）和非竞争型（进口）投入产出模型（non-competitive imports type of input-output model）[①]。

第一节 竞争型投入产出模型

静态[②]竞争型投入产出模型是最基本的投入产出模型，也是其他各种模型的基础，它反映了投入产出分析的基本原理。该模型是研究描述对象的某一特定时间内各账户和要素间投入产出关系。在该模型中各产品或部门之间的投入产出作为内生变量，体现在第一象限中，其他账户和要素作为外生变量放在第二象限和第三象限中，其中，系统外输入输出全部在第二象限中反映出来。里昂惕夫最早提出的模型就是竞争型投入产出模型。具体表式见表1.1。

表 1.1 标准（竞争型）投入产出表

投入		产出		
		中间使用	最终使用	总产出
		$1,2,\cdots,n$		
中间投入	1 2 ⋮ n	Z_{ij}		
最初投入		Va_j		
总投入		X_j		

从表1.1的横向看，X_i为当期第i部门的总产出，表示经济系统某一部门在一定时期内生产的所有货物和服务的总价值，既包括中间产品价值，也包括最终产品价值。其中，Z_{ij}为第i部门中间产品被用于第j部门生产中，即中间使用（或中间消耗）量。因此，中间使用反映的是各部门生产的产品（或服务）分配给各部门在生产过程中使用的数量。Y_i为第i部门的最终产品，用于满足最终需求（最终使用），指已退出或暂退出本期生产活动而为最终需求所提供的货物和服务。最终使用包含最终消费（居民消费和政府消费）、资本形成总额（固定资本形成和存

---

① 为了叙述的方便，后面部分将竞争型（进口）投入产出模型称为竞争型投入产出模型，非竞争型（进口）投入产出模型称为非竞争型投入产出模型。

② 为了实证研究的可行，涉及的所有投入产出模型均为静态模型。

货变动）和净出口。

从表 1.1 的纵向看，X_j 为第 j 部门的总投入，是指一定时期内经济系统某一部门进行生产活动的所有投入，包括中间投入和最初投入。Z_{ij} 为第 j 部门生产对第 i 部门中间产品的消耗（中间投入）量，是指第 j 部门生产过程中消耗（一次性转移）的货物和服务。Va_j 为第 j 部门的最初投入（增加值），即通常所说的增加值，指经济系统某一部门在生产过程中所创造的新增价值和固定资产的转移价值。最初投入包含了劳动者报酬、固定资产折旧、生产税净额和营业盈余。

投入产出模型具有横向平衡关系和纵向平衡关系。从横向来看，中间使用与最终使用相加等于总产出，公式表示为

$$\sum_{j=1}^{n} Z_{ij} + Y_i = X_i \qquad i = 1, 2, \cdots, n \qquad (1.1)$$

从纵向来看，中间投入和最初投入之和为总投入，公式表示为

$$\sum_{i=1}^{n} Z_{ij} + \mathrm{Va}_j = X_j \qquad j = 1, 2, \cdots, n \qquad (1.2)$$

投入产出模型最基本的系数为直接消耗系数，直接消耗系数是指某部门生产一单位产品对另一个部门产品的直接消耗额，是一个部门对另一个部门产品的直接消耗与总投入的比值，公式表示为

$$a_{ij} = \frac{Z_{ij}}{X_j}$$

其中，a_{ij} 表示生产 j 部门单位产出所需要直接消耗 i 部门中间投入产品的金额。

同样，生产 j 部门单位产出也需要一定数量的最初投入价值，或是生产 j 部门单位产出所创造的增加值，由此定义增加值系数。增加值系数测算公式表示为

$$v_j = \frac{\mathrm{Va}_j}{X_j}$$

其中，v_j 表示生产 j 部门单位产出所需要最初投入生产要素的金额。

所有的直接消耗系数组成了直接消耗系数矩阵（A），类似地，所有的增加值系数组成了增加值系数向量（V）。将直接消耗系数矩阵代入行平衡方程可得

$$AX + Y = X \qquad (1.3)$$

其中，A 表示直接消耗系数矩阵；X 表示各部门产出组成的总产出列向量，两者相乘（AX）得到中间产出列向量；Y 表示各部门最终产出组成的最终产出列向量，其与中间产出（AX）相加得到的是总产出列向量（X）。

将上式进行调整代换，可以得到经典的里昂惕夫方程如下：

$$X = (I - A)^{-1} Y = BY \qquad (1.4)$$

其中，I 表示单位阵；$B = (I - A)^{-1}$ 表示里昂惕夫逆矩阵，其经济含义为生产一单位最终品所需要的直接和间接的总投入，或是一单位最终需求所拉动的总产出数额。

竞争型投入产出表的主要优点为：编制投入产出表时中间投入不必再区分其来源，即不区分来自本系统，或来自系统外，所以编表工作量较小，节省费用；主要缺点是不能详细反映本系统与外部环境的联系。

第二节　非竞争型投入产出模型

非竞争型投入产出模型是里昂惕夫在 1953 年出版的 *Studies in the Structure of the American Economy：Theoretical and Empirical Explorations in Input-Output Analysis* 一书中最早正式提出的。在非竞争型投入产出模型中，进口产品和服务的使用情况与国内产品和服务是异质的，具有非竞争性特点，所以被称为非竞争型投入产出模型。非竞争型投入产出表的具体表式见表 1.2。

表 1.2　非竞争型投入产出模型

投入			产出		
			中间使用	最终使用	总产出
			$1,2,\cdots,n$		
中间投入	国内产品中间投入	1 2 ⋮ n	Z_{ij}^{D}	Y_i^{D}	X_i
	进口产品中间投入	1 2 ⋮ n	Z_{ij}^{M}	Y_i^{M}	M_i
最初投入			Va_j		
总投入			X_j		

注：Z_{ij}^{D} 和 Z_{ij}^{M} 分别表示第 i 部门对第 j 部门国内产品和进口产品的中间投入量，Y_i^{D} 和 Y_i^{M} 分别表示第 i 部门国内产品和进口产品的最终使用，X_i 和 M_i 分别表示第 i 部门国内产品和进口产品的数量

在表 1.2 中，从横向看，各部门中间使用和最终使用中，区分了国内产品（Z_{ij}^{D}

和 Y_i^D ）和进口产品（ Z_{ij}^M 和 Y_i^M ）。从纵向看，各部门生产投入中，中间投入品的来源有两个：国内中间产品投入（ Z_{ij}^D ）和进口产品中间投入（ Z_{ij}^M ）。在非竞争型投入产出表中，将进口产品在系统内的使用按照中间使用和最终使用的部门分类详细列出来，较为清晰地反映了生产过程和最终需求过程中对进口产品的消耗，即国内产品与进口产品使用不能完全替代，故称非竞争型投入产出表。

非竞争型投入产出模型水平方向（横向）有两组均衡方程式，即国内产品生产与使用量相等的方程组和进口品生产与使用量相等的方程组：

$$\sum_{j=1}^{n} Z_{ij}^D + Y_i^D = X_i \qquad i=1,2,\cdots,n \qquad (1.5)$$

$$\sum_{j=1}^{n} Z_{ij}^M + Y_i^M = M_i \qquad i=1,2,\cdots,n \qquad (1.6)$$

定义直接国内消耗系数（直接投入系数）矩阵 $A^D = \left[a_{ij}^D\right] \equiv \left[Z_{ij}^D / X_j\right]$ ， a_{ij}^D 表示生产 j 部门单位产出所需要消耗国内 i 部门中间产品投入的数额。类似地，定义直接进口消耗系数矩阵 $A^M = \left[a_{ij}^M\right] \equiv \left[Z_{ij}^M / X_j\right]$ ， a_{ij}^M 表示生产 j 部门单位产出所需求进口 i 部门中间产品投入的数额。

式（1.5）和式（1.6）可以简写为

$$A^D X + Y^D = X \qquad (1.7)$$

$$A^M X + Y^M = M \qquad (1.8)$$

将式（1.7）进行调整代换，可以得到非竞争投入产出模型的里昂惕夫方程如下：

$$X = (I - A^D)^{-1} Y^D = B^D Y^D \qquad (1.9)$$

其中， $B^D = (I - A^D)^{-1}$ ，是非竞争型投入产出模型中的里昂惕夫逆矩阵（完全需要系数矩阵）；矩阵 B^D 的元素表示生产一个单位国内最终产出所需要的国内产品的总产出。

非竞争型投入产出模型的主要优点是比较清晰地反映生产过程和最终需求过程对进口产品的消耗。根据非竞争型投入产出模型的基本关系式，我们可以对其进一步研究。分析在这种模型下对外贸易与经济增长的关系。具体研究为：出口对总产出、增加值和就业等的影响效应分析，进口对国内经济的影响效应分析等。

就中国对外贸易的研究而言，目前研究大多局限于使用出口总额来评估其对中国国内经济的影响，如林毅夫和李永军（2003）和 Koopman 等（2008）。而事实上，考虑出口对中国或双边国家国内增加值贡献的差异，准确测度出口对各国国内增加值和就业的影响，具有非常重要的意义。在这方面，投入产出模型是一个很好的工具。

将表 1.2 中非竞争型投入产出模型的简式加以细分，可以得到非竞争型投入产出模型的具体表式结构（表1.3）[①]。

表 1.3　非竞争型投入产出模型详细表式

投入			产出					国内总产出或进口
			中间使用	最终使用				
			国内生产 1,2,…,n	最终消费	资本形成总额	出口	最终使用合计	
中间投入	国内产品中间投入	1 ⋮ n	Z_{ij}^D	Y_i^{DC}	Y_i^{DI}	E_i	Y_i^D	X_i
	进口产品中间投入	1 ⋮ n	Z_{ij}^M	Y_i^{MC}	Y_i^{MI}	0	Y_i^M	M_i
最初投入	劳动者报酬		Va_j^W					
	固定资产折旧		Va_j^P					
	生产税净额		Va_j^T					
	营业盈余		Va_j^S					
	增加值合计		Va_j					
总投入			X_j					

注：右上标 D 代表国内产品，M 代表进口产品，C 和 I 分别表示最终消费和资本形成，W、P、T 和 S 分别表示劳动者报酬、固定资产折旧、生产税净额和营业盈余；Y_i^{DC}、Y_i^{DI} 和 E_i 分别表示国内 i 部门产品被用于满足最终消费、资本形成总额和出口；Y_i^{MC} 和 Y_i^{MI} 分别表示进口 i 部门产品被用于满足最终消费和资本形成总额，Y_i^D 和 Y_i^M 分别表示第 i 部门国内产品和进口品的最终使用，Va_j^W、Va_j^P、Va_j^T 和 Va_j^S 分别表示增加值细项中的劳动者报酬、固定资产折旧、生产税净额和营业盈余（其中固定资产折旧和营业盈余在很多国家投入产出表中合并为资本报酬）

根据投入产出理论分析，若 Va_j 表示第 j 部门的增加值，则直接增加值行向量 $V=\left[v_j\right]\equiv\left[Va_j/X_j\right]$，完全国内增加值行向量 $B_V=\left[b_{v1},b_{v2},\cdots,b_{vn}\right]$，结合非竞争型投入产出模型中的里昂惕夫逆矩阵可得

_____

① 假设进口中没有出口，即不存在再出口之说。

$$B_V = VB^D = V(I - A^D)^{-1} \qquad (1.10)$$

由式（1.10）和式（1.9）可以得到，最终需求变动对总产出影响：

$$\Delta X = (I - A^D)^{-1}\Delta Y = B^D\Delta Y \qquad (1.11)$$

对最终需求进行扩展，可以得到消费、投资、出口对总产出、国内增加值和就业的影响：

$$\Delta X = (I - A^D)^{-1}\Delta E = B^D\Delta E \qquad (1.12a)$$

$$\Delta Va' = \hat{V}(I - A^D)^{-1}\Delta E \qquad (1.13a)$$

$$\Delta L' = \hat{A}_L(I - A^D)^{-1}\Delta E \qquad (1.14a)$$

其中，ΔE 表示各部门出口增加量的列向量；ΔX 表示由出口增加量 ΔE 所拉动的总产出列向量；$\Delta Va'$ 表示由出口增加量 ΔE 所拉动的国内增加值列向量；$\Delta L'$ 表示由出口增加量 ΔE 所拉动的就业列向量；$\hat{V}$ 和 $\hat{A}_L$ 分别表示直接增加值系数向量和直接就业系数向量对角化之后的对角阵。

式（1.12a）到式（1.14a）是从前向产业关联来测算出口增量列向量 E 对各个特定行业的产出、增加值和劳动力就业的影响。如果从后向关联来测算各个特定行业的出口增量拉动的总产出、增加值和劳动力就业量，则需要对上述公式进行调整如下：

$$\Delta X_b = (I - A^D)^{-1}\Delta\hat{E} = \mu B^D\Delta\hat{E} \qquad (1.12b)$$

$$\Delta Va_b = V(I - A^D)^{-1}\Delta\hat{E} = B_V\Delta\hat{E} \qquad (1.13b)$$

$$\Delta L_b = A_L(I - A^D)^{-1}\Delta\hat{E} = B_L\Delta\hat{E} \qquad (1.14b)$$

其中，下标 b 表示后向产业关联；ΔX_b、ΔVa_b 和 ΔL_b 分别表示各个特定行业出口增量所带来的总产出、增加值和劳动力就业的增加量行向量。从式（1.13b）我们可以得出 ΔVa_b，即单位出口拉动的全部国内增加值等于完全增加值的行向量（B_V）乘以出口增量列向量（ΔE）的对角阵；同样，从式（1.14b）我们可以得到 ΔL_b，即单位出口拉动的全部国内就业量等于完全就业的行向量（B_L）乘以出口增量列向量（ΔE）的对角阵。

如何将前后向产业关联合并为统一的测算框架，可以对直接增加值系数向量（V）、直接就业系数向量（A_L）和出口增量向量（ΔE）进行对角化处理，得到相应的对角矩阵。这样可以将上述测算公式统一起来。具体测算公式如下：

$$\Delta X_m = (I - A^D)^{-1}\Delta\hat{E} = B^D\Delta\hat{E} \qquad (1.12c)$$

$$\Delta Va_m = \hat{V}(I - A^D)^{-1}\Delta\hat{E} \qquad (1.13c)$$

$$\Delta L_m = \hat{A}_L (I - A^D)^{-1} \Delta \hat{E} \qquad (1.14c)$$

式（1.12c）到式（1.14c）得到的结果则是一个 N 个行业乘 N 个行业的矩阵，其中，矩阵的行表示总产出、国内增加值和劳动力就业的来源行业，矩阵的列表示出口增加量所在的行业。这样可以详细追溯出口增加的行业及其所拉动的总产出、国内增加值和劳动力就业的行业，这有助于厘清出口生产在国内价值链循环发展中的关键作用与重要意义。

对式（1.12c）到式（1.14c）得到的矩阵沿行向加和汇总，可以得到前向产业关联来测算出口增量对各个特定行业的产出、增加值和劳动力就业的影响，即式（1.12a）到式（1.14a）；对式（1.12c）到式（1.14c）得到的矩阵沿列向加和汇总，可以得到后向产业关联来测算出口增量的影响，即式（1.12b）到式（1.14b）。

由上一节对直接进口消耗系数定义可知，直接进口消耗系数 $A^M = \left[a_{ij}^M \right] \equiv \left[Z_{ij}^M / X_j \right]$，表示第 j 部门单位产品生产过程中直接消耗的第 i 部门进口产品数值。在生产产品过程中直接消耗了进口的原料、能源等，这称为直接进口消耗。同时注意到，在这个生产过程中用作原料的国内产品的生产也消耗了进口产品，这就形成了对进口产品的间接消耗。完全进口等于直接消耗进口和所有间接消耗进口的总和。不妨定义完全进口消耗系数为 b_{ij}^M，则有

$$b_{ij}^M = a_{ij}^M + \sum_{k=1}^{n} b_{ik}^M a_{kj}^D \qquad (1.15)$$

可以矩阵形式表示为

$$B^M = A^M + B^M A^D$$

调整后可得完全进口消耗系数矩阵的测算公式如下：

$$B^M = A^M (I - A^D)^{-1} \qquad (1.16)$$

其中，$B^M = \left[b_{ij}^M \right]$，表示完全进口消耗系数矩阵。$B^M$ 是一个 N 个行业乘 N 个行业的矩阵，其行向表示进口产品的来源行业，比如农产品、纺织品和电子产品等进口；其列向表示直接或间接使用进口品的国内行业，比如使用进口品的农业、纺织业和电子产品制造业等。显然，对 B^M 矩阵列向加和汇总，可以得到特定行业生产对进口品投入的直接和间接依赖，或是该行业单位价值产品隐含的完全进口价值。

从经济系统思想来看，一个行业的生产投入，直接可以完整分为国内投入（包括国内中间投入和最初投入）和进口投入，考虑间接效应后，一个行业产品总值可以完整分为完全国内增加值和完全进口。

下面我们考虑直接进口额与完全进口额。某个部门生产一个单位产品所直接消耗的所有部门进口产品的总和成为该部门直接进口额系数。可以定义为

$$a_{Mj} = \sum_{i=1}^{n} a_{ij}^{M} \qquad j = 1, 2, \cdots, n \tag{1.17}$$

其中，a_{Mj} 表示第 j 部门的直接进口额系数，它等于第 j 部门的直接进口消耗系数的总和，结合直接进口消耗系数矩阵可得

$$A_M = \mu A^M \tag{1.18}$$

其中，$A_M = (a_{M1}, a_{M2}, \cdots, a_{Mn})$ 为直接进口额系数向量，$\mu = (1, 1, \cdots, 1)$。

完全进口额系数为某个部门生产一单位产品所消耗的直接进口额和所有间接进口额之和。令 b_{Mj} 表示第 j 部门单位产出的完全进口额系数，则

$$b_{Mj} = a_{Mj} + \sum_{i=1}^{n} a_{Mi} a_{ij}^{D} + \sum_{i=1}^{n}\sum_{k=1}^{n} a_{Mk} a_{ki}^{D} a_{ij}^{D} + \sum_{i=1}^{n}\sum_{k=1}^{n}\sum_{s=1}^{n} a_{Ms} a_{sk}^{D} a_{ki}^{D} a_{ij}^{D} + \cdots \qquad j = 1, 2, \cdots, n \tag{1.19}$$

式（1.19）右端第一项为第 j 部门单位产出的直接进口额系数，第二项为第 j 部门单位产出的第一次间接进口额之和，第三项为第 j 部门单位产出的第二次间接进口额之和，以此类推。第 j 部门单位产出的完全进口额系数等于单位产出的直接进口额系数与所有 n 次间接进口额的总和。式（1.19）可以写为如下矩阵形式：

$$\begin{aligned}
B_M &= A_M + A_M A^D + A_M A^D A^D + A_M A^D A^D A^D + \cdots \\
&= A_M (I + A^D + A^{D2} + A^{D3} + \cdots) \\
&= A_M (I - A^D)^{-1} = \mu B^M
\end{aligned} \tag{1.20}$$

其中，$A_M = (a_{M1}, a_{M2}, \cdots, a_{Mn})$，$B_M = (b_{M1}, b_{M2}, \cdots, b_{Mn})$，分别表示单位产出的直接进口额系数行向量和完全进口额系数行向量。

基于以上研究，我们可以证明总产出与进口和增加值之间存在如下关系：

根据式（1.10）和式（1.20）我们可以得到

$$B_V + B_M = A_V (I - A^D)^{-1} + A_M (I - A^D)^{-1} = (V + A_M)(I - A^D)^{-1} \tag{1.21}$$

对于任何一个部门而言，中间投入系数和增加值系数之和等于单位矩阵，即

$$\mu A^D + \mu A^M + A_V = \mu \tag{1.22}$$

因此可以得到

$$B_V + B_M = (A_V + A_M)(I - A^D)^{-1}$$
$$= (A_V + \mu A^M)(I - A^D)^{-1}$$
$$= (\mu - \mu A^D)(I - A^D)^{-1}$$
$$= \mu(I - A^D)(I - A^D)^{-1}$$
$$= \mu \qquad\qquad (1.23)$$

式（1.23）表明，各部门的完全国内增加值系数与完全进口额系数之和都等于 1。

由此可以得出一个重要结果，即各部门的单位产出等于该部门的完全国内增加值系数加上完全进口额系数。可表示为

$$b_{Vj} + b_{Mj} = 1 \quad j = 1, 2, \cdots, n \qquad\qquad (1.24)$$

进而扩展到对一个国家而言，一个国家的单位产出等于该国的完全国内增加值系数和完全进口额系数之和。

虽然非竞争型投入产出模型功能较强，能用于进口产品与国内产品关系以及进口产品对社会经济系统全面影响的研究。但由于其资料收集难度较大。迄今为止，大多数经济体官方机构编制的投入产出表以竞争型为主。我国国家统计局自 2017 年开始编制非竞争型投入产出表，目前已经公布了 2017 年、2018 年和 2020 年的中国非竞争型投入产出表。

第三节　中国的完全国内增加值分析

基于上一节定义的前向产业关联和后向产业关联，本节测算了各行业增加值满足出口、消费和投资的数额与结构，将支出法 GDP 的三大需求与生产法 GDP 的各行业增加值完全统一起来。在支出法 GDP 核算中，认为消费和投资都是国内需求，外需则是净出口，即出口减去进口。但从上一节分析中可知，内需消费和投资有一部分是直接由进口满足的，比如进口最终消费品（Y_i^{MC}）、进口最终资本形成总额（Y_i^{MI}）。即使是国内生产的最终品满足的内需部分，比如国内最终消费品（Y_i^{DC}）、国内最终资本形成总额（Y_i^{DI}），其生产过程中也需要使用中间进口投入，隐含了一部分进口价值在其中。同样，出口在国内生产中也会隐含一部分中间进口投入。因此，支出法 GDP 与生产法 GDP 之间，需要用非竞争型投入产出模型将其联系起来。

表 1.4 中展示了基于国家统计局公布的 2020 年非竞争型投入产出表，利用上一节前向产业关联[式（1.12a）和式（1.13a）]计算的中国总体和制造业行业的增

加值，以及各行业增加值被用于满足出口、消费和投资等三大需求的比例结构。总体来看，2020 年中国 GDP 为 101.6 万亿元，其中由出口需求拉动的增加值占比为 14.5%，远低于出口在 GDP 中占比（18.5%），消费和投资需求所拉动的增加值占比分别为 49.1% 和 36.4%。从制造业来看，有约 1/4 的制造业增加值是由出口需求所拉动的，投资需求所拉动的增加值占比高达 42.0%，消费仅占 32.2%。这与总体 GDP 形成鲜明对比，由消费需求拉动制造业增加值占比远低于总体 GDP 中消费拉动的增加值占比。

表 1.4　2020 年中国制造业行业增加值及其满足三大需求的结构（单位：亿元）

行业名称	增加值	用于满足最终需求生产		
		消费	投资	出口
食品和烟草	29 846	80.6%	10.5%	8.9%
纺织品	6 708	39.2%	10.0%	50.9%
纺织服装鞋帽制品	7 281	49.2%	9.2%	41.6%
木材加工和家具	5 475	19.4%	49.7%	30.9%
造纸印刷文体用品	9 147	43.5%	24.9%	31.7%
石油加工品	9 531	36.2%	43.7%	20.1%
化学产品	34 558	43.1%	31.2%	25.7%
非金属矿物制品	18 616	6.4%	82.9%	10.7%
金属冶炼和压延	23 666	12.1%	63.3%	24.6%
金属制品	10 424	14.8%	59.1%	26.1%
通用设备	10 346	10.8%	56.5%	32.7%
专用设备	8 180	12.8%	64.1%	23.1%
交通运输设备	19 140	27.8%	58.1%	14.1%
电气机械和器材	11 537	17.7%	45.3%	37.0%
通信计算机电子设备	15 629	17.6%	24.6%	57.7%
仪器仪表	2 153	22.8%	38.2%	39.0%
其他制造和废品废料	6 421	24.0%	47.2%	28.9%
制造业合计	228 658	**32.2%**	**42.0%**	**25.8%**
所有行业合计	1 016 422	**49.1%**	**36.4%**	**14.5%**

资料来源：作者基于国家统计局公布的 2020 年非竞争型投入产出表计算所得

注：由于有部分行业存货变动的数值为负数，与投资需求的经济含义不符，这里直接将这些行业的存货变动调整为 0

从细分行业来看，纺织品和通信计算机电子设备行业增加值超过一半是满足出口需求，是典型的外向型行业。其他如纺织服装鞋帽制品、电气机械和器材、仪器仪表等行业也是偏向满足外需的行业，出口需求拉动的增加值占比超过了1/3。而食品和烟草、非金属矿物制品、交通运输设备则是典型的内向型行业，其增加值满足出口需求比例非常低，受外部市场波动影响较小。从消费需求来看，主要是对食品和烟草、纺织服装鞋帽制品、化学产品等行业的拉动较为显著。木材加工和家具、非金属矿物制品、金属冶炼和压延、金属制品、通用设备、专用设备、交通运输设备等行业则受投资需求影响较大。总体上，外需拉动为主的行业主要集中在纺织品、纺织服装鞋帽制品、电气机械和器材、仪器仪表和通信计算机电子设备等行业，其他行业则主要以内需拉动为主。

针对出口需求拉动的各行业增加值，我们从时间跨度上测算并对比了各行业增加值的变化，不同行业在2017年和2020年在外部市场需求波动下的表现各异（表1.5）。总体来看，出口需求拉动的总增加值从2017年的12.8万亿元上升到2020年的14.8万亿元，年均名义增速为5.0%，低于同期GDP名义增速（年均7.3%）。从制造业来看，出口需求拉动的总增加值的增速更低，只有3.3%，说明出口需求拉动的增加值越来越偏向于服务业行业。在制造业内部细分行业中，一些上游资源密集型制造业增长更为迅速，比如化学产品、非金属矿物制品、金属冶炼和压延、金属制品等行业，而消费品行业增长缓慢，其中纺织服装鞋帽制品、木材加工和家具产品制造业出现负增长。出现这一变化的原因有三：首先是2020年新冠疫情导致全球消费市场疲软，对我国消费品的外需下降；其次是中美贸易争端持续严重冲击了我国出口形势，出口增长较内需更为缓慢；最后是中国制造业向全球价值链上游攀升，上游中间品的竞争力得到加强，这一点在各类设备制造业上也得到体现，更面向消费需求的交通运输设备和通信计算机电子设备行业增加值增长缓慢，更面向生产的通用设备、专用设备、电气机械和器材行业增加值增长较快。显然，地缘政治关系变化、新冠疫情冲击和中国自身的产业升级三重因素冲击下，中国出口需求拉动的制造业增加值增长出现了消费品行业低迷，中间品行业和服务业更快增长的局势。随着新冠疫情的结束，中国出口需求结构将迎来新的变化，对制造业细分行业的影响也将带来新变化。

表1.5　2017年、2020年出口需求拉动的中国制造业增加值及其增速（单位：亿元）

行业名称	2017年	2020年	年均增速
食品和烟草	2 658	2 868	2.6%
纺织品	3 413	3 776	3.4%
纺织服装鞋帽制品	3 032	2 813	−2.5%

续表

行业名称	2017 年	2020 年	年均增速
木材加工和家具	1 694	1 589	−2.1%
造纸印刷文体用品	2 896	3 196	3.3%
石油加工品	1 916	2 032	2.0%
化学产品	8 865	10 035	4.2%
非金属矿物制品	1 988	2 541	8.5%
金属冶炼和压延	5 821	6 545	4.0%
金属制品	2 723	3 250	6.1%
通用设备	3 388	3 785	3.8%
专用设备	1 890	2 357	7.6%
交通运输设备	2 704	2 742	0.5%
电气机械和器材	4 266	4 712	3.4%
通信计算机电子设备	9 020	9 150	0.5%
仪器仪表	839	896	2.2%
其他制造和废品废料	1 853	2 632	12.4%
制造业合计	58 967	64 919	3.3%
所有行业合计	128 047	148 284	5.0%

资料来源：作者基于国家统计局公布的 2017 年和 2020 年非竞争型投入产出表计算所得

　　表 1.6 结果显示：2020 年中国进口产品和服务的总值为 16.3 万亿元，用于再生产的中间品占比最高，达到 73.8%，作为最终品被用于满足直接消费和投资需求分别只占 11.6% 和 14.6%。显然，进口产品和服务的总值更多偏向于满足生产需求，满足消费需求的较少，进口贸易的需求结构反映了我国参与全球价值链的分工特点。进口的制造业产品总体也基本符合这一特点，超过七成的进口制造业产品被当作中间品用于再生产，直接满足消费和投资的最终进口品分别占进口制造业产品的 13.4% 和 15.6%。从制造业细分行业来看，进口额较大的行业其使用用途不一，比如进口额最大三个行业——食品和烟草、专用设备、通信计算机电子设备，其进口品的使用去向完全不同。其中，食品和烟草进口品最多用作消费品，占比为 65.2%；专用设备进口品最多用作投资品，占比 71.3%；通信计算机电子设备进口品最多用作中间品，占比 87.0%。中国高科技制造业进口品种，除专用设备进口品外，其他行业如通用设备、交通运输设备、电气机械和器材、通信计算机电子设备和仪器仪表等行业均是以中间品进口为主，表明中国主要通过进口这些高科技行业的中间品，已达到技术替代，提高国内高科技行业制成品的竞

争力。

表 1.6　2020 年中国进口制造业各行业产品及其使用去向的结构（单位：亿元）

行业名称	总进口	用于满足国内需求		
		中间品	消费品	投资品
食品和烟草	5 588	31.2%	65.2%	3.7%
纺织品	293	71.8%	27.9%	0.3%
纺织服装鞋帽制品	1 814	7.8%	92.2%	0.0%
木材加工和家具	214	78.1%	19.3%	2.6%
造纸印刷文体用品	806	68.9%	26.3%	4.8%
石油加工品	573	74.7%	12.6%	12.6%
化学产品	3 174	81.4%	17.6%	0.9%
非金属矿物制品	90	92.8%	4.4%	2.8%
金属冶炼和压延	835	89.7%	0.0%	10.3%
金属制品	181	77.9%	6.4%	15.8%
通用设备	2 472	55.4%	0.6%	44.0%
专用设备	4 371	26.2%	2.5%	71.3%
交通运输设备	3 543	41.7%	25.9%	32.4%
电气机械和器材	1 207	76.1%	7.0%	16.9%
通信计算机电子设备	4 664	87.0%	0.9%	12.1%
仪器仪表	1 422	67.6%	7.5%	24.9%
其他制造和废品废料	53	92.3%	5.4%	2.2%
制造业合计	31 299	70.9%	13.4%	15.6%
所有行业合计	162 659	73.8%	11.6%	14.6%

资料来源：作者基于国家统计局公布的 2020 年非竞争型投入产出表计算所得

利用上一节定义的直接进口额系数矩阵和反映国内产业关联的里昂惕夫逆矩阵，结合投入产出表中的最终消费、资本形成和出口，可以得到中间进口投入在国内生产中最终用于满足消费需求、投资需求和出口需求生产的比例。相关结果如表 1.7 所示。从进口中间品行业结构来看，2020 年总进口中间品 12.0 万亿元，进口制造业中间品只有 2.2 万亿元，占比仅为 18.5%，较总进口中制造业的比例低。制造业内部细分行业结构来看，通信计算机电子设备行业进口金额最高，其次是化学产品与食品和烟草，再次为其他高科技制造业的进口中间品。从进口通信计算机电子设备的中间品使用去向来看，这些中间品主要被用于出口品生产投入，满足外部市场需求，体现了中国参与通信计算机电子设备全球价值链的高度垂直专业化分工的特征。其他设备制造业的进口中间品则不同，主要是用于生产资本品，特别是形成固定资本的生产，其次才是用于满足出口生产的需求。

表 1.7 2020 年中国进口制造业各行业中间产品及其使用去向的结构（单位：亿元）

行业名称	中间品进口	用于满足最终需求生产		
		消费	投资	出口
食品和烟草	1 741	79.4%	11.3%	9.3%
纺织品	210	36.1%	10.5%	53.4%
纺织服装鞋帽制品	141	51.2%	11.4%	37.4%
木材加工和家具	167	20.9%	50.5%	28.5%
造纸印刷文体用品	555	45.3%	24.9%	29.8%
石油加工品	428	37.5%	42.8%	19.8%
化学产品	2 585	42.9%	30.6%	26.5%
非金属矿物制品	83	6.5%	82.5%	11.0%
金属冶炼和压延	749	12.7%	63.7%	23.6%
金属制品	141	14.9%	59.6%	25.5%
通用设备	1 369	9.6%	60.0%	30.5%
专用设备	1 145	12.1%	63.9%	24.0%
交通运输设备	1 476	36.0%	48.6%	15.4%
电气机械和器材	918	18.4%	42.8%	38.8%
通信计算机电子设备	4 057	18.2%	26.9%	55.0%
仪器仪表	961	26.0%	38.3%	35.7%
其他制造和废品废料	49	24.7%	47.4%	28.0%
制造业合计	22 205	27.9%	39.1%	33.0%
所有行业合计	120 098	31.3%	38.9%	29.8%

资料来源：作者基于国家统计局公布的 2020 年非竞争型投入产出表计算所得

利用式（1.10）和式（1.16），我们计算了 2017 年、2020 年中国制造业行业最终产品的完全国内增加值系数和完全进口消耗系数。图 1.1 展示了 2020 年中国制造业行业的直接增加值系数和完全国内增加值系数（直接增加值系数与间接增加值系数之和）。从直接增加值系数来看，除了其他制造和废品废料（废品废料中间投入较少，增加值系数非常高）这一特殊行业外，其他制造业行业的系数都较低，大多在 0.3 以下。其中，通信计算机电子设备制造业更是低至 0.15，也就是生产每单位通信计算机电子设备，只能创造 0.15 单位的直接国内增加值，这说明了这一行业的工序非常细化，产业间分工程度较高。同样的特征也在电气机械和器材制造业、纺织品业出现，这两个行业直接增加值率仅有 0.17 和 0.18。从完全国内增加值系数（图 1.1 中直接增加值系数与间接增加值系数之和）来看，通信计算机电子设备制造业也是最低的，仅有 0.57，即生产每单位通信计算机电子设备最终品，只能为本行业和上游行业创造 0.57 单位的国内增加值。完全国内增加值系数低说明该行业的国际分工更为深化。总体来看，日用品制造行业如食品和烟草、纺织品、纺织服装鞋帽制品、木材加工和家具、造纸印刷文体用品的完全国内增加值系数较高，资源密集型制造业和高技术制造业的完全国内增加值系数较低。

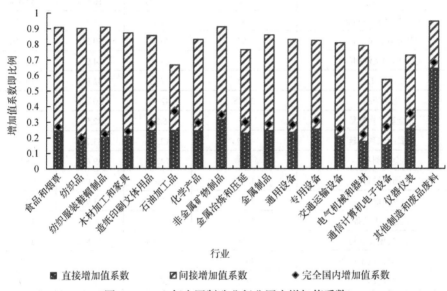

图 1.1　2020 年中国制造业行业国内增加值系数

资料来源：作者基于国家统计局公布的 2020 年非竞争型投入产出表计算所得

利用上一节计算各行业直接进口额系数［式（1.18）］和完全进口额系数［式（1.20）］，本节测算了 2020 年中国制造业各行业直接进口额系数和完全进口额系数（图 1.2）。从细分行业来看，进口额系数呈现两高行业：石油加工品，通信计算机电子设备。两个行业表现有所不同，石油加工品制造业的直接进口额系数高（0.29），间接进口额系数低（0.04）；通信计算机电子设备制造业的直接进口额系数高（0.28），间接进口额系数较低（0.15），这使得通信计算机电子设备制造业的完全进口额系数（0.43）反超石油加工品制造业（0.33）。这说明这两个行业生产对中间进口投入品的直接和间接需求较大，参与国际生产分工水平较高。

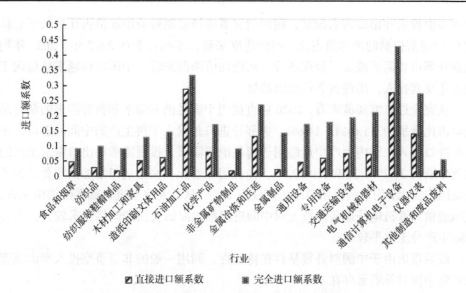

图 1.2　2020 年中国制造业行业进口额系数

资料来源：作者基于国家统计局公布的 2020 年非竞争型投入产出表计算所得

在实际研究中国对外贸易问题时，一般的非竞争型投入产出模型也是不够的。在中国，出口品和国内产品在生产过程中是存在一定差异的，出口贸易中大部分是加工出口，其生产过程中所需要的原材料、零配件和设备绝大部分都来自国外供应商。在这种情况下，利用一般的非竞争型投入产出模型来研究中国对外贸易显然是不恰当的。

第四节　本章小结

本章在比较分析竞争型投入产出模型和非竞争型投入产出模型差异的基础上，重点研究了非竞争型投入产出模型的基本表式与相关应用。特别是在理论方法上给出出口变化所拉动的总产出、增加值和劳动力就业效应，并从国际分工角度分析了进口对国内经济的影响效应的测度方法。基于非竞争型投入产出模型，本章利用 2017 年和 2020 年中国非竞争型投入产出表，测算分析了中国完全国内增加值和完全进口。

从完全国内增加值来看，总体上，2020 年出口需求拉动的增加值占比为14.5%，远低于出口在 GDP 中占比（18.5%），消费和投资需求所拉动的增加值占比分别为 49.1%和 36.4%；制造业上，有约 1/4 的制造业增加值是由出口需求所拉动的，投资需求所拉动的增加值占比高达 42.0%，消费仅占 32.2%。制造业增加值更多由投资和出口需求拉动，而由消费需求拉动制造业增加值占比远低于总体 GDP 中消费拉动的增加值占比。时间跨度来看，不同行业在 2017 年、2020 年期间在外部市场需求波动下表现各异。从增加值来源来看，中国出口越来越偏向于服务业要素投入，出现服务化升级趋势。

从完全进口增加值来看，2020 年直接用于满足消费需求和投资需求的最终品进口占比分别为 11.6%和 14.6%，大部分进口是投入于再生产的中间品进口，中间品进口投入在国内生产中最终用于满足消费需求、投资需求和出口需求生产的比例分别为 31.3%、38.9%和 29.8%。由此可以看出，完全进口增加值主要是为了满足国内需求，用于满足出口品生产仅有 22%。从行业完全进口额系数结构来看，我国通信计算机电子设备制造业对中间进口投入品的直接和间接需求较大，参与国际生产分工水平较高。

最后指出由于中国对外贸易存在特殊性，利用一般的非竞争型投入产出模型来研究中国对外贸易存在不足。

第二章 反映加工贸易的非竞争型投入产出模型及应用

由于竞争型投入产出表在研究开放型经济系统时存在不足，许多学者选择使用非竞争型投入产出表作为分析工具，如 Hummels 等（2001）提出了垂直专业化（vertical specialization）的问题，并利用非竞争型投入产出表计算了经济合作与发展组织（Organisation for Economic Co-operation and Development, OECD）成员国的垂直专业化率，该研究引起了国际经济界的广泛重视。北京大学中国经济研究中心课题组（2006）根据 Hummels 等（2001）提出的定义和公式对中国的垂直专业化率做了深入研究，认为在 1992~2003 年，中国出口贸易中的垂直专业化率有了大幅提高。沈利生和吴振宇（2004）运用非竞争型投入产出表，探讨了出口对中国国内经济的拉动作用，认为外贸对 GDP 增长的贡献逐年上升，但贡献系数有下降趋势。2008 年国际金融危机后，全球经济复苏乏力，全球化放缓，中国出口对国内经济增长的拉动作用逐步下降，出口的垂直专业化率也呈下降趋势。然而，现有对中国出口国内增加值和垂直专业化的研究较少区分加工贸易和非加工贸易，这忽视了中国对外贸易中加工贸易占比高的特殊情况。由于加工贸易生产具有"大进大出"的低出口国内增加值率和高垂直专业化率的特点，所以不考虑加工贸易特殊性而仅用一般非竞争型投入产出模型在研究中国对外贸易问题时是不够的。

现代国际贸易发展的一个重要特点是国家间的分工和联系日益广泛、深入，在一个国家出口品的生产过程中，经常大量使用其他国家或地区的进口品作为中间投入。因此可以说，一个国家的出口品是很多国家共同生产的结果。一个国家的出口品可以分为国内成分和国外成分两个部分。进而，一个国家的出口总额也可以分为两大部分，即出口品的完全国内增加值和出口品的完全进口额。后者可看作完全国外增加值。海关统计数据表明[①]，中国出口的商品中很大一部分是加工出口，通常只是对其他国家或地区的产品作最后的加工或装配，如中国装配出口的计算机中就包含进口的芯片、存储器、驱动器、键盘、软件等。中国的出口实

---

① 中国海关总署，《2020 中国海关统计年鉴（卷一）》，2021 年，第 12 页。

际上是相关国家和地区共同的出口，对中国而言，此类出口所产生的国内增加值很低。因此，准确计算出口商品的国内增加值和国外增加值，是研究中国出口的特点和透视中美贸易摩擦的基础。

第一节　反映加工贸易的非竞争型投入产出模型

基于一般非竞争型投入产出模型在研究中国对外贸易问题上的缺陷，我们构建了扩展的反映加工贸易的非竞争型投入产出模型。在扩展的非竞争型投入产出表的编制中，我们首次在投入产出表中将国内生产分为用于国内需求生产、加工出口生产和非加工出口生产及其他三部分，并在投入产出表的第三象限部分（即表的最低端）增加了各种生产方式下不同部门的劳动力，以反映出口生产对就业的影响。同时，为了分析出口对国民总收入（gross national income，GNI）和外资企业生产的影响，我们在扩展的非竞争型投入产出表中，增加了外资企业的生产，将其与非加工出口生产合并，此时将国内生产分为国内需求生产、加工出口生产和非加工生产及其他三部分。下文将基于反映加工贸易的非竞争型投入产出表及相关模型，研究和分析中国出口的国内增加值和垂直专业化。

根据交易方式不同，出口可以分为加工出口和非加工出口两种类型。其中，加工出口主要包括两种方式：来料加工装配出口和进料加工出口。根据中国海关公布的数据[1]，2019 年中国出口总额为 24 994.6 亿美元，其中加工出口 7354.1 亿美元，加工出口占全部出口总额的 29.4%。加工出口生产中所直接消耗的加工进口产品价值占到加工出口总值的 57.9%[2]。2019 年外商投资企业的出口占中国出口总额的 31.2%[3]。基于中国出口结构的特点，为了准确计算进出口对国民经济的影响，我们首次在投入产出表中把国内生产活动分为三个部分：用于国内需求生产（简称 D）、用于加工出口生产（简称 P）、用于非加工出口生产及其他（简称为 N）。其中，国内需求生产是指国内企业为满足国内需求所进行的生产活动；加工出口生产包括来料加工装配生产和进料加工生产；非加工出口生产及其他包括出口中除来料加工装配生产和进料加工生产之外的其他出口生产，还包括外商投资企业为满足国内需求的生产。

我们之所以没有把外商投资企业的其他类型生产归入 D，是基于以下两点考

---

① 中国海关总署，《2020 中国海关统计年鉴（卷一）》，2021 年，第 12 页。

② 根据《2020 中国海关统计年鉴（卷一）》中加工贸易进口与加工贸易出口之比得到（加工贸易进口只能用于加工贸易出口生产使用）。

③ 中国海关总署，《2020 中国海关统计年鉴（卷一）》，2021 年，第 14 页。

虑：一是其产品的很大部分主要用于间接出口，即为出口生产提供中间投入品（原料和部件等），而用作国内生产部门的中间投入比重很小；二是外资企业产品的投入结构与出口生产的结构类似，与用于国内需求的生产的结构不同。另外需要注意的是，我们在对服务性部门的出口处理时，是将其归并入非加工出口生产及其他这一部分。根据上述思路可构建扩展的非竞争型投入产出表表示结构，如表2.1所示。

表2.1　反映加工贸易的非竞争型投入产出模型

投入			产出							国内总产出或进口
			中间使用			最终使用				
			国内需求生产（D）	加工出口生产（P）	非加工出口生产及其他（N）	消费	资本形成总额	出口	最终使用合计	
			1,2,⋯,n	1,2,⋯,n	1,2,⋯,n					
投入部分	国内产品中间投入	国内需求生产（D） 1 2 ⋮ n	Z^{DD}	Z^{DP}	Z^{DN}	Y^{DC}	Y^{DI}	0	Y^{D}	X^{D}
		加工出口生产（P） 1 2 ⋮ n	0	0	0	0	0	E^{P}	Y^{P}	X^{P}
		非加工出口生产及其他（N） 1 2 ⋮ n	Z^{ND}	Z^{NP}	Z^{NN}	Y^{NC}	Y^{NI}	E^{N}	Y^{N}	X^{N}
	进口产品中间投入 1 2 ⋮ n		Z^{MD}	Z^{MP}	Z^{MN}	Y^{MC}	Y^{MI}	0	Y^{M}	X^{M}
	增加值		Va^{D}	Va^{P}	Va^{N}					
	总投入		$X^{D\prime}$	$X^{P\prime}$	$X^{N\prime}$					
	劳动力		L^{D}	L^{P}	L^{N}					

注：右上标 D、P、N 和 M 分别表示国内产品、加工出口、非加工出口和进口；X^{D}、X^{P} 和 X^{N} 分别表示 D、P 和 N 总产出的列向量；Y^{D}、Y^{P} 和 Y^{N} 分别表示 D、P 和 N 最终需求的列向量；Z^{DD}、Z^{DP} 和 Z^{DN} 分别表示国内产品作为 D、P 和 N 的中间投入矩阵；Z^{ND}、Z^{NP} 和 Z^{NN} 分别表示非加工出口及其他产品作为 D、P 和 N 的中间投入矩阵；Y^{DC} 和 Y^{DI} 表示作为消费和资本形成总额的国内产品的列向量，E^{P} 表示加工出口产品用作出口的列向量，Y^{NC}、Y^{NI} 和 E^{N} 分别表示非加工出口及其他作为消费、资本形成总额和出口的列向量，Z^{MD}、Z^{MP} 和 Z^{MN} 分别表示进口产品作为 D、P 和 N 的中间投入的矩阵；Y^{MC} 和 Y^{MI} 表示进口产品作为消费和资本形成总额的列向量；Va^{D}、Va^{P} 和 Va^{N} 分别表示 D、P 和 N 中各部门增加值的行向量；L^{D}、L^{P} 和 L^{N} 分别表示 D、P 和 N 生产中各部门劳动力就业的行向量；上标 $\prime$ 表示向量或矩阵转置操作

为更好地反映出口对国内就业等的影响，基于 Chen（1990，1999）和 Chen 等（2005）提出的投入产出模型，我们在表 2.1 的第三象限下面加上了各部门对劳动力的使用情况。

从扩展的非竞争型投入产出表的水平方向看，可得出 D、P、N 和进口（M）的如下平衡关系方程组：

$$Z^{DD}\tau + Z^{DP}\tau + Z^{DN}\tau + Y^D = X^D \qquad (2.1)$$

$$E^P = X^P \qquad (2.2)$$

$$Z^{ND}\tau + Z^{NP}\tau + Z^{NN}\tau + Y^N = X^N \qquad (2.3)$$

$$Z^{MD}\tau + Z^{MP}\tau + Z^{MN}\tau + Y^M = X^M \qquad (2.4)$$

其中，τ 表示各元素都为 1 的列向量，用于对中间使用矩阵进行行求和，即行求和向量。

由垂直方向我们可以得到如下方程：

$$\mu Z^{DD} + \mu Z^{ND} + \mu Z^{MD} + \mathrm{Va}^D = X^{D\prime} \qquad (2.5)$$

$$\mu Z^{DP} + \mu Z^{NP} + \mu Z^{MP} + \mathrm{Va}^P = X^{P\prime} \qquad (2.6)$$

$$\mu Z^{DN} + \mu Z^{NN} + \mu Z^{MN} + \mathrm{Va}^N = X^{N\prime} \qquad (2.7)$$

其中，μ 表示各元素都为 1 的行向量，用于对中间使用矩阵进行列求和，即列求和向量。

考虑直接消耗系数，不妨定义：

$$a_{ij}^{lk} \equiv Z_{ij}^{lk} / X_j^k \quad i,j = 1,2,\cdots,n，l = D,N,M，k = D,P,N \qquad (2.8)$$

其中，a_{ij}^{lk} 表示 k 生产模式下第 j 个部门生产单位产品对 l 生产模式下第 i 个部门中间品的直接消耗量，或是 l 生产模式下第 i 个部门中间品对 k 生产模式下第 j 个部门生产单位产品的直接投入量，其直接消耗系数矩阵（或直接投入系数矩阵）可表示为

$$A^{lk} = \left[a_{ij}^{lk} \right] \equiv \left[Z_{ij}^{lk} / X_j^k \right] \qquad (2.9)$$

把式（2.9）代入式（2.1）至式（2.3）可得

$$A^{DD}X^D + A^{DP}X^P + A^{DN}X^N + Y^D = X^D \qquad (2.10)$$

$$E^P = Y^P = X^P \qquad (2.11)$$

$$A^{ND}X^D + A^{NP}X^P + A^{NN}X^N + Y^N = X^N \qquad (2.12)$$

式（2.10）至式（2.12）可以矩阵化写成以下形式：

$$\begin{bmatrix} A^{DD} & A^{DP} & A^{DN} \\ 0 & 0 & 0 \\ A^{ND} & A^{NP} & A^{NN} \end{bmatrix} \begin{bmatrix} X^D \\ X^P \\ X^N \end{bmatrix} + \begin{bmatrix} Y^D \\ Y^P \\ Y^N \end{bmatrix} = \begin{bmatrix} X^D \\ X^P \\ X^N \end{bmatrix}$$

这样我们可以得到

$$\begin{bmatrix} X^D \\ X^P \\ X^N \end{bmatrix} = \begin{bmatrix} I - A^{DD} & -A^{DP} & -A^{DN} \\ 0 & I & 0 \\ -A^{ND} & -A^{NP} & I - A^{NN} \end{bmatrix}^{-1} \begin{bmatrix} Y^D \\ Y^P \\ Y^N \end{bmatrix}$$

上面方程可以写成：

$$X = (I - A)^{-1} Y = BY \tag{2.13}$$

这里，总产出 $X = \begin{bmatrix} X^D \\ X^P \\ X^N \end{bmatrix}$，扩展的直接消耗系数矩阵 $A = \begin{bmatrix} A^{DD} & A^{DP} & A^{DN} \\ 0 & 0 & 0 \\ A^{ND} & A^{NP} & A^{NN} \end{bmatrix}$，

最终产出 $Y = \begin{bmatrix} Y^D \\ Y^P \\ Y^N \end{bmatrix}$，扩展的里昂惕夫逆矩阵 $B = \begin{bmatrix} I - A^{DD} & -A^{DP} & -A^{DN} \\ 0 & I & 0 \\ -A^{ND} & -A^{NP} & I - A^{NN} \end{bmatrix}^{-1}$，即

扩展的完全需要系数矩阵。

将扩展的里昂惕夫逆矩阵 B 的分块矩阵记为

$$B = \begin{bmatrix} I - A^{DD} & -A^{DP} & -A^{DN} \\ 0 & I & 0 \\ -A^{ND} & -A^{NP} & I - A^{NN} \end{bmatrix}^{-1} = \begin{bmatrix} B^{DD} & B^{DP} & B^{DN} \\ 0 & I & 0 \\ B^{ND} & B^{NP} & B^{NN} \end{bmatrix}$$

其中，B^{DD}、B^{DP} 和 B^{DN} 分别表示 D、P 和 N 的单位最终需求对 D 的完全需要系数矩阵；由于加工出口产品只有出口，没有用于国内再生产，因此 D、P 和 N 的单位最终需求对 P 的完全需要系数矩阵中，B^{PD} 和 B^{PN} 都等于 0，B^{PP} 等于单位阵 I；B^{ND}、B^{NP} 和 B^{NN} 分别表示 D、P 和 N 的单位最终需求对 N 的完全需要系数矩阵。

基于投入产出理论，若考虑出口等对 D、P 和 N 的单位需求对 Va（增加值）、M（进口产品）和 L（就业）的完全拉动作用，须有其相对应的完全需要系数矩阵。我们提出可以通过以下方法计算 D、P 和 N 完全增加值系数矩阵以及分别对进口产品和就业的完全需要系数矩阵。

首先，由式（2.13）可以得到

$$B_V = V(I-A)^{-1} = VB \qquad (2.14)$$

其中，$B_V = \begin{bmatrix} B_V^D & B_V^P & B_V^N \end{bmatrix}$，$V = \begin{bmatrix} V^D & V^P & V^N \end{bmatrix}$。这里 $V^D = \begin{bmatrix} V_j^D \end{bmatrix} \equiv \begin{bmatrix} Va_j^D / X_j^D \end{bmatrix}$，$V^P = \begin{bmatrix} V_j^P \end{bmatrix} \equiv \begin{bmatrix} Va_j^P / X_j^P \end{bmatrix}$，$V^N = \begin{bmatrix} V_j^N \end{bmatrix} \equiv \begin{bmatrix} Va_j^N / X_j^N \end{bmatrix}$。

将式（2.14）扩展可得

$$\begin{bmatrix} B_V^D & B_V^P & B_V^N \end{bmatrix} = \begin{bmatrix} V^D & V^P & V^N \end{bmatrix} \begin{bmatrix} B^{DD} & B^{DP} & B^{DN} \\ 0 & I & 0 \\ B^{ND} & B^{NP} & B^{NN} \end{bmatrix} \qquad (2.15)$$

从以上公式，我们可以得到完全增加值系数向量如下：

$$\begin{aligned} B_V^D &= V^D B^{DD} + V^N B^{ND} \\ B_V^P &= V^D B^{DP} + V^P + V^N B^{NP} \\ B_V^N &= V^D B^{DN} + V^N B^{NN} \end{aligned} \qquad (2.16)$$

同理，可以求得完全就业系数向量如下：

$$\begin{aligned} B_L^D &= A_L^D B^{DD} + A_L^N B^{ND} \\ B_L^P &= A_L^D B^{DP} + A_L^P + A_L^N B^{NP} \\ B_L^N &= A_L^D B^{DN} + A_L^N B^{NN} \end{aligned} \qquad (2.17)$$

类似地，可以求得对进口产品的完全需要系数矩阵的计算公式如下：

$$\begin{aligned} B^{MD} &= A^{MD} B^{DD} + A^{MN} B^{ND} \\ B^{MP} &= A^{MD} B^{DP} + A^{MP} + A^{MN} B^{NP} \\ B^{MN} &= A^{MD} B^{DN} + A^{MN} B^{NN} \end{aligned} \qquad (2.18)$$

综上，为了清晰表示，我们将 D、P 和 N 的各类直接消耗系数和完全需要系数分别加以汇总为如下矩阵公式表（表2.2、表2.3）。

表2.2　各类直接消耗系数矩阵/向量公式表

生产类别	国内需求生产 D	加工出口生产 P	非加工出口生产及其他 N
国内需求生产 D	A^{DD}	A^{DP}	A^{DN}
加工出口生产 P	$A^{PD}=0$	$A^{PP}=0$	$A^{PN}=0$
非加工出口生产及其他 N	A^{ND}	A^{NP}	A^{NN}
进口产品作为中间投入 M	A^{MD}	A^{MP}	A^{MN}

续表

生产类别	国内需求生产 D	加工出口生产 P	非加工出口生产及其他 N
增加值 V	V^D	V^P	V^N
就业 L	A_L^D	A_L^P	A_L^N

表 2.3 各类完全需要系数矩阵/向量公式表

生产类别	国内需求生产 D	加工出口生产 P	非加工出口生产及其他 N
D	B^{DD}	B^{DP}	B^{DN}
P	$B^{PD} = 0$	$B^{PP} = I$	$B^{PN} = 0$
N	B^{ND}	B^{NP}	B^{NN}
M	$B^{MD} = A^{MD}B^{DD} + A^{MN}B^{ND}$	$B^{MP} = A^{MD}B^{DP} + A^{MP} + A^{MN}B^{NP}$	$B^{MN} = A^{MD}B^{DN} + A^{MN}B^{NN}$
V	$B_V^D = V^D B^{DD} + V^N B^{ND}$	$B_V^P = V^D B^{DP} + V^P + V^N B^{NP}$	$B_V^N = V^D B^{DN} + V^N B^{NN}$
L	$B_L^D = A_L^D B^{DD} + A_L^N B^{ND}$	$B_L^P = A_L^D B^{DP} + A_L^P + A_L^N B^{NP}$	$B_L^N = A_L^D B^{DN} + A_L^N B^{NN}$

利用表 2.3 最后两行中的 B_V^P, B_V^N 和 B_L^P, B_L^N 的公式，就可以计算增加一个单位加工出口和非加工出口所产生的完全国内增加值和完全就业量，而单位加工出口和非加工出口生产及其他所产生的完全进口额通过 1 减去加工出口和非加工出口生产及其他的完全国内增加值即可获得，也可以通过对 B^{MD}、B^{MP} 和 B^{MN} 矩阵进行列向求和汇总得到完全进口系数。

第二节 反映加工贸易的非竞争型投入产出表的编制方法

国家统计局国民经济核算司在 2017 年全国投入产出调查的基础上，利用 2017 年的部分统计数据以及 2017 年国民经济核算的总量数据，2017 年海关货物进出口数据和国家外汇管理局服务贸易数据，编制得到 2017 年非竞争型投入产出表。考虑到不同贸易类型进口品使用去向有较大差异，我们在海关 HS 8 位数货物进口数据基础上，结合联合国（United Nations）《主要经济类别分类》（Broad Economic Categories，UN-BEC），对进口品使用去向分别进行了判断和估算，并结合海关总署进口货物使用去向调查数据进行校正，分别编制了非加工进口使用去向矩阵、进料加工进口使用去向矩阵、来料加工的进口使用去向矩阵。此外，利用国家外汇管理局国际收支数据及国际旅游外汇收入信息，编制了服务贸易的进口使用去向矩阵。进一步地，我们在 2017 年非竞争型投入产出表的基础上，利用海关货物贸易数据、国际收支平衡表、工业统计年报以及其他相关数据，确定加工贸易出口生产、非加工出口生产和国内需求生产的总产出、增加值、中间进口消耗等一系列相关指标值。结合已经区分不同贸易方式的进口使用去向矩阵，以及之前年份反映加工贸易的非竞争型投入产出表的相关系数，利用改进的"双比例"矩阵平衡技术方法（"biproportional" matrix balancing technique，被广泛称为 RAS 方法）等进行平衡，编制得到中国 2017 年反映加工贸易的非竞争型投入产出表。

反映加工贸易的非竞争型投入产出表的编制主要可分为三个步骤：首先确定用于国内需求生产、加工出口生产、非加工出口生产及其他的总产出和进出口总额等控制数；其次根据最初投入、最终使用和进口品使用去向的定义，在相关假设下，编制用于国内需求生产、加工出口生产、非加工出口生产及其他的增加值、最终使用和进口产品的最终使用部分，以及中间进口品用于国内需求生产、加工出口生产、非加工出口生产及其他的部分和最终品进口用于满足国内消费和资本形成的部分；最后依据相关假设下的推算方法编制用于国内需求生产、加工出口生产、非加工出口生产及其他、进口产品中间投入部分。

一、相关假设和数据处理

编表之前，我们需要作如下的假设。

假设 1：再出口假设为零。进口产品只用于国内，不直接出口[①]。根据海关统计年鉴的数据，中国转口贸易只占总出口很小的一部分，只有 1% 左右。实际中进口直接再出口（或退运）部分没有进入我国境内生产体系，可以将这一部分在进口和出口中予以剔除（减去），即将非竞争型投入产出表中的出口和进口作相应的减少。该假设已在表 2.1 中体现出来。

假设 2：进口使用假设，即各部门进口产品在中间使用、消费和投资中的分配是根据商品用途而确定的。在对商品按用途分类中，我们采用 UN-BEC 的分类方法，即将商品分为生产过程消耗品（P）、消费品（C）和资本投资品（K）。利用这一分类，并联系加工出口生产的定义，我们做了如下假设：首先，进口品中只有非加工进口作为最终消费之用，即加工进口品不用作消费品。这是由于在我国加工进口产品是免税的，只能用于加工出口生产，并禁止在国内市场上销售，故而加工进口产品在原则上是不能用于居民消费的。这个假设是合理的。其次，进口产品用作固定资本形成包括了加工进口和非加工进口的设备品，并且进口产品对库存增加的影响与国内产品的影响一致。我们注意到，UN-BEC 分类只是按照商品的主要用途来分类的，根据这个分类来拆分进口产品的中间使用、

---

① 出口中没有进口品的含义是没有再出口（re-export）。

最终消费和投资不是十分准确。但是由于数据的缺乏，我们只能做这样的假设和推断。

假设 3：外资企业生产假设。在外资企业中，除加工出口生产外，其他生产和一般出口生产的投入结构相同（实际投入产出调查数据表明两者相似度比较高）。

反映加工贸易的非竞争型投入产出表是在国家统计局公布的非竞争型投入产出表、中国海关进出口数据库和中国工业企业数据库等相关数据基础上编制的。在编制 2012 年反映加工贸易的非竞争型投入产出表时，我们所用到的数据主要来自海关总署和国家统计局等机构。相关数据主要包括：海关统计的分企业所有制分贸易方式的 HS 8 位编码商品进出口货物量值表，联合国贸易和发展会议组织公布的 UN-BEC 分类与 HS 6 位编码商品对应表，国家统计局提供的《2012 年中国投入产出表》，投入产出部门与 HS 8 位编码商品对应表，生产者价格与市场价（离岸价格，free on board，FOB 价格）转换矩阵等重要数据，《2013 中国经济普查年鉴》，《2013 中国工业统计年鉴（行业册）》，中国工业企业数据库，《2013 中国劳动统计年鉴》以及《2013 中国统计年鉴》等。另外，在 WTO 网站上获得了 2012 年中国海关进口商品按 HS 体系 6 位编码统计的名义关税税率表。

二、2012 年反映加工贸易的非竞争型投入产出表的编制

由于中国工业企业微观数据库只更新到 2015 年，我们 2017 年反映加工贸易的非竞争型投入产出表编制无法使用该数据库，只能利用宏观的中国工业统计资料等数据，可靠性不如之前年份（2007 年和 2012 年）的反映加工贸易的非竞争型投入产出表。因此，本章主要以 2012 年反映加工贸易的非竞争型投入产出表为例，介绍编制方法。2012 年扩展的非竞争型投入产出表编制的基础是国家统计局公布的 2012 年竞争型投入产出表，编制步骤由总到分，先确定各类生产总产出，然后确定各类生产增加值、进口投入和最终使用的初始值，再确定各类生产国内中间投入的初始值，最后以各类生产总产出和进口列数据为控制数，进行 RAS 方法调整，使得各部门投入与产出平衡。

（一）总产出的确定

各经营部门的加工出口或非加工出口可直接由相应的海关统计资料归并汇总得到。可以利用海关统计资料归并的各部门加工出口或非加工出口占比对投入产出表中出口予以拆分。因为海关原始数据是由 HS 的 8 位编码体系统计的，要转换成投入产出表中的国民经济核算体系产品部门（假设部门内产品是同质的，

即投入产出分析中的同质性假设）需要进行两步处理：一是利用投入产出部门和海关统计的 HS 体系 8 位分类编码商品匹配表，把海关按 HS 8 位分类编码体系统计的出口转换成投入产出表中国民经济核算的部门统计，由此统计出来的出口值为以离岸价格统计的各部门出口商品的总值；二是将以离岸价格统计的各部门出口商品转换成按投入产出表纯部门定义的以生产者价格统计各部门的出口商品总值。通过商品贸易和运输费率（trade and transport matrix，TTM）表，在以离岸价格统计的商品出口列中，扣除商品商业附加和运输费用，即为按照生产者价格统计的出口列。

（二）最终使用、最初投入和中间进口投入部分初始值的确定

依据上一节进口使用假设（假设 2），对进口部分作如下处理：原则上，我国加工进口品是禁止在国内市场上销售，因此我们认为进口产品的最终消费只有非加工进口的消费品（M^{NC}），即 $F^{MC} = M^{NC}$。进口产品的固定资本形成加工进口设备品（M^{PI}）和非加工进口设备品（M^{NI}），即 $F^{MI} = M^{PI} + M^{NI}$。进口产品在库存增加中的分配按照竞争型投入产出表中库存增加和国内总需求[①]的比例分摊。同样的方式得到进口产品在"其他"这一项中的初始值。加工出口的最终使用值直接是只有出口列有值，该列出口即为以生产者价格统计的各部门加工出口值。非加工出口生产及其他最终使用的初始值可以用外商投资企业满足国内生产的产值乘以竞争型投入产出表中相应的最终使用占国内总需求的比例获得。非加工出口及其他的出口列的值即为以生产者价格统计的各部门非加工出口值[②]。满足国内需求生产的最终使用初始值用满足国内需求生产的各部门产值乘以竞争型投入产出表中相应的最终使用占国内总需求的比例获得。

在最初投入部分处理中，满足国内需求生产、加工出口生产和非加工出口生产及其他的最初投入初始值确定主要通过中国工业企业数据库和中国海关企业进出口数据库进行整理与归总得到[③]。首先将中国工业企业数据库和中国海关企业进出口数据库按照企业进行匹配（中国微观企业数据库里有现成的中国工业企业数据库和中国海关企业进出口数据库已经匹配好的数据），并利用海关进出口企业的贸易类型分类，拆出加工贸易企业和非加工贸易企业[④]以工资加福利费、本年度计

---

① 这里的国内总需求为中间需求加上消费、投资和其他，即总产出 – 净出口，公式为 $X - E + M$。

② 出口列的数不进入 RAS 调整，即在 RAS 调整的时候将出口列全设为 0。

③ 研究时中国工业企业数据库更新至 2015 年，中国海关企业进出口数据库更新至 2016 年，编制增加值中各最初投入细项只需要结构数，我们利用 2015 年的中国工业企业数据库和海关企业进出口数据库进行数据归类整理得到不同样本的最初投入细项只需要结构数。

④ 根据往年经验，我们把出口交货值占总销售值一半以上的企业也认为是加工贸易企业。

提折旧、增值税和利润分别作为最初投入细项的劳动者报酬、固定资产折旧、生产税净额和营业盈余的样本值。满足国内需求生产的最初投入初始值则是通过无法匹配中国工业企业数据库和中国海关企业进出口数据库中企业作为样本进行归并处理。

进口中间投入矩阵的初始值处理较为复杂。从不同生产方式来看，加工出口生产的进口中间投入矩阵的行控制数等于加工进口 M^P，利用各行的控制数乘以竞争型投入产出表的中间投入横向结构系数，得到加工出口生产中进口中间投入矩阵的初始值，这个中间投入的初始值占加工出口的 50% 左右。非加工出口生产及其他的进口中间投入的处理中首先从外商投资企业[①]开始推算，即采用外资企业非加工进口中间投入［即 UN-BEC 分类的消耗（P）部分］的部门列向量乘以竞争型投入产出表的分配系数的方法得到外资企业的非加工进口的中间投入，由此外推出非加工出口生产及其他进口中间投入的初始值。用于满足国内需求生产（D）的对进口产品的消耗由总进口减去之前已分配的进口向量，即各部门进口的剩余值，乘以竞争型投入产出表中各部门中间投入的横向结构数，得到用于满足国内需求生产（D）的对进口产品的中间消耗矩阵，其中少量负数直接设为 0。

（三）国内中间投入初始值的确定

三大类生产对外商投资企业和内资企业产品的使用推算中，直接用外商投资企业和内资企业满足国内生产的产值乘以竞争型投入产出表中相应的中间投入占国内总需求的比例获得。

（四）对初始值进行 RAS 调整

RAS 方法是由英国经济学家斯通（Stone，1971）教授首先提出来的，该方法主要用来修正已有的投入产出表（第 1 象限部分，即 A）[②]，主要用途可以为编制延长表提供方法，或者是在编制投入产出表过程中作为平衡工具。另外还有改进的 RAS 方法、拉格朗日（Lagrange）待定系数法等修正方法。

根据 RAS 方法的思想，我们对上述得到的扩展的非竞争型投入产出表进行行列平衡调整，调整的基本原则是调整后的最终使用和最初投入比例不能超过原始比例太多[③]。需要注意的是，最终使用中出口列的数值需要固定，不能调整。RAS 调

①　非加工出口生产及其他中，外商投资企业生产占这一部分的 60% 左右。

②　由于篇幅问题，RAS 方法的具体公式推导和处理在这里省略，需要了解的可以参看陈锡康教授《投入产出技术》的第五章。

③　实际中调整比例尽量控制在 2% 以内。

整前需要将这些需要固定的数设为 0 再进行调整。相对于中间投入部分初始值，最终使用和最初投入初始值的可靠性更好。因此，基本按照少调整最终使用、最初投入和进口中间投入部分，尽量通过调整国内中间投入来获得平衡的原则来对非竞争型投入产出表进行修正。

第三节 中国出口增加值测算及变化分析

利用所讨论的能够反映加工出口特点的非竞争型投入产出模型和方法，我们得到如下结果（表 2.4）。

表 2.4 2012 年和 2017 年中国货物和服务贸易出口总值及相应的出口增加值[①]

年份	指标	货物出口			服务贸易出口	总出口	与 GDP 的比率
		加工贸易出口	非加工出口	货物出口合计			
2012	出口总值/亿美元	8 626.9	11 860.9	20 487.8	1 904.4	22 392.2	26.5%
	出口增加值/亿美元	3 448.5	9 850.3	13 298.8	1 638.9	14 937.7	17.7%
	出口增加值率	40.0%	83.0%	64.9%	86.1%	66.7%	
2017	出口总值/亿美元	7 588.3	15 046.9	22 635.2	1 949.6	24 584.8	20.0%
	出口增加值/亿美元	2 438.0	12 399.5	14 837.5	1 738.2	16 575.7	13.5%
	出口增加值率	32.1%	82.4%	65.6%	89.2%	67.6%	

2012 年，中国出口总值（包含货物出口和服务贸易出口）为 22 392.2 亿美元，出口与 GDP 的比率为 26.5%，至 2017 年中国出口总值再创历史最高水平，达到 24 584.8 亿美元，但与 GDP 的比率持续下降至 20.0%，下降了 6.5 个百分点。若以增加值来核算，2012 年中国的出口增加值仅为 14 937.7 亿美元，仅相当于当年 GDP 的 17.7%，2017 年中国的出口增加值则为 16 575.7 亿美元，与当年 GDP 的比率降至 13.5%，与出口总值口径统计的结果相比，其与 GDP 的比率减少了 6.5 个百分点（2012 年减少了 8.8 个百分点）。

2012 年中国加工贸易出口总值为 8626.9 亿美元，在货物和服务贸易出口总值中的比重高达 38.5%，占货物出口总值的 42.1%，若以出口增加值计，加工贸易的出口增加值降至 3448.5 亿美元，在总出口增加值中的比重仅为 23.1%，这主要

① 按照《国际收支和国际投资头寸手册（第六版）》，2014 年服务贸易统计口径有所调整，国际收支平衡表口径下的服务贸易包含了来料加工等所有权未转移的货物交易，与海关统计数据有重叠，因此，表 2.4 中所指的服务贸易数据，均是在国家外汇管理局提供的"国际收支口径服务贸易数据"基础上减去了加工服务项。

与单位加工贸易出口的国内增加值较低直接相关。2017 年中国加工贸易出口总值为 7588.3 亿美元，相比 2012 年下降了 12%。2017 年加工贸易在出口总值中的比重为 30.9%，与 2012 年相比下降了 7.6 个百分点，在货物出口中的占比则下降至 33.5%，以出口增加值计，2017 年加工贸易的出口增加值为 2438.0 亿美元，仅占总出口增加值的 14.7%。加工贸易在出口和出口增加值中的比重持续减小。

　　分货物出口和服务贸易出口来看，单位服务贸易出口拉动的国内增加值较高，远高于货物出口。2017 年中国服务贸易出口拉动的完全国内增加值率为 89.2%，而货物出口的完全国内增加值率为 65.6%。相对而言，服务贸易出口中进口品的投入要少于货物出口，更多的是国内产品和劳动力的投入，因此单位服务贸易出口中所含的国内增加值高于货物出口。从货物出口类型来看，加工贸易出口对增加值的拉动作用较非加工出口弱。2017 年非加工出口的完全国内增加值率为 82.4%，而加工贸易出口的完全国内增加值率为 32.1%，不足非加工出口的一半。中国的加工贸易出口生产所需的大量原料、材料和零部件都来自海外，一些加工贸易出口品仅在中国进行简单的组装或焊接等加工程序，产品生产所需的国内工序和原材料均较少，进而产生的国内增加值也较少。

　　分部门来看，中国传统劳动密集型产业单位出口具有相对较高的增加值，而技术密集型产业单位出口的增加值含量较低。2017 年反映加工贸易的中国非竞争型投入产出表共有 149 个部门，其中 1~100 部门可归为货物生产部门。分部门来看，中国传统的资源密集型、劳动密集型产业单位出口具有相对较高的增加值，而技术密集型产业单位出口的增加值含量则较低。表 2.5 给出了 2017 年中国出口量最大的 10 个货物生产部门的出口总值和出口国内增加值率情况。通信设备、电子元器件和计算机是 2017 年中国出口量最大的三个部门，但其出口的国内增加值率非常低，只有不到一半的出口价值是中国的出口国内增加值。这些部门有一个重要特点，就是加工贸易出口在总出口中占比很高，大进大出的加工贸易生产方式是这些部门出口国内增加值率低的重要原因。相对来说，以非加工出口为主的其他主要出口部门的出口国内增加值率基本都在 60% 以上。特别是纺织服装服饰部门，非加工出口占比超过九成，出口国内增加值率也达到 86.4%。这提出一个重要问题，出口国内增加值率与部门的技术水平关系并不成正相关关系。技术水平越高的部门，越需要国内国际分工来完成，即典型的垂直专业化分工部门，其出口国内增加值率自然会比较低。同时也说明，不能简单用出口国内增加值率来衡量产业升级。

表 2.5　2017 年中国 Top10 货物生产部门的出口总值及其国内增加值率

部门名称	出口总值/亿美元			出口国内增加值率		
	加工贸易出口	非加工出口	总出口	加工贸易出口	非加工出口	总出口
通信设备	1272	891	2163	35.7%	57.5%	44.7%
电子元器件	936	949	1885	18.7%	71.7%	45.4%
计算机	1299	502	1801	30.8%	77.4%	43.8%
纺织服装服饰	119	1307	1426	37.7%	90.8%	86.4%
金属制品	92	927	1019	34.6%	83.8%	79.4%
输配电及控制设备	235	556	791	32.7%	80.1%	66%
文教、体育和娱乐用品	197	531	728	56.8%	84.8%	77.2%
塑料制品	107	562	669	20.6%	74.5%	65.9%
其他电气机械和器材	131	526	657	31.4%	77.7%	68.5%
家用器具	213	423	636	46%	81.6%	69.7%

　　中国对主要贸易伙伴的出口结构有较大的不同。图 2.1 给出了 2018 年中国对主要贸易伙伴出口总值及结构。2018 年中国对美国、日本、韩国出口中加工贸易占比显著高于全国平均水平（29.5%），属于偏向加工贸易出口型。其中，中国对美国货物出口值为 4784 亿美元，其中加工贸易出口产品和非加工出口产品分别

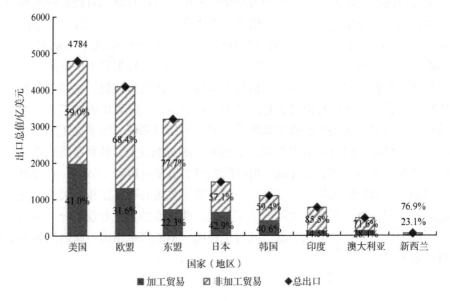

图 2.1　2018 年中国对主要贸易伙伴出口总值及结构

占 41.0%和 59.0%。中国对日本、韩国的出口中的加工贸易出口占比分别为 42.9%和 40.6%，属于较高水平。中国对欧盟和澳大利亚的出口中，加工贸易出口占比分别为 31.6%和 28.4%，与全国平均水平基本一致。而中国出口到东盟、印度和新西兰的货物中，非加工出口占比明显高于加工贸易，分别占中国对这些国家总出口的 77.7%、85.5%和 76.9%，属于偏向非加工出口型。

图 2.2 给出了 2018 年中国对主要贸易伙伴出口增加值及结构。2018 年以增加值核算的中国对美国和欧盟的出口分别为 3009 亿美元和 2743 亿美元，其中非加工出口的增加值分别贡献了 77.7%和 84.0%。相比之下，按贸易总值分析，非加工贸易出口的比重分别为 59.0%和 68.4%。和其他贸易伙伴相比，中国对东盟和印度货物出口中的加工贸易出口占比较低（分别为 22.3%和 14.5%，如图 2.1 所示），因此在其出口增加值中，非加工出口增加值更是占据主导地位，其对总的货物出口增加值贡献分别达到了 90.7%和 93.8%（图 2.2）。

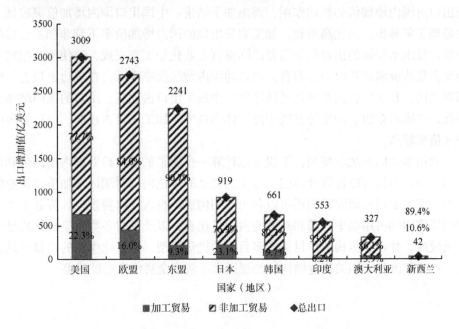

图 2.2 2018 年中国对主要贸易伙伴出口增加值及结构

第四节 本章小结

由于单位加工贸易出口拉动的国内增加值远比非加工出口低以及中国货物出口中加工贸易的比重高等，如果利用出口增加值进行核算，中国在双边贸易中真正获得的利益与以总值分析的体系下相比是被高估的，与一些贸易伙伴（如美国）之间的顺差也将随之大幅降低。

目前在对外贸易中主要使用出口总值来衡量出口的规模，但随着国际贸易和分工的日益发展与渗透，一个国家或地区的出口经常包含从很多国家或地区进口的原材料和部件，因此，计算出口商品所包含的国内增加值和国外增加值，对于正确反映一个国家的实际出口规模、研究国际贸易的平衡问题具有重要的作用，也可以为中国政府制订对外贸易政策提供有效的参考。

基于此，本章提出了核定出口商品中所包含的完全国内增加值和完全进口额的计算方法，并且证明了出口总值等于出口所带来的完全国内增加值和完全进口值（后者可看作国外增加值）之和。利用 2012 年和 2017 年中国反映加工贸易的非竞争（进口）型投入产出表，本章测算和分析了中国总出口、加工出口、非加工出口和服务贸易出口的国内增加值，并进一步分析了制造业细分行业出口和双边出口对国内增加值的拉动作用，得出如下结论：中国出口国内增加值率较低主要是加工贸易出口占比高所致，加工贸易出口的国内增加值率不到非加工出口的一半；技术水平高的出口品更需要国际垂直专业化分工来完成，这使得其相对于劳动密集或资源密集出口品而言，出口的国内增加值率更低；在双边出口上，中国对美国、日本、韩国等发达经济体出口中加工出口占比高，出口的国内增加值率低，中国对东盟、印度等发展中经济体出口中非加工出口占比高，出口的国内增加值率较高。

利用本章的方法和模型，不仅可以计算一个国家的总出口对国内增加值和就业的影响，而且可以计算分部门、分大类商品的单位出口对国内增加值和就业的影响。相关部门和研究机构还可以利用我们构建的投入产出模型，计算各个生产部门所使用的占用品中内源和外源的占用量比重，以及其对各类污染物排放量的影响效应，并进一步构造单目标或多目标的优化模型，为优化中国的出口产品结构，调整和改善中国的产业结构，加强国家经济安全提供有益的借鉴。

第三章 中国出口的国内增加值及其影响因素分析

随着改革开放的不断深入，特别是 2001 年加入 WTO 以来，我国对外贸易规模不断扩大。根据国家统计局公布的数据，2001 年我国货物贸易进出口总额为 5097 亿美元，其中，出口额为 2661 亿美元，约占当年 GDP 的 20.3%；到 2022 年，我国货物进出口总额为 6.31 万亿美元，其中出口额为 3.59 万亿美元，约占当年 GDP 的 19.8%，我国已经超过美国成为世界最大的货物贸易国。对外贸易的高速增长拉动了中国国内经济的发展，成为我国经济快速增长的主要动力之一。

我国经济与世界经济的相关度，以及出口对我国经济的拉动作用不仅仅是表现在贸易规模上，更多体现在出口的国内增加值上。大量的研究表明，当前以进出口贸易总值计算的国际贸易统计方法已经不能正确反映国际化分工中的各国贸易利益格局。众多学者和国际机构 [如 WTO、OECD 和世界银行（World Bank）等] 都主张和推广以"贸易增加值"作为全球贸易的统计标准。例如，WTO 总干事帕斯卡尔·拉米（Pascal Lamy）就多次表示，传统贸易统计侧重于计算进出口总值，使得国际贸易出现"看似失衡"的局面，应以进出口贸易中的各国国内增加值的变化作为贸易统计的标准[①]。如何准确测度出口的国内增加值，具有非常重要的意义。在这方面，投入产出技术是一个很好的工具。

有不少文献利用投入产出模型对出口的国内增加值进行研究，Lau 等（2006）提出了如何测算出口国内增加值的问题，通过构建反映加工贸易的非竞争型投入产出模型计算了 2000 年中国出口的国内增加值。之后刘遵义等（2007a）和 Chen 等（2012）改进了反映加工贸易的非竞争型投入产出模型，对 2002 年中国出口的国内增加值进行测算，指出中国平均每单位出口中只有 0.466 单位的国内增加值，仅为美国出口的一半左右，以国内增加值统计的中美贸易差额将大幅减少。

---

① Lamy suggests "trade in value-added" as a better measurement of world trade. 6 June, 2011, http://www.wto.org/english/news_e/news11_e/miwi_06jun11_e.htm。

Koopman 等（2012）利用数学规划方法，基于海关贸易数据，提出了一套反映加工贸易的非竞争型投入产出表的编制方法，计算了中国出口的国内增加值，指出加入 WTO 前中国出口国内增加值率只有 50%左右，加入 WTO 后上升到 60%左右。Johnson 和 Noguera（2012）基于国际投入产出模型，提出了增加值出口的概念，定义了一国增加值隐含于出口之中并最终被国外吸收的部分。Koopman 等（2014）按照增加值来源与最终去向的不同，将一国总出口分解为国内增加值出口、国内增加值返回、外国增加值和纯重复计算等四部分，构建了一个从海关贸易数据到 GDP 核算的对应框架。王直等（2015）扩展了这一框架，将双边部门层面出口分解为不同经济含义的 16 个细项，提出了总贸易核算法。之后，不少学者对这一分解方法提出了更新和改进（Nagengast and Stehrer, 2016; Johnson, 2018; Borin and Mancini, 2019; Arto et al., 2019; Miroudot and Ye, 2020）。

同时，一些国内学者也对中国出口的国内增加值进行了研究，如沈利生和吴振宇（2003）、祝坤福等（2007）、张芳（2011）等也利用投入产出模型研究中国出口的国内增加值。基于出口的国内增加值的思想，一些学者对各国出口以及双边出口的国内增加值进行了比较分析，刘遵义等（2007a）比较了中美出口的国内增加值，并研究了中美双边贸易的国内增加值。穆智蕊和杨翠红（2009）研究了中日贸易对双方的国内增加值影响。段玉婉和蒋雪梅（2012）研究了中欧贸易对双方的经济影响分析。这一系列研究围绕出口的国内增加值测算和分析等角度做了有益探讨，为进一步研究我国对外贸易与经济增长关系奠定了重要基础。而中国对外贸易中加工贸易的比例很大，出口带来的国内增加值偏低，对经济增长的贡献需要重新评估。因此，准确测算我国出口贸易的国内增加值，对理解我国对外贸易的利益格局，把握对外贸易在促进经济增长中的作用和地位具有重要意义。

本章将对中国出口增加值变动及其驱动因素进行介绍，第一节在概念层面分析出口的国内增加值含义，讨论反映加工贸易的非竞争型投入产出模型，并基于 2002 年、2007 年、2012 年和 2017 年反映加工贸易的中国非竞争型投入产出表，测算 2002 年、2007 年、2012 年和 2017 年我国出口的国内增加值。第二节对于中国出口增加值变动趋势及驱动因素进行分析。第三节比较分析 2002~2017 年我国出口的国内增加值变化的主要原因，研究我国出口对国内经济拉动作用的可持续性，并提出相关建议。

第一节　出口的贸易增加值及其测算模型

一个国家在进行出口品的生产过程中，会使用大量国内中间品和进口中间品及服务，生产的出口品总值减去中间品和服务，即为出口品的直接国内增加值。而在国内中间品和服务的生产中，也会产生国内增加值，这是出口品的间接国内增加值。出口品的直接国内增加值和所有间接国内增加值之和，就是出口的完全增加值，即该国在生产这一出口品中所产生的总国内增加值，这与生产法 GDP 核算是一致的。随着全球化分工的日益深入，一国的出口品生产经常大量使用其他国家或地区的进口品作为中间投入，出口品是很多国家共同生产的结果，出口的国内增加值远小于出口总值，因此以出口总值来进行贸易统计将大大高估出口国的贸易利益所得，而出口的国内增加值能更准确地衡量出口国的贸易利益所得。

　　根据对进口品处理方式的不同，投入产出模型可以分为竞争型投入产出模型和非竞争型投入产出模型。竞争型投入产出模型中，假定进口品和国内品在使用上完全可以替代，难以区分产品的来源，无法确定进口品的使用情况。非竞争型投入产出模型把进口品的使用单独列出来，从中可以清晰地看出在各部门生产过程中所消耗的进口产品数量和在最终使用过程中所使用的进口产品情况。由于非竞争型投入产出模型在进口处理上的优势，在研究对外贸易问题中得到了广泛使用。

　　中国出口存在区别于其他经济体的特点。从 2012 年开始，加工贸易在中国对外贸易中占比逐年降低，但加工贸易占比仍处于较高水平。2019 年中国加工贸易出口总值为 7354.1 亿美元，在总出口中的占比仍达到三成左右。多数情况下，加工贸易通常只是对进口原材料进行加工和装配，这类出口生产使用了大量的进口品，国内中间投入和国内增加值比例很低。另外，中国的非加工出口品中很大一部分是由外资企业生产的，而外资企业非加工出口品单位产值消耗进口品数额远大于内资企业生产用于国内需求产品对进口品的消耗。同时，生产非加工出口品的内资企业往往与国外联系较多，这些企业进口也较多，同时对出口品要求较高，为保证出口品质量也会使用较多的进口原材料等。基于中国出口的这些特点，刘遵义等（2007a）将国内生产拆分为满足国内需求生产、加工出口生产和非加工出口生产及其他等三部分。本章延续这一思路，构建反映加工贸易的非竞争型投入产出模型。具体表式结构可见表 2.1。

　　根据上一章的反映加工贸易的非竞争型投入产出模型的式（2.14），可以得到出口的国内增加值测算公式如下：

$$\text{DVA}_E = V(I-A)^{-1}E = VBE = B_V E \qquad (3.1)$$

其中，DVA_E 表示出口的国内增加值；V 表示各部门增加值系数；$B=(I-A)^{-1}$ 表示完全需求系数矩阵，即里昂惕夫逆矩阵；E 表示出口；$B_V = V(I-A)^{-1}$ 表示完全国内增加值系数。因此，出口的国内增加值变化可以由以下两个驱动因素所解释：完全国内增加值系数向量（ B_V ）和出口（ E ）。公式表述如下：

$$\Delta DVA_E = DVA_{Et} - DVA_{E0} = B_{Vt}E_t - B_{V0}E_0 \qquad (3.2)$$

其中，下标 0, t 分别表示基准期和计算期。为定量测算影响两个时期总产出变动因素的大小，式（3.2）可以进一步分解如下：

$$
\begin{aligned}
\Delta DVA_E &= B_{Vt}E_t - B_{V0}E_0 \\
&= B_{Vt}(E_0 + \Delta E) - (B_{Vt} - \Delta B_V)\, E_0 \\
&= \Delta B_V E_0 + B_{Vt}\Delta E
\end{aligned}
\qquad (3.3a)
$$

其中， $\Delta E = E_t - E_0$ ， $\Delta B_V = B_{Vt} - B_{V0}$ 。 $\Delta B_V E_0$ 反映了这一时期由于完全国内增加值系数向量变动导致出口国内增加值变动的效应， $B_{Vt}\Delta E$ 反映了出口变动对出口国内增加值变动的效应。

同样，对式（3.2）可以换一种分解如下：

$$
\begin{aligned}
\Delta DVA_E &= B_{Vt}E_t - B_{V0}E_0 \\
&= (B_{V0} + \Delta B_V)\, E_t - B_{V0}(E_t - \Delta E) \\
&= \Delta B_V E_t + B_{V0}\Delta E
\end{aligned}
\qquad (3.3b)
$$

其中， $\Delta B_V E_t$ 表示这一时期由完全国内增加值系数向量变动导致出口国内增加值变动的效应； $B_{V0}\Delta E$ 表示出口变动对出口国内增加值变动的效应。

我们可以用下面左右两图（图 3.1）来分别说明式（3.3a）和式（3.3b）的分解结果。显然图中阴影部分的面积之和即 ΔDVA_E ，其中实线阴影部分面积即 $\Delta B_V E_0$ 或 $\Delta B_V E_t$ ，表示由完全国内增加值系数向量变动导致出口国内增加值变动的效应，虚线阴影部分面积即 $B_{Vt}\Delta E$ 或 $B_{V0}\Delta E$ ，表示出口变动对出口国内增加值变动的效应。

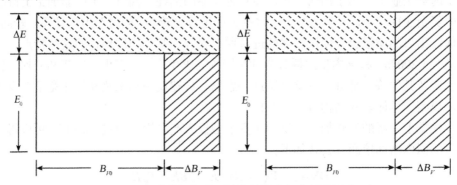

图 3.1　出口国内增加值的两因素结构分解分析图示（一）

显然，除非这一时期出口的完全国内增加值系数向量和出口分别或同时保持不变（ $\Delta B_V = 0$ 或 $\Delta E = 0$ ），否则式（3.3a）和式（3.3b）两种方式测算的分解结果是不一样的。这两种分解方法从数学上看没什么区别，也没有适合的理由取舍其中某一种，这就造成结构分解分析结果的不唯一性。进一步，可以将分解公式高阶化处理，得到式（3.4a）。

$$\Delta \text{DVA}_E = B_{Vt}E_t - B_{V0}E_0$$
$$= (B_{V0} + \Delta B_V)(E_0 + \Delta E) - B_{V0}E_0 \qquad (3.4a)$$
$$= \Delta B_V E_0 + B_{V0}\Delta E + \Delta B_V \Delta E$$

其中，$\Delta B_V \Delta E$ 表示完全国内增加值系数向量和出口同时变动的影响，出现高阶驱动因素，在少量几个因素分析中没有问题，但是分析因素较多时，式（3.4a）的项数将会高达 2^n-1，测算和分析极为烦琐。为了解决这一问题，目前较为常用的分解方法为取前两种分解的平均值来测算两因素变动效应的大小，如 Vaccara 和 Simon（1968）研究中的处理方法。由于它是取两种极分解（polar decomposition）的平均值，从数学形式上看，该方法不仅符合直觉，而且不同因素之间的权重具有可比性，也没有难以解释的交互项，所以得到国际学术界普遍认可。具体做法是式（3.3a）和式（3.3b）两种方式测算的分解结果相加取平均。

$$\Delta \text{DVA}_E = B_{Vt}E_t - B_{V0}E_0$$
$$= \frac{1}{2}\Delta B_V(E_t + E_0) + \frac{1}{2}(B_{V0} + B_{Vt})\Delta E \qquad (3.4b)$$

这种分解的实质是将交互效应平均分配到两个因素的纯效应中。如图 3.2 所示，实线阴影部分表示经济技术系数变动对总产出的效应，虚线阴影部分表示最终需求变动对总产出的效应。

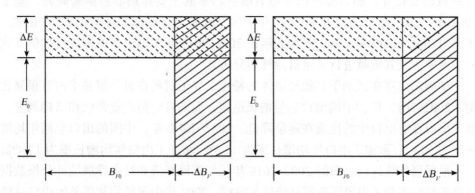

图 3.2 出口国内增加值的两因素结构分解分析图示（二）

当然，从式（3.1）可以看出，完全增加值系数可以分为直接增加值系数（V）和技术系数（里昂惕夫逆矩阵）两部分之积，出口变化可以进一步区分为出口结构（SE）和出口规模（TE）。那么式（3.4）的出口国内增加值变化的因素分解

可以表示为

$$\Delta DVA_E = V_t B_t SE_t TE_t - V_0 B_0 SE_0 TE_0$$

$$= \frac{1}{2}(B_t SE_t TE_t + B_0 SE_0 TE_0) \, \Delta V + \frac{1}{2}(V_0 SE_t TE_t + V_t SE_0 TE_0) \, \Delta B$$

$$+ \frac{1}{2}(V_0 B_0 TE_t + V_t B_t TE_0) \, \Delta SE + \frac{1}{2}(V_0 B_0 SE_0 + V_t B_t SE_t) \, \Delta TE \qquad (3.5)$$

式（3.5）等号右端的四项分别为直接增加值系数（V）变动、技术系数（里昂惕夫逆矩阵 B）变动、出口结构（SE）变动和出口规模（TE）变动对出口国内增加值的效应。当然，直接增加值系数是由劳动者报酬系数、生产税净额系数、固定资产折旧系数和营业盈余系数构成，因此可以进一步测算劳动者报酬系数、生产税净额系数、固定资产折旧系数、营业盈余系数变动对出口国内增加值的影响；出口结构包含出口的部门结构和出口的贸易类型（加工贸易与非加工贸易）结构，因此可以进一步测算出口的部门结构和出口的贸易类型结构变动对出口国内增加值的影响；里昂惕夫逆矩阵也可以进一步分解为国内中间品投入结构、国内中间品总投入系数和进口中间品总投入系数等。

第二节　中国出口增加值变动及驱动因素分析

加入 WTO 以来，中国总出口的增加值和单位出口的增加值均有所上升。这种变化可能是由多种驱动因素造成的，如出口规模的扩大、出口结构的变化和技术系数的变化等。那么哪种因素或者哪些因素起主要作用非常值得研究。基于2002 年、2007 年、2012 年和 2017 年中国反映加工贸易的非竞争型投入产出表，本书对 2002~2007 年、2007~2012 年和 2012~2017 年中国出口的国内增加值变化的主要原因及其贡献进行了定量测算和分析。

中国出口存在区别于其他经济体的特点：加工贸易在对外贸易中占有很高比例。2002~2017 年，中国出口总量增长迅速，而随着中国产业升级和结构调整，加工出口在总出口中的比重在逐渐降低。2002~2017 年，中国的出口总额年均增长率为 14.8%，而加工出口年均增长率为 12.8%，非加工出口年均增长率为 17.4%。

根据国家统计局公布的 2002~2019 年历年国民经济和社会发展统计公报数据与商务部公布的《中国服务贸易统计》数据，2002 年中国货物和服务的出口总额为 3650 亿美元，其中加工出口 1799 亿美元，加工出口占全部出口总额的比重为49.3%；2007 年中国货物和服务的出口总额为 13 421 亿美元，其中加工出口 6189亿美元，占比为 46.1%；2012 年中国货物和服务的出口总额为 20 488 亿美元，其中加工出口 8627 亿美元，占比为 42.1%；2017 年中国货物和服务的出口总额为

22 635 亿美元，其中加工出口 7588 亿美元，占比为 33.5%。加工贸易出口占比在
2002~2017 年降低了约 16 个百分点。详细数据见图 3.3。

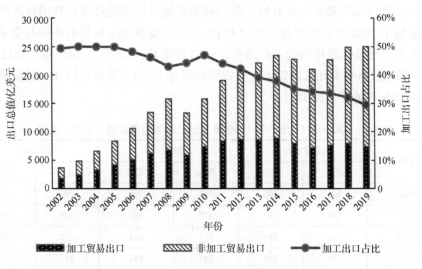

图 3.3　2002~2019 年中国出口总值及结构变化

资料来源：出口总值数据来源于《中国统计年鉴》（货物），《中国服务贸易统计》（服务）；出口结构数据来源
　　　于国家统计局国民经济和社会发展统计公报

从图 3.3 可以看出，中国总出口中加工贸易出口比重 2002~2007 年一直接近
50%。2009 年加工贸易在总出口中的比重相比 2008 年的 42.9%有所回升，达到
44.1%，主要原因是非加工出口中的服务贸易出口受金融危机的影响，下降了
12.2%[①]，因此非加工出口占比降低。但 2010 年之后，加工出口的比重快速下降，
2019 年已下降至 29.4%。加工贸易出口比重下降主要原因有二：一是受 2008 年国
际金融危机影响，加工出口产品的主要消费国——欧美等发达经济体遭受了冲击，
对中国出口，特别是加工出口产品的需求萎缩；二是我国劳动力成本在 2007 年后
不断上升，劳动力成本的比较优势在不断缩小，一部分跨国企业将加工贸易生产
转移到劳动力成本更为低廉的东南亚国家和印度等。

多数情况下，加工贸易只是对进口原材料和零配件进行加工和装配，这类出
口生产中使用了大量的中间进口品，国内中间投入和国内增加值比例很低。另外，
中国非加工出口中的货物出口很大一部分是由外资企业生产的，外资企业作为全
球价值链的组织者和关键参与者，其生产过程中很容易通过母公司和境外子公司
来充分利用国内外两个市场资源，因此其非加工出口生产和满足国内需求生产都
会使用到大量的中间进口品和服务。因此，在生产过程中大量使用进口品的情况

① 资料来源：商务部《中国服务贸易统计 2014》。

下，中国货物出口实际拉动的国内增加值相对较低。

利用海关贸易统计数据、国家统计局的投入产出调查数据和工业统计数据、国家外汇管理局的服务贸易数据，我们和国家统计局国民经济核算司投入产出处合作编制了 2002 年、2007 年、2012 年和 2017 年反映加工贸易的中国非竞争型投入产出表。根据这四年的投入产出表，分别测算了 2002 年、2007 年、2012 年和 2017 年中国 1000 美元总出口（包括货物和服务）、加工贸易出口和一般贸易出口拉动的国内增加值（表 3.1）。

表3.1　2002~2017 年中国 1000 美元出口的国内增加值（单位：美元）

年份	加工贸易出口		非加工出口		总出口	
	直接	完全	直接	完全	直接	完全
2002	166	305	243	780	206	552
2007	174	367	270	780	226	591
2012	170	385	261	804	222	626
2017	149	361	289	841	251	710

出口的完全增加值包括直接增加值和间接增加值。以农产品出口为例，出口的农产品在生产过程中的要素投入（拉动力和资本）产生了直接增加值，同时也直接消耗了种子、化肥、农机等中间品。投入的种子在生产过程中的要素投入产生了第一轮间接增加值，也消耗了化肥、农机等。这部分投入品如化肥和农机等在生产过程中的要素投入产生了第二轮间接增加值。直接增加值和各轮间接增加值之和即为完全增加值。从表 3.1 可以看出，中国 2002 年 1000 美元出口拉动的国内直接增加值为 206 美元，国内完全增加值为 552 美元；2007 年 1000 美元出口拉动的国内直接增加值为 226 美元，国内完全增加值为 591 美元；2012 年 1000 美元出口拉动的国内直接增加值为 222 美元，国内完全增加值为 626 美元；2017 年 1000 美元出口拉动的国内直接增加值为 251 美元，国内完全增加值为 710 美元。每 1000 美元总出口中的直接增加值在 2002~2017 年提高了 45 美元，完全增加值提高了 158 美元。出口对直接增加值拉动力的提高，说明产业自身生产水平的提高；对完全增加值拉动力的逐渐提高，说明在出口生产中使用了越来越多的国内原材料和服务，国内品的竞争力在相应不断提升。

出口拉动国内增加值增长在不同的时间段内略有区别。2002~2007 年，1000 美元出口拉动的国内直接增加值提高了 20 美元，完全增加值提高了 39 美元。直接增加值和间接增加值的提高幅度基本一致。而 2007~2012 年，1000 美元出口拉动的直接增加值略降了 4 美元，完全增加值提高了 35 美元。这说明出口对增加值拉动的提高全部来自间接增加值的提高。2012~2017 年，1000 美元出口拉动的国内直接增加值提高了 29 美元，完全增加值提高了 84 美元。

分贸易方式来看，单位加工贸易出口拉动的国内增加值远低于非加工出口。单位加工贸易出口的直接国内增加值率均低于 20%，完全国内增加值率不到 40%，而非加工出口的完全国内增加值率接近甚至超过 80%。单位加工贸易出口拉动的完全国内增加值低于非加工出口的一半。因此，中国出口贸易中有近 30%~50% 的加工出口是引起总出口国内增加值率较低的一个重要原因。随着加工贸易产业的升级，加工出口的国内增加值率有一定幅度的提升。1000 美元加工贸易出口拉动的国内完全增加值在 2002~2007 年提高了 62 美元，在 2007~2012 年提高了 18 美元，在 2012~2017 年下降了 24 美元；而 1000 美元非加工出口拉动的国内完全增加值在 2002~2007 年基本维持稳定，为 780 美元，在 2007~2012 年提高了 24 美元，在 2012~2017 年提高了 37 美元。随着中国对外贸易的进一步发展，加工贸易出口和非加工出口的国内增加值率均将继续上升。

第三节　中国出口的国内增加值变化的驱动因素分析

根据表 3.2 结果，以及加工贸易出口和非加工出口的国内增加值率和出口额，可以估算加工贸易出口、非加工出口和总出口拉动的总国内增加值（指完全增加值）。与相应年份的 GDP 总额相比，得到加工贸易出口、非加工出口和总出口的国内增加值占 GDP 比重。具体结果见表 3.2。

表 3.2　中国出口的国内增加值及其占中国 GDP 的比重

年份	出口的国内增加值/亿美元			占 GDP 比重			GDP/亿美元
	加工贸易出口	非加工出口	合计	加工贸易出口	非加工出口	合计	
2002	549	1 444	1 993	3.8%	9.9%	13.7%	14 538
2007	2 269	5 641	7 910	6.5%	16.1%	22.6%	34 942
2012	3 448	9 851	13 299	4.1%	11.7%	15.8%	84 394
2017	2 438	12 400	14 838	2.0%	10.1%	12.1%	122 783

资料来源：GDP 数据来源于《中国统计年鉴》，其他数据均为我们计算

随着出口量的增加，拉动的国内增加值总量也在逐年增加。2002~2007 年，加工贸易出口和非加工出口拉动的国内增加值增长较快。2002 年，加工贸易出口拉动的国内增加值为 549 亿美元，2007 年为 2269 亿美元，增长了 3.1 倍；非加工出口拉动的国内增加值增长了 2.9 倍，从 2002 年的 1444 亿美元增长为 5641 亿美元。2007~2012 年，加工贸易出口和非加工贸易出口拉动的国内增加值增长幅度

较 2002~2007 年有所放缓。2007~2012 年，加工贸易出口和非加工出口拉动的国内增加值在 2012 年较 2007 年分别增长了 52%和 75%。2012~2017 年出现了加工贸易出口国内增加值下降趋势，降幅为 29%，非加工贸易出口国内增加值继续保持上升趋势，但上升幅度降至 26%。

从出口拉动的增加值占 GDP 比重来看，非加工出口发挥了重要作用。2002 年出口的总国内增加值占当年 GDP 的 13.7%，2007 年上升至 22.6%，提高了 8.9 个百分点。加工贸易出口的国内增加值占 GDP 比重从 2002 年的 3.8%上升到 2007 年的 6.5%，提高了 2.7 个百分点。而非加工出口的国内增加值占 GDP 比重从 2002 年的 9.9%上升到 2007 年的 16.1%，提高了 6.2 个百分点。2012 年，出口拉动的国内增加值占 GDP 的比重有所降低，为 15.8%。加工贸易出口和非加工出口占 GDP 比重分别为 4.1%和 11.7%，相比 2007 年分别降低了 2.4 个百分点和 4.4 个百分点。2017 年出口拉动的国内增加值占 GDP 的比重进一步降低，为 12.1%。加工贸易出口和非加工出口占 GDP 比重分别为 2.0%和 10.1%，相比 2012 年分别降低了 2.1 个百分点和 1.6 个百分点。

从出口增加值的增量上来看，非加工出口贡献了绝大部分，加工贸易出口对总出口增加值增量的贡献率在降低（表 3.3）。2002~2007 年总出口拉动的国内增加值增量为 5917 亿美元，其中加工贸易出口贡献了 1720 亿美元，非加工出口贡献了 4197 亿美元，分别占 29.1%和 70.9%。2007~2012 年总出口拉动的国内增加值增量为 5389 亿美元，其中加工贸易出口贡献了 1181 亿美元，非加工出口贡献了 4208 亿美元。随着加工贸易出口占比有所降低，加工贸易出口对国内增加值增量的贡献率也有所降低，为 21.9%，与 2002~2007 年相比贡献率降低了 7.2 个百分点。2012~2017 年总出口拉动的国内增加值增量为 1539 亿美元，其中加工贸易出口增加值减少了 1011 亿美元，非加工出口增加值上升了 2550 亿美元。加工贸易出口对 GDP 增长的贡献出现了负值。

表 3.3　中国出口的国内增加值增量及分贸易方式贡献率

时间	出口的国内增加值增量/亿美元			分贸易方式贡献率	
	加工贸易出口	非加工出口	总出口	加工贸易出口	非加工出口
2002~2007 年	1720	4197	5917	29.1%	70.9%
2007~2012 年	1181	4208	5389	21.9%	78.1%
2012~2017 年	−1011	2550	1539	−65.7%	165.7%

中国出口的国内增加值增长迅速，其增长的原因值得探究。从出口增加值的计算上分析，影响出口增加值的因素主要有两大类，一类是经济技术变动导致的

出口行业生产变化，或称之为制造效应；一类是出口需求变化导致的出口品或出口量的变化，或称之为出口需求效应。制造效应的影响因素主要有生产行业的增加值系数变化和产业生产升级的技术系数变化；出口需求效应则包括出口规模的改变和出口结构的调整两个方面。利用结构分解分析（structural decomposition analysis，SDA）技术，对 2002~2007 年、2007~2012 年和 2012~2017 年出口的总国内增加值变化进行了分析。详细结果见表 3.4。

表 3.4　2002~2007 年、2007~2012 年和 2012~2017 年中国出口国内增加值变化的因素分析

时间	影响因素	出口增加值增量/亿美元			贡献率		
		加工贸易出口	非加工出口	总出口	加工贸易出口	非加工出口	总出口
2002~2007 年	增加值系数	30	−163	−133	0.5%	−2.7%	−2.2%
	技术系数	368	257	625	6.3%	4.3%	10.6%
	出口规模	1442	4209	5651	24.4%	71.1%	95.5%
	出口结构	−120	−106	−226	−2.0%	−1.8%	−3.8%
	合计	1720	4197	5917	29.1%	70.9%	100.0%
2007~2012 年	增加值系数	−83	−652	−735	−1.5%	−12.1%	−13.6%
	技术系数	472	930	1402	8.7%	17.3%	26.0%
	出口规模	918	3855	4772	17.0%	71.6%	88.6%
	出口结构	−125	71	−54	−2.3%	1.3%	−1.0%
	合计	1181	4208	5389	21.9%	78.1%	100.0%
2012~2017 年	增加值系数	11	314	325	0.7%	20.4%	21.1%
	技术系数	270	−224	46	17.4%	−14.6%	3.0%
	出口规模	−674	2592	1918	−43.8%	168.4%	124.6%
	出口结构	−617	−132	−749	−40.1%	−8.6%	−48.7%
	合计	−1011	2550	1539	−65.7%	165.7%	100.0%

资料来源：表中数据之和可能因数位保留而略有不同

　　从表 3.4 结果可以得出，中国出口的国内增加值增量主要是依靠出口规模的扩大。2002~2007 年，出口规模的扩大在出口国内增加值增量 5917 亿美元中贡献了 5651 亿美元，占到 95.5%；2007~2012 年，5389 亿美元的出口国内增加值增量中 4772 亿美元也是由出口规模的扩大贡献的，占 88.6%。随着加工贸易出口在总出口中的占比逐年降低，加工贸易出口规模的扩大对出口增加值增量的贡献率有

所下降。加工贸易出口规模扩大对出口增加值增量在 2002~2007 年贡献了 1442 亿美元，在 2007~2012 年贡献了 918 亿美元，在总出口中因出口规模扩大提高的出口增加值增量的占比从 24.4%降低为 17.0%，降低了 7.4 个百分点。2012~2017 年更是出现加工贸易出口规模下降，对提高出口增加值发挥了阻碍作用（-43.8%）。

出口结构的调整目前在提高中国出口增加值上的影响较小。对总出口增加值增量而言，该因素在 2002~2007 年、2007~2012 年和 2012~2017 年的贡献率分别是-3.8%、-1.0%和-48.7%。分贸易方式来看，出口结构的调整在 2007~2012 年为非加工出口增加值增量贡献了 71 亿美元，贡献率为 1.3%。虽然贡献率较小，却为正向促进作用。分析可以发现，2007~2012 年，非加工出口中金属制品和电子设备等货物出口占比有所降低，而批发零售等服务出口的占比有小幅上升。一般而言，服务业的增加值率高于制造业，因此出口品从低增加值率行业向高增加值率行业转移的出口结构优化，有助于提高中国出口增加值。

技术系数的调整优化也是中国出口的国内增加值提高的重要的促进因素。2002~2007 年和 2007~2012 年，技术系数的改变分别提高了 625 亿美元和 1402 亿美元的出口增加值，在总出口增加值增量中的贡献率分别为 10.6%和 26.0%。2012~2017 年，技术系数的改变只提高了 46 亿美元的出口增加值，在总出口增加值增量中的贡献率只有 3.0%。技术系数也是影响加工贸易出口增加值变化的重要因素。2002~2007 年，技术系数的改变提高了 368 亿美元的加工贸易出口增加值，在加工贸易出口增加值增量 1720 亿美元中占 21.4%；2007~2012 年提高了 472 亿美元，在加工贸易出口增加值增量 1181 亿美元中占 40.0%。近年来，一方面，随着出口中加工贸易比重的不断降低，生产过程中出口品对进口品的消耗量也在不断降低，取而代之的是对国内品的中间消耗的不断增加，国内配套率有所提高；另一方面，各个生产部门间联系在进一步加强。这都说明了中国的产业生产水平和生产结构发生了较大的变化，进而促进出口增加值的提高。

生产部门直接增加值系数的降低减少了出口国内增加值增量。由于生产部门增加值系数的改变，2002~2007 年该因素减少了 133 亿美元的总出口增加值，2007~2012 年减少了 735 亿美元，贡献率分别为-2.2%和-13.6%。从区分贸易类型出口来看，增加值系数的改变对非加工出口国内增加值的影响更大，2002~2007 年和 2007~2012 年分别降低了 163 亿美元和 652 亿美元的非加工出口增加值，在出口增加值增量变化中的贡献率分别为-2.7%和-12.1%。随着中国产业的发展，生产过程中的中间投入增加，一些产业的增加率的确有所降低。2012~2017 年，以 41 个生产部门划分，加工贸易 16 个制造业部门中有 10 个部门直接增加值率降低，而非加工中几乎所有部门的直接增加值率都有所降低。但在 2012~2017 年，增加值系数逐渐上升，对出口国内增加值的贡献由负转正，为 21.1%。

增加值系数和技术系数这两个因素对出口增加值的共同影响，反映了在出口需求不变的情况下，因生产技术改变而引起的出口增加值变动。从表 3.4 数据可以得出，增加值系数和技术系数变动产生的制造效应，对中国出口增加值的提高有正向促进作用。2002~2007 年和 2007~2012 年分别在总出口增加值增量中贡献了 8.3%和 12.4%，在 2012~2017 年更是提高到 24.1%，贡献率逐步提高，尤其是在加工贸易出口增加值增量中贡献率更大。这反映出，中国出口增加值已经得益于技术进步、产业升级和行业间联系加深等产业调整，并且从趋势上来看，这些改变将进一步促进中国出口增加值的提高。

随着后金融危机时代的"慢全球化"，世界经济特别是发达经济体增长缓慢，对中国出口特别是加工贸易出口的需求不足，2008 年以后加工贸易出口在中国总出口中占比逐年降低也说明了这一点，未来很长一段时间外部经济增长将得不到明显改善，中国加工贸易出口增长缓慢这一态势将会继续。同时，欧美国家失业率高企，将进一步导致针对中国出口品的贸易争端的频发，中国出口总量继续维持入世 20 多年来的高速增长已经完全不可能，今后中国出口规模的增长速度将进一步放缓，单纯靠出口规模扩大带动出口的国内增加值增长，从而拉动经济增长的模式不可持续。未来一段时间，产业增加值率的提高、技术进步以及出口结构的优化，有助于单位出口拉动国内增加值的增加。

第四节　本章小结

对 2002~2007 年、2007~2012 年和 2012~2017 年中国出口的国内增加值变化的主要影响因素的分析表明，中国出口的增加值增长主要是依靠出口规模的扩大，说明就目前而言中国出口增长仍是粗放式的，出口的效率有待提高。出口结构的调整也是另一重要因素。相较 2002~2007 年和 2012~2017 年，2007~2012 年非加工出口结构的调整有效地促进了其出口增加值的提高。技术进步，也对出口增加值的增长有一定的促进作用，并且该因素的贡献率在各段时期内均有所提高。从这个角度来说，在保持贸易规模稳定增长的情况下，未来中国对外贸易政策的着力点应该放在出口产业升级方面，如优化中国贸易结构、提升出口的国内增加值率、扩大中国在全球贸易价值链中的份额。

针对如何提高出口的国内增加值，首先，鼓励企业开拓海外新兴出口市场，促进非加工出口的增长。随着中国企业生产的逐步转型，加工贸易出口份额的降低，且非加工出口的国内增加值率高出加工贸易出口一倍，发展非加工出口对提高中国出口的国内增加值具有重要意义。其次，鼓励国内增加值率较高部门的出口，特别是服务业的出口。2007~2012 年，非加工出口的出口结构优化有效地促进了其出口增加值。中国服务业出口的国内增加值率普遍高于货物出口，以 2007 年为例，服务出口的平均国内增加值率比货物出口高约 24 个百分点。应采取针对性措施鼓励服务业出口，优化中国出口结构。再次，在部门出口的国内增加值率方面，可以通过鼓励出口企业的 R&D 投入，实现产业升级，通过提高相关部门在国际产业链分工中的地位，以及逐步提高工人工资水平，增加从业人员报酬在增加值和总投入中份额，来提高部门出口的国内直接增加值率。而加强产业间联系、生产技术的优化可以提高部门出口的完全增加值。最后，稳定人民币汇率，特别是要防止人民币的大幅升值，保证出口企业的合理利润水平。特别应该强调的是，中国参与国际贸易的比较优势在于相对丰裕的劳动力、良好的基础设施、高效完备的配套设施和优惠的出口政策。长期来看，增加教育投入和基础设施投资，完善相关产业配套设施，是保持中国竞争优势、促进出口持续增长、提高出口国内增加值应采取的长期政策。

第四章 反映加工贸易和外资企业的投入产出模型及应用

近年来，世界经济一体化日益发展，生产在全球范围内日益分散，由各国分工合作完成。这表现为国际贸易日益壮大，而其中中间品贸易约占七成，居于主导地位。发达国家对发展中国家进行直接投资或者生产外包，加快了全球价值链的跨国分布，促进了全球贸易的增长，同时也对国家间以及一国内部的收入分配产生显著影响。发展中国家得益于全球价值链，能够更深入地参与制造业国际分工。以中国为例，基于自身劳动力充裕的比较优势，中国选择了发展劳动密集型产业尤其是加工装配制造业，数十年间成长为全球最大的制造中心和出口平台（export platform）。2021 年中国制造业增加值达 4.6 万亿美元，是美国的 1.7 倍，出口额也高达 6.1 万亿美元。然而，中国产业和出口的迅猛发展依赖于加工装配制造业。加工装配位于产业链的中段，主要依靠进口料件进行生产继而出口。此外，加工装配产品必须出口，市场在国外，且销售及售后服务通常由国外企业控制。"两头在外"的生产特点决定了其对增加值的贡献远未有其对出口总值的贡献那么大。这也使得出口总额和国民收入账户所反映的经济含义不相一致。在统计意义上，出口贸易和 GDP 采用的是两种不同的衡量标准。GDP 计算的是生产过程中的新增价值，为净值概念；而出口贸易衡量的则为总值概念，其产品在生产过程中可能存在着大量进口中间产品的投入。以中国为例，在 1995~2010 年，加工贸易出口企业和出口贸易企业中外资企业的比例一直保持在 50%左右，虽然 2012 年之后加工贸易出口企业和出口贸易企业中外资企业占比逐渐下降，但仍占有重要比例。2019 年中国加工贸易出口占货物总出口比例为 29.4%，外资企业出口占货物总出口比例为 36.8%。由于加工装配进口免征关税和增值税，因此使用的进口中间投入要远高于非加工企业。因此，仅仅依赖出口数据会夸大一国实际创造的价值，对贸易政策的制定产生误导。更准确的度量是出口中的国内增加值，定义为在中国境内创造的新增价值。[①]

---

① 与 GDP 的定义类似，出口的国内增加值包括在中国境内任何所有制公司所产生的增加值。对应地，国外增加值为在中国境外创造的新增价值，并以进口的方式进入中国。这种分类与收入在不同国籍的要素所有者之间的分配有所区别，前者遵循国土原则，后者按国民原则计算。

　　以富士康公司为苹果公司生产和出口的 iPad 为例,一台 iPad 从中国出口到美国,在中美贸易账户上记美方赤字 275 美元(在美国的实际售价还要远远高于这个数字),然而由于 iPad 各种零部件的生产都在美日韩等其他国家,中国实际贡献给这一台 iPad 的增加值(主要是加工装配的劳务费用)只有 10 美元。275∶10,统计数字上的巨大差异启示我们,对广泛参与加工贸易的国家,使用传统贸易总值计算开放程度和收益份额,会产生误导性的结论。从贸易增加值的角度衡量贸易数据,中国的对外开放就并没有总值统计所展示的那么高,中美和中欧之间的贸易顺差也远未到贸易总值统计所显示的这么严重。事实上,尽管 2011 年 iPad 在中美贸易中创造了约 40 亿美元的美方赤字,但其中中国产生的增加值仅只有 1.5 亿美元。[①]虽然此后中国在苹果价值链的地位有所上升,但在 2019 年苹果公司 iPhone X 的价值链研究中,来自中国的增加值也不足 iPhone X 总制造成本的 1/4(Xing,2019)。在中美贸易当中,如果考虑出口产品中其他国家的贡献,中美贸易失衡的数额将比官方贸易数据小了近 40%(Johnson and Noguera,2012)。

　　由此可知,准确衡量出口贸易中的国内增加值是理解中国在世界贸易中地位的关键所在,而在其测算过程中则必须要考虑到中国国内大量加工贸易企业和外资企业的存在。在 Koopman 等(2012)的基础上,我们提出一个新的估计方法,从而更准确地度量出口国内增加值在出口总值中的比例。近年来利用企业层面数据进行出口增加值测算的方法在学术研究和政策制订上逐渐受到重视,Feenstra 和 Jensen(2012)利用公司层面的进口和生产数据,计算了美国各个行业所使用的进口投入品比例。Kee 和 Tang(2016)则不使用投入产出数据,仅仅通过 2000~2006 年企业生产和进出口数据,对中国加工贸易公司进口中间品的投入情况进行了研究。他们发现出口贸易公司的国内增加值占比由 2000 年的 35%增长至 2006 年的 49%,该结论与 Koopman 等(2012)使用产业层面数据获得的结果相吻合。Upward 等(2013)也使用 2003~2006 年中国企业贸易和生产数据进行了类似的讨论,发现中国出口的国外增加值始终处于较高水平,但呈现下降趋势。此外,Ahmad 等(2013)对 2005 年土耳其出口贸易进行了研究,分别测算了产品主要内销和产品主要出口的企业的投入产出系数。Kee 和 Tang(2016)利用中国企业层面数据,测算了微观层面的企业出口国内增加值。根据 OECD 提供的贸易增加值数据库(Trade in Value Added,TiVA),2018 年中国的出口国内增加值率仍显著低于美国等发达经济体。Wang 等(2021)利用 OECD 发布的反映跨国公司活动分析的国际投入产出数据库(The Inter-Country Input-Output tables according to the Analytical Activities of Multinational Enterprises database,AMNE-ICIO 数据

---

① 参见 Xing 和 Detert(2011)的研究。

库）测算了各国内外资企业的出口增加值。

　　然而，尽管可以通过使用企业层面数据减少加总偏误，但始终无法消除。因而，如何有效地对企业进行分类以减少存在的加总偏误则是我们的主要工作之一。通过比较企业的进口投入品使用情况和增加值组成，按照企业的不同贸易模式和不同所有制结构我们将企业分为四个主要类型，即外资加工贸易出口企业、内资加工贸易出口企业、外资非加工出口企业、内资非加工出口企业。

第一节　反映加工贸易和外资企业的投入产出模型

　　对一国出口中的国内增加值进行测算通常需要建立非竞争型投入产出模型。依据产品（包括中间品和最终使用）来源划分为两类——国产和进口，两者之间不能完全替代。一般非竞争型投入产出表如表 1.3 所示。正如前文所讨论的，加工贸易占中国出口的很大一部分。由于关税和增值税减免，加工贸易比一般贸易更多使用进口原材料。因此，在原有的非竞争型投入产出模型的基础上，第二章对加工贸易出口的投入产出系数与一般贸易出口和国内消费产品的投入产出系数进行进一步区分，提出了反映加工贸易的非竞争型投入产出模型。

　　虽然反映加工贸易的非竞争型投入产出模型分析了一般贸易出口和非出口企业与加工贸易出口企业之间的差异，但没有考虑不同所有制下企业所对应的投入产出系数之间可能存在的差异。外资企业（包括外商独资企业和中外合资企业）一直是中国经济高速增长的重要因素之一，2012 年之前，外资企业在中国出口贸易总额中所占份额超过 50%，之后虽然一直呈下降趋势，但直到 2021 年仍高达 34%。中国加入 WTO 前后十余年，尽管加工贸易占出口比例没有显著波动，但中国外资企业占比则从 1995 年的 31% 稳步增加到 2006 年的 58%。与内资企业相比，外资企业在加工出口产品的生产过程中，使用更高比例的进口中间产品；同时在一般出口产品的生产过程中，外资企业使用的进口中间产品则相对较少。此外，外资企业的出口中，加工贸易占比超过 2/3，远高于内资企业。因此，外资企业在生产过程中的国内增加值相对较低，对于中国 GDP 的贡献也显著低于内资企业。为正确地估计外资企业在出口中所包含的国内增加值，需要对不同类型企业进行区分。

　　根据企业的所有类型和贸易模式，我们将国内生产分为四类：内资企业加工出口生产（CP）、外资企业加工出口生产（FP）、内资企业非加工出口生产（CN）、外资企业非加工出口生产（FN）。表 4.1 对 Koopman 等（2012）提出的投入产出表进行了进一步的扩展。

表 4.1　反映加工贸易和外资企业的非竞争型投入产出表

投入		产出				最终需求	出口	总产出/总进口
		中间需求						
		内资企业加工出口生产（CP）	外资企业加工出口生产（FP）	内资企业非加工出口生产（CN）	外资企业非加工出口生产（FN）			
国内中间投入	内资企业加工出口生产	0	0	0	0			
	外资企业加工出口生产	0	0	0	0	0	e^{FP}	x^{FP}
	内资企业非加工出口生产	Z^{CCP}	Z^{CFP}	Z^{CCN}	Z^{CFN}	y^{C}	e^{CN}	x^{CN}
	外资企业非加工出口生产	Z^{FCP}	Z^{FFP}	Z^{FCN}	Z^{FFN}	y^{F}	e^{FN}	x^{FN}
进口中间投入		Z^{MCP}	Z^{MFP}	Z^{MCN}	Z^{MFN}	y^{M}	0	x^{M}
最初投入/增加值		va^{CP}	va^{FP}	va^{CN}	va^{FN}			
总投入		$x^{CP'}$	$x^{FP'}$	$x^{CN'}$	$x^{FN'}$			
外国要素收入		fi^{CP}	fi^{FP}	fi^{CN}	fi^{FN}			

注：上标 C 表示内资企业，F 表示外资企业，P 表示加工出口生产，N 表示非加工出口生产，M 表示进口。x 为总产出/总进口列向量，表示各行业的总产出或总进口；Z 为中间投入矩阵，如 Z^{FCP} 表示外资企业（F）各类中间品被投入于内资企业加工出口（CP）各行业生产中的数量；e 为出口列向量，y 为最终需求列向量，va 为最初投入或增加值行向量，fi 为外国要素收入行向量；上标 $'$ 表示向量或矩阵转置

由表 4.1 可知，加工贸易出口和其他产品需求途径的投入产出系数均满足以下条件：

$$uA^{Clk} + uA^{Flk} + uA^{Mlk} + A_v^{lk} = u \quad l = C,F; \ k = N,P \tag{4.1}$$

在扩展的投入产出模型当中，总需求和总供给等式可以表示为如下的矩阵形式：

$$\begin{bmatrix} I - A^{CCN} & -A^{CCP} & -A^{CFN} & -A^{CFP} \\ 0 & I & 0 & 0 \\ -A^{FCN} & -A^{FCP} & I - A^{FFN} & -A^{FFP} \\ 0 & 0 & 0 & I \end{bmatrix} \begin{bmatrix} X^C - E^{CP} \\ E^{CP} \\ X^F - E^{FP} \\ E^{FP} \end{bmatrix} = \begin{bmatrix} Y^C + E^{CN} \\ E^{CP} \\ Y^F + E^{FN} \\ E^{FP} \end{bmatrix} \tag{4.2}$$

$$M - Y^M = A^{MCN}(X^C - E^{CP}) + A^{MCP}E^{CP} + A^{MFN}(X^F - E^{FP}) + A^{MFP}E^{FP} \quad (4.3)$$

解为

$$\begin{bmatrix} X^C - E^{CP} \\ E^{CP} \\ X^F - E^{FP} \\ E^{FP} \end{bmatrix} = B \begin{bmatrix} Y^C + E^{CN} \\ E^{CP} \\ Y^F + E^{FN} \\ E^{FP} \end{bmatrix} \quad (4.4)$$

其中，B 即里昂惕夫逆矩阵，表示为

$$B = \begin{bmatrix} I - A^{CCN} & -A^{CCP} & -A^{CFN} & -A^{CFP} \\ 0 & I & 0 & 0 \\ -A^{FCN} & -A^{FCP} & I - A^{FFN} & -A^{FFP} \\ 0 & 0 & 0 & I \end{bmatrix}^{-1}$$

$$= \begin{bmatrix} B^{CCN} & B^{CCP} & B^{CFN} & B^{CFP} \\ 0 & I & 0 & 0 \\ B^{FCN} & B^{FCP} & B^{FFN} & B^{FFP} \\ 0 & 0 & 0 & I \end{bmatrix} \quad (4.5)$$

相应地，我们可以对外资企业和内资企业在加工贸易出口与非加工出口中的垂直专业化程度或国外增加值比例分别进行计算：

$$\begin{bmatrix} \text{FVS}^{CN} \\ \text{FVS}^{CP} \\ \text{FVS}^{FN} \\ \text{FVS}^{FP} \end{bmatrix}^{\text{T}} = \begin{pmatrix} uA^{MCN} & uA^{MCP} & uA^{MFN} & uA^{MFP} \end{pmatrix} B$$

$$= \begin{bmatrix} uA^{MCN}B^{CCN} + uA^{MFN}B^{FCN} \\ uA^{MCN}B^{CCP} + uA^{MCP} + uA^{MFN}B^{FCP} \\ uA^{MCN}B^{CFN} + uA^{MFN}B^{FFN} \\ uA^{MCN}B^{CFP} + uA^{MFN}B^{FFP} + uA^{MFP} \end{bmatrix}^{\text{T}} \quad (4.6)$$

其中，FVS 均为 n 维行向量。行业的国外增加值总额为上述各项的加权总和：

$$\overline{\text{FVS}} = \text{FVS}^{CN}\hat{s}^{CN} + \text{FVS}^{CP}\hat{s}^{CP} + \text{FVS}^{FN}\hat{s}^{FN} + \text{FVS}^{FP}\hat{s}^{FP} \quad (4.7)$$

其中，$\hat{s}$ 均为 n 维对角矩阵，表示四种不同企业类型所占份额。显然，$\hat{s}^{CN}, \hat{s}^{CP}$，$\hat{s}^{FN}, \hat{s}^{FP}$ 之和为单位矩阵。

类似地，对国内增加值进行同样处理。外资和内资企业在加工贸易出口与非

加工出口中的国内增加值比例分别为

$$
\begin{bmatrix} \mathrm{DVS}^{CN} \\ \mathrm{DVS}^{CP} \\ \mathrm{DVS}^{FN} \\ \mathrm{DVS}^{FP} \end{bmatrix}^{\mathrm{T}} = \left(A_v^{CN} \quad A_v^{CP} \quad A_v^{FN} \quad A_v^{FP} \right) B
$$

$$
= \begin{bmatrix} A_v^{CN} B^{CCN} + A_v^{FN} B^{FCN} \\ A_v^{CN} B^{CCP} + A_v^{CP} + A_v^{FN} B^{FCP} \\ A_v^{CN} B^{CFN} + A_v^{FN} B^{FFN} \\ A_v^{CN} B^{CFP} + A_v^{FN} B^{FFP} + A_v^{FP} \end{bmatrix}^{\mathrm{T}} \tag{4.8}
$$

其中，DVS 均为 n 维行向量。同时：

$$
\overline{\mathrm{DVS}} = \mathrm{DVS}^{CN} \hat{s}^{CN} + \mathrm{DVS}^{CP} \hat{s}^{CP} + \mathrm{DVS}^{FN} \hat{s}^{FN} + \mathrm{DVS}^{FP} \hat{s}^{FP} \tag{4.9}
$$

最后，在出口的国内增加值中，外国要素收入为

$$
\begin{bmatrix} \mathrm{FIS}^{CN} \\ \mathrm{FIS}^{CP} \\ \mathrm{FIS}^{FN} \\ \mathrm{FIS}^{FP} \end{bmatrix}^{\mathrm{T}} = \left(A^{GCN} \quad A^{GCP} \quad A^{GFN} \quad A^{GFP} \right) B
$$

$$
= \begin{bmatrix} A^{GCN} B^{CCN} + A^{GFN} B^{FCN} \\ A^{GCN} B^{CCP} + A^{GCP} + A^{GFN} B^{FCP} \\ A^{GCN} B^{CFN} + A^{GFN} B^{FFN} \\ A^{GCN} B^{CFP} + A^{GFN} B^{FFP} + A^{GFP} \end{bmatrix}^{\mathrm{T}} \tag{4.10}
$$

其中，FIS 均表示 n 维行向量，同时利用上标 G 表示国外直接收入。

在出口总额当中，国内收入（DNIS）所占的比例为

$$
\overline{\mathrm{DNIS}} = \overline{\mathrm{DVS}} - (\mathrm{FIS}^{CN} \hat{s}^{CN} + \mathrm{FIS}^{CP} \hat{s}^{CP} + \mathrm{FIS}^{FN} \hat{s}^{FN} + \mathrm{FIS}^{FP} \hat{s}^{FP}) \tag{4.11}
$$

相应地，国外收入（FNIS）所占的比例为

$$
\overline{\mathrm{FNIS}} = \overline{\mathrm{FVS}} + (\mathrm{FIS}^{CN} \hat{s}^{CN} + \mathrm{FIS}^{CP} \hat{s}^{CP} + \mathrm{FIS}^{FN} \hat{s}^{FN} + \mathrm{FIS}^{FP} \hat{s}^{FP}) \tag{4.12}
$$

其中，DNIS 与 FNIS 均为 n 维行向量。

第二节　反映加工贸易和外资企业的投入产出表的编制方法

本节对数据来源以及估计策略进行说明。模型中的数据主要有以下几个来源：①国家统计局公布的投入产出表（2017年）（涉及42种行业，包含16种制造业）。同时为进行稳健性检验，我们也使用了更细分的149种行业的投入产出表（包含80种制造业）。②国家统计局提供的中国工业企业数据库中规模以上工业企业调查数据，为企业层面的生产数据。③海关总署提供的进出口贸易数据。我们将中国工业企业数据库与中国海关企业进出口数据库数据进行了匹配，并进一步分析了四种不同类型企业的实收资本中外资份额、生产总值中增加值份额，以及收入（如工资、营业盈余）等相关经济数据。④中国人民银行公布的国际收支统计，补充服务进口等相关数据。同时，国际收支统计表还包含行业层面的国外生产要素收入（包括工资和投资收益）及其在国内增加值的份额等相关信息。①

一、不同类型企业比较

正如前文所讨论的，我们根据公司的所有制及出口贸易模式的不同，划分为四个主要类型，分别为：内资企业加工出口生产（CP）、外资企业加工出口生产（FP）、内资企业非加工出口生产（CN）、外资企业非加工出口生产（FN）。由于缺乏不出口企业的相关贸易数据，因而我们在这里仅比较出口贸易公司的进口投入品使用情况。表4.2给出四种类型在总投入和总产出中进口中间品所占份额的描述性统计结果。在进口中间投入品使用比例上，由高到低依次为外资企业加工出口生产、内资企业加工出口生产、外资企业非加工出口生产、内资企业非加工出口生产。特别是对于所有的分位数，外资企业加工出口生产均高于内资企业加工出口生产。

表4.2　各类型进口投入强度的均值和百分位统计表

类型	样本量	均值	方差	25分位	50分位	75分位	90分位	99分位
投入中进口投入								
CP	4 112	0.144	0.127	0.003	0.028	0.124	0.392	1.635
FP	22 495	0.436	0.655	0.049	0.217	0.536	0.899	4.300
CN	41 885	0.003	0.000	0.000	0.000	0.000	0.000	0.086

---

① 数据的匹配处理和代表性，参见 Ma 等（2015）的详细说明。

续表

类型	样本量	均值	方差	25分位	50分位	75分位	90分位	99分位
				投入中进口投入				
FN	24 136	0.037	0.015	0.000	0.000	0.002	0.089	0.687
总计	92 628	0.123	0.201	0.000	0.000	0.041	0.372	1.612
				产出中进口投入				
CP	4 112	0.103	0.059	0.002	0.021	0.096	0.288	1.035
FP	22 495	0.287	0.202	0.036	0.159	0.388	0.656	2.113
CN	41 885	0.002	0.000	0.000	0.000	0.000	0.000	0.063
FN	24 136	0.027	0.009	0.000	0.000	0.001	0.063	0.494
总计	92 628	0.082	0.068	0.000	0.000	0.030	0.270	0.969

资料来源：中国工业企业数据库与中国海关企业进出口数据库匹配结果

在表 4.3 中，我们进一步进行沙菲（Scheffé）检验，比较不同类型企业的进口投入品使用情况，结果表明不同类型企业差距显著。具体而言：①在加工贸易出口企业当中，外资企业使用的进口投入品比例显著高于内资企业；②在外资企业当中，加工贸易企业使用的进口投入品比例显著高于非加工出口企业；③在内资企业当中，加工贸易企业使用的进口投入品比例显著高于非加工出口企业。除总体水平的差异之外，同样的比较结果也出现在大多数行业内部之间。[①]

表 4.3　进口投入强度的均值差异，Scheffé 多重比较检验

行平均值与列平均值的比较	投入中进口投入占比			产出中进口投入占比		
	CP	FP	CN	CP	FP	CN
FP	0.291			0.184		
CN	−0.141	−0.433		−0.101	−0.285	
FN	−0.107	−0.399	0.034	−0.076	−0.259	0.025

资料来源：中国工业企业数据库与中国海关企业进出口数据库匹配结果

注：我们用 Scheffé 多重比较检验法做方差分析。进口投入强度定义为进口投入与总投入（总产出）的数值。差异定义为行平均值–列平均值。以上结果在 1%的水平上都是显著的

出口企业与非出口企业之间的差异促使最近的研究将一般贸易企业分拆为非加工出口企业和非出口企业（即仅在国内市场进行销售的企业）。虽然这种分解降低了加总偏误，但存在以下几个问题：①可得的企业层面数据缺乏非出口企业的

---

① 此外，我们对 16 个行业内不同类型企业中间品投入情况的均值和方差进行了比较。结果表明，对于大多数行业，外资加工贸易企业的组内均值和方差要高于其他三组结果。此外，组间方差一般能够解释总体方差的 10%~20%，而石油产业各组数据差异较大，组间方差能够解释总体方差的 40%左右。

进口品使用的信息,因而无法对其进行表 4.2 和表 4.3 中的统计检验;②不同于韩国和中国台湾地区,在中国大陆从事加工贸易的企业不需要在特定的出口加工区域进行生产活动。在加工贸易项下,企业免除关税,同时可获得增值税和消费税减免。相比之下,从事非加工出口的企业则无法享受类似的优惠。因而,当生产活动中需要投入进口原材料时,企业倾向于以加工贸易的名义进口。事实上,由于税收等激励机制的影响,在中国非加工出口企业与非出口企业在进口中间品投入情况上并没有显著的差别。因而在我们现阶段的研究当中,将非加工出口企业与非出口企业合并为一种企业类型进行测算。

二、编制方法

根据式(4.6)~式(4.9),我们可以分别计算四种类型企业出口产品中的国内增加值。然而,由于国家统计局仅公布了投入产出模型中的中间品投入矩阵(Z)、增加值向量(V)、产出向量(X)、出口向量(E)、进口向量(M)和最终需求(不包含出口)向量(Y^D),我们必须对每类企业的投入产出系数进行估计。主要变量如表 4.4 所示。

表 4.4 主要变量指标的定义与标识

变量	定义
z_{ij}^{olk} ($o, l=c, f,\ k=n, p$)	o 类企业 i 部门中间产品被用于 j 部门 l 类企业 k 类贸易方式生产中
z_{ij}^{mlk}	进口 i 部门中间产品被用于 j 部门 l 类企业 k 类贸易方式生产中
x_j^{lk}	j 部门 l 类企业 k 类贸易方式生产的总产出,这些数据来自工业企业调查和中国海关的出口统计
v_j^{lk}	j 部门 l 类企业 k 类贸易方式生产创造的增加值
y_j^l	j 部门 l 类企业生产的国内最终品
y_j^m	进口 j 部门最终产品,从贸易统计和 UN-BEC 中可以得到
$e_j^{cn},\ e_j^{fn},\ e_j^{cp},\ e_j^{fp}$	j 部门外资企业和内资企业的非加工出口和加工出口,从海关的详细贸易统计数据中可以得到

通过建立二次规划模型,我们接下来进行估计。模型包含 8 个国内投入交易矩阵 Z^{olk},4 个进口投入交易矩阵 Z^{mlk},4 个产业层面的增加值向量 V^{lk} 和 2 个国内总需求向量 Y^l。假设共有 K 个产业,相应的模型中则有 $12K^2$ 个未知的中间品投入量、$4K$ 个未知的增加值和 $2K$ 个未知的总需求量。将已知的投入产出表系数和贸易统计数据作为初始值代入模型,包括 $z0_{ij}^{mlk}$, $z0_{ij}^{olk}$, $v0_j^{lk}$ 和 $y0_i^m$,具体表示如下。

按照投入品 i 在产业 j 中的使用比例分配相应的进口中间品 m_i^{lk}（$l=c,f$, $k=n,p$）：

$$z0_{ij}^{mlk} = \frac{z_{ij}}{\sum\limits_{j}^{K} z_{ij}} m_i^{lk} \tag{4.13}$$

其中，m_i^{lk} 可以从企业进出口贸易数据中获得，而 z_{ij} 可以从公布的投入产出表中获得。

国内生产的中间品的初始值需要以下两个步骤：①通过中间品投入总量和进口中间品投入量的差值，计算本地投入品 i 在产业 j 中作为中间品的投入使用量：

$$z_{ij}^d = z_{ij} \cdot \sum_l \sum_k z0_{ij}^{mlk} \tag{4.14}$$

②假定 z_{ij}^d 按照如下比例投入使用：

$$z0_{ij}^{cln} = z_{ij}^d \frac{(x_j^l - e_j^{lp})}{x_j} \frac{x_i^c - e_i^c}{x_i - e_i}, \quad z0_{ij}^{fln} = z_{ij}^d \frac{(x_j^l - e_j^{lp})}{x_j} \frac{x_i^f - e_i^f}{x_i - e_i} \tag{4.15}$$

$$z0_{ij}^{clp} = z_{ij}^d \frac{e_j^{lp}}{x_j} \frac{x_i^c - e_i^c}{x_i - e_i}, \quad z0_{ij}^{flp} = z_{ij}^d \frac{e_j^{lp}}{x_j} \frac{x_i^f - e_i^f}{x_i - e_i} \tag{4.16}$$

通过规模以上工业企业数据和《中国工业统计年鉴》中的数据，我们估算产业层面不同类型企业的总产出和直接增加值。其中，x_j 可以分解为内资企业的总产出（x_j^c）和外资企业的总产出（x_j^f），$x_j^{cp} = e_j^{cp}$ 为内资企业的加工贸易出口量，$x_j^{fp} = e_j^{fp}$ 为外资企业的加工贸易出口量，而内资非加工出口企业和非出口企业的产量 x_j^{cn} 为内资企业总产出与加工贸易出口量的差值（$x_j^c - e_j^{cp}$），外资非加工出口企业和非出口企业的产量 x_j^{fn} 为外资企业总产出与加工贸易出口量的差值（$x_j^f - e_j^{fp}$）。类似地，我们可以将增加值 v_j 分解为 v_j^c 和 v_j^f，结合产业调查数据和贸易数据我们可以进一步将 v_j^c 和 v_j^f 分解为 $v0_j^{cp}$，$v0_j^{cn}$，$v0_j^{fp}$ 和 $v0_j^{fn}$。

而国内总需求的初始值 $y0_i^l$ 则为

$$y0_i^l = (y_i - y_i^m) \frac{x_i^l - e_i^{ln} - e_i^{lp}}{x_i - e_i} \tag{4.17}$$

由于这些初始值条件并不一定满足现实情况中的各种经济和统计条件的限制，因而我们将问题转换为在满足投入产出行列恒等式等约束条件下最小化扩展型投入产出表中各行列消耗系数与初始值之间差的平方和。即在满足以下约束条件的情况下求解目标函数：

$$\text{Min } S = \sum_{i=1}^{K}\sum_{j=1}^{K}\sum_{l}\sum_{k}\frac{(z_{ij}^{clk}-z0_{ij}^{clk})^2}{z0_{ij}^{clk}} + \sum_{i=1}^{K}\sum_{j=1}^{K}\sum_{l}\sum_{k}\frac{(z_{ij}^{flk}-z0_{ij}^{flk})^2}{z0_{ij}^{flk}}$$

$$+ \sum_{i=1}^{K}\sum_{j=1}^{K}\sum_{l}\sum_{k}\frac{(z_{ij}^{mlk}-z0_{ij}^{mlk})^2}{z0_{ij}^{mlk}} + \sum_{j=1}^{K}\sum_{l}\sum_{k}\frac{(v_{j}^{lk}-v0_{j}^{lk})^2}{v0_{j}^{lk}} + \sum_{i=1}^{K}\sum_{l}\frac{(y_{i}^{l}-y0_{i}^{l})^2}{y0_{i}^{l}}$$

（4.18）

其中，z,v,y 为待定变量，而 $z0,v0,y0$ 为初始条件。同时满足：

各行之和满足投入产出表：

$$\sum_{j=1}^{K}\sum_{l}\sum_{k}z_{ij}^{clk} + y_{i}^{c} + e_{i}^{cn} = x_{i}^{c} - e_{i}^{cp}$$

（4.19）

$$\sum_{j=1}^{K}\sum_{l}\sum_{k}z_{ij}^{flk} + y_{i}^{f} + e_{i}^{fn} = x_{i}^{f} - e_{i}^{fp}$$

（4.20）

$$\sum_{j=1}^{K}\sum_{l}\sum_{k}z_{ij}^{mlk} + y_{i}^{m} = m_{i}$$

（4.21）

各列之和满足投入产出表：

$$\sum_{i=1}^{K}(z_{ij}^{ccn} + z_{ij}^{fcn} + z_{ij}^{mcn}) + v_{j}^{cn} = x_{j}^{c} - e_{j}^{cp}$$

（4.22）

$$\sum_{i=1}^{K}(z_{ij}^{ccp} + z_{ij}^{fcp} + z_{ij}^{mcp}) + v_{j}^{cp} = e_{j}^{cp}$$

（4.23）

$$\sum_{i=1}^{K}(z_{ij}^{cfn} + z_{ij}^{ffn} + z_{ij}^{mfn}) + v_{j}^{fn} = x_{j}^{f} - e_{j}^{fp}$$

（4.24）

$$\sum_{i=1}^{K}(z_{ij}^{cfp} + z_{ij}^{ffp} + z_{ij}^{mfp}) + v_{j}^{fp} = e_{j}^{fp}$$

（4.25）

中间品投入量之和满足产业间交易总量：

$$\sum_{l}\sum_{k}z_{ij}^{clk} + \sum_{l}\sum_{k}z_{ij}^{flk} + \sum_{l}\sum_{k}z_{ij}^{mlk} = z_{ij}$$

（4.26）

进口中间品投入之和满足进口总量：

$$\sum_{j=1}^{K}z_{ij}^{mlk} = m_{i}^{lk} \qquad l = c, f; \ k = n, p$$

（4.27）

增加值和最终使用限制：

$$\sum_{k=n,p} \mathrm{va}_j^{lk} = \mathrm{va}_j^l \qquad l=c,f; \ k=n,p \tag{4.28}$$

$$y_i^c + y_i^f = y_i - y_i^m \tag{4.29}$$

非负性限制：

$$z_{ij}^{llk}, \quad z_{ij}^{mlk}, \quad v_j^{lk}, \quad y^m \geqslant 0 \qquad l=c,f; \ k=n,p \tag{4.30}$$

约束集的经济意义为：式（4.19）~式（4.21）为扩展型投入产出表中行和的限制条件，使得任一产业 i 的总产出为本地中间投入、总需求和出口量（包括不同所有制下企业的加工贸易出口和非加工出口）之和。类似地，任一产业 i 的总进口为进口中间投入与总需求中的进口量。式（4.22）~式（4.25）为扩展型投入产出表列和的限制条件，使得行业 j 内部四种类型企业的加工贸易出口量和其他产量为本地中间品投入、进口中间品投入和初始投入的总和。式（4.22）、式（4.23）和式（4.24）、式（4.25）分别对应内资和外资企业的中间品投入总量，说明内资和外资企业的中间品投入总量等于实际总产量与增加值的差值（各行业的总产出和增加值均来源于《中国工业统计年鉴》）。式（4.26）~式（4.29）确保模型得到的解与行业间及行业内部统计值相一致。式（4.30）确保扩展投入产出表中各项的非负性。

第三节　中国内外资企业的出口国内增加值分析

依据前文讨论的估值方式，我们在所建立的非竞争型投入产出模型当中，对四种类型的企业分别建立生产账户，并分别对其出口贸易中国内增加值和国外增加值进行计算。

一、国内外增加值份额

表 4.5 汇报四种类型企业（内资加工出口企业、外资加工出口企业、内资非加工出口企业和外资非加工出口企业）出口中包含的国内外增加值比例的估计。基于 42 个产业分类的投入产出表：内资加工贸易企业的直接国内增加值率（12.54%）与外资加工贸易企业的直接国内增加值率（15.33%）很接近，完全国内增加值率也较为接近，分别为 30.66%和 37.12%。内资非加工贸易企业和外资非加工贸易企业的直接国内增加值率分别为 30.34%和 28.15%，完全国内增加值率分别为 86.68%和 82.54%，内外资企业差异不大。同一贸易模式的不同所有制企业的国内增加值比例则类似。尽管从总体水平上而言，内资企业和外资企业的

国内增加值的差异主要来源于内部加工贸易企业和非加工贸易企业的比重，但是在金属、运输设备、工艺品及其他制造业等行业，内资企业和外资企业之间却存在着显著的差异。加总可得，中国出口贸易总额当中，约有 72.20% 为国内增加值，27.80% 为国外增加值。总体上，149 部门投入产出表与 42 部门投入产出表结果差异不大，这验证了我们方法的稳健性。从直接进口增加值来看，内资加工出口企业的直接进口增加值率最高，其生产使用了大量的进口中间投入（占总投入比例高达 66.18%），外资加工出口企业的直接进口增加值率也处于较高水平（58.24%），仅低于内资加工出口企业。非加工贸易中，内外资企业的直接进口增加值率则是反过来，内资企业直接进口增加值率（4.80%）要低于外资企业（8.26%）。

表 4.5 2017 年中国出口的国内增加值和进口增加值

出口	直接国内增加值	完全国内增加值	直接进口增加值	完全进口增加值
基于 42 部门投入产出表				
内资企业加工出口	12.54%	30.66%	66.18%	69.34%
内资企业非加工出口	30.34%	86.68%	4.80%	13.32%
内资企业总出口	**29.02%**	**82.51%**	**9.37%**	**17.49%**
外资企业加工出口	15.33%	37.12%	58.24%	62.88%
外资企业非加工出口	28.15%	82.54%	8.26%	17.46%
外资企业总出口	**20.65%**	**55.96%**	**37.52%**	**44.04%**
总出口	25.77%	72.20%	20.29%	27.80%
基于 149 部门投入产出表				
内资企业加工出口	12.51%	29.43%	66.89%	70.95%
内资企业非加工出口	29.17%	85.88%	5.05%	14.02%
内资企业总出口	**28.93%**	**81.50%**	**9.56%**	**18.16%**
外资企业加工出口	15.54%	37.61%	57.11%	62.39%
外资企业非加工出口	27.34%	83.15%	7.43%	16.97%
外资企业总出口	**20.31%**	**56.57%**	**36.63%**	**43.62%**
总出口	**25.44%**	**72.07%**	**19.99%**	**27.87%**

表 4.6 进一步将分解结果与现有研究进行了对比，分别使用 Hummels 等（2001）、Koopman 等（2012）和 Chen 等（2012）的测算方法对 2017 年产业和出口数据进行分析。我们的结果与使用 Koopman 等（2012）和 Chen 等（2012）的方法的估计结果较为一致，而使用 Hummels 等（2001）模型则得到了更高的国内增加值比例。说明忽略出口中加工贸易和非加工贸易的区别，会高估其中的

国内增加值比例，基于 42 部门投入产出表与 149 部门投入产出表结果来看，分别会高估 16.7 个百分点和 16.9 个百分点。这进一步说明了在研究中国对外贸易问题时，使用比例法编制的一般非竞争进口投入产出模型的局限性。

表 4.6　2017 年中国出口分解，基于不同测度方法

增加值指标	Hummels 等（2001）	Koopman 等（2012）	Chen 等（2012）	基于 42 部门投入产出表	基于 149 部门投入产出表
	（1）	（2）	（3）	（4）	（5）
制造业					
直接国内增加值	31.87%	21.38%	23.84%	25.12%	24.36%
完全国内增加值	88.79%	72.71%	70.49%	72.09%	71.85%
直接进口增加值	9.88%	19.63%	21.03%	20.30%	20.05%
完全进口增加值	11.21%	27.29%	29.51%	27.91%	28.15%
所有货物部门					
直接国内增加值	28.30%	22.15%	25.39%	25.77%	25.04%
完全国内增加值	86.84%	73.81%	74.55%	72.20%	72.07%
直接进口增加值	8.30%	19.15%	19.09%	20.29%	19.99%
完全进口增加值	13.16%	26.19%	25.45%	27.80%	27.87%

注：表中第（1）~（3）列分别采用 Hummel 等（2001），Koopman 等（2012）和 Chen 等（2012）的方法，使用中国的制造业和所有货物部门数据测算而得。第（4）列和第（5）列是分别采用我们的方法计算的 42 部门和 149 部门反映加工贸易和外资企业的投入产出表测算而得

二、不同类型企业的国内增加值

2017 年，中国货物出口贸易总额为 2.26 万亿美元，而其中的国内增加值为 1.48 万亿美元，占贸易总额的 65.5%。内资企业加工贸易出口、内资企业非加工出口、外资企业加工贸易出口和外资企业非加工出口等四种类型企业所占总出口的份额分别为 4.55%、56.62%、22.72% 和 16.10%，其中外资企业出口占总出口比例为 38.82%。基于 42 部门投入产出表结果来看，内资企业加工贸易出口、内资企业非加工出口、外资企业加工贸易出口和外资企业非加工出口的国内增加值的份额分别为 1.93%、67.98%、11.68% 和 18.41%，外资企业出口的国内增加值为 30.09%。表 4.7 中也给出了四种类型企业分别对应的出口贸易比例和其中的国内增加值比例。

表 4.7　2017 年不同类型企业出口国内增加值的分布

指标	内资企业		外资企业	
	非加工出口	加工贸易出口	非加工出口	加工贸易出口
在总出口中占比	56.62%	4.55%	16.10%	22.72%
基于 42 部门投入产出表				
在出口国内增加值中占比	67.98%	1.93%	18.41%	11.68%
出口国内增加值率	86.68%	30.66%	82.54%	37.12%
基于 149 部门投入产出表				
在出口国内增加值中占比	67.63%	1.86%	18.62%	11.89%
出口国内增加值率	85.88%	29.43%	83.15%	37.61%

注：出口国内增加值率为出口国内增加值与出口总值之比。

将出口中的国内增加值按照产业类型进行分解，可以使用数据为含有 42 个部门分类的投入产出表和含有 149 个部门分类的投入产出表。

从 42 个部门投入产出分类中 16 个制造业行业国内增加值率来看，其中占比最大的三个行业分别是：纺织服装、鞋、帽制造业，皮革、毛皮、羽毛（绒）及其制造业，木材加工制造业，均为 80% 以上。这些行业属于劳动密集型行业，并且除通信设备及计算机行业之外大多数行业均主要从事非加工出口贸易。

从 149 个行业投入产出分类中 80 个制造业行业国内增加值来看，其中国内增加值贡献率较高的前 26 个行业一共占有工业出口贸易国内增加值的 80% 以上。国内增加值比例较高的行业主要为食品和饮料部门（包括烟草、屠宰及肉类加工、酒精制造等），以及纺织、水泥、药品等行业，而这些部门内部从事加工贸易的企业较少。相比之下，大多数高新技术行业对应的国内增加值比例相对较低，同时拥有较高的加工贸易比例，在 13 个国内增加值比例低于 50% 的行业中大部分行业都拥有更复杂的生产工艺。例如，在计算机行业当中，加工贸易企业比例为 86%，而外资加工贸易企业比例也高达 90%。中国加入 WTO 之后，逐渐参与到全球生产供应链条当中，并逐渐占据重要的地位，尤其是高新技术行业的出口贸易更是飞速发展。但由于其生产过程中国内增加值较低的特性，高新技术产业的飞速发展对于拉动 GDP 的增长并没有起到特别显著的作用。而国内增加值比例处于中等水平（50%~80%）的共有 48 个行业，主要是家具、服装、鞋帽等劳动密集型产业。

正如表 4.5 所示，内资加工贸易企业和外资加工贸易企业拥有相似的国内增加值比例，但在行业层面上二者则不尽相同。在食品、纺织、服装、运输设备、电子设备等行业中，内资加工贸易企业的国内增加值比例较高，而在木材、家具、金属产品等行业当中，外资加工贸易企业的国内增加值比例则较高。而对于非加工出口企业而言,大多数行业内部的内资企业的国内增加值比例均高于外资企业。

三、出口贸易中国内增加值的分配

在前文中,我们已经对各个类型企业出口贸易中国内增加值比例(包括总体层面和产业层面)进行了估值计算。总体而言,中国出口贸易总额当中约有 59% 为国内增加值。但由于公司所有制形式的不同,部分国内增加值应属于外国收入。以下主要对国内增加值在不同所有制间的分配进行研究。为了计算每一个行业中外国生产要素的使用情况,我们在原有的扩展型投入产出表的底部增加了一列"外国要素收入"(如表 4.1 所示),其中外国要素收入主要包含两个部分——劳动收入和资本收入。正如在数据分析部分所讨论的,为了对国外劳动收入和资本收入进行估值,我们使用合并后的样本数据,以获得四种不同企业类型的增加值和实收资本中国外投资比例,而企业的营业盈余和外资比重的乘积即为国外资本收入。在此基础上,我们通过中国人民银行公布的国际收支统计获得行业层面的投资收益数据,以分别计算每个行业内部四种类型企业所对应出口贸易增加值中国外生产因素占比。

表 4.8 为基于式(4.10)~式(4.12)对四种不同类型企业中外国要素收入占比的估值结果。从表 4.8 不难看出,内资出口贸易企业中外国要素收入比例较低。以 2017 年数据为例,对于内资加工贸易企业,平均 100 美元的出口中,30.66 美元为国内增加值,其中国外生产要素收入仅为 0.48 美元;对于内资非加工出口企业,平均 100 美元的出口中,86.68 美元为国内增加值,其中国外生产要素收入仅为 0.72 美元。外资企业中的外国要素收入比例则相对较高:对于外资加工贸易企业,平均 100 美元的出口中,37.12 美元为国内增加值,其中国外生产要素收入为 17.16 美元;对于外资非加工出口企业,平均 100 美元的出口中,82.54 美元为国内增加值,其中国外生产要素收入仅为 34.38 美元。

表 4.8　2017 年中国出口中国内总收入和国外总收入

指标	内资企业加工贸易出口	外资企业加工贸易出口	内资企业非加工出口	外资企业非加工出口	总出口
基于 42 部门投入产出表					
完全国内增加值率	30.66%	37.12%	86.68%	82.54%	72.20%
完全进口增加值率	69.34%	62.88%	13.32%	17.46%	27.80%
出口国内增加值中外国收入占比	0.48%	17.16%	0.72%	34.38%	11.66%
完全国内收入占比	30.19%	19.96%	85.96%	48.16%	60.54%
完全外国要素收入占比	69.81%	80.04%	14.04%	51.84%	39.46%

基于式（4.11）和式（4.12），我们在出口贸易的国内增加值中除去外国要素收入部分，以计算出口贸易的国内收入，并在出口贸易的国外增加值基础上加上国内增加值中的外国要素收入部分，以计算出口贸易中的国外总收入，相应的计算结果在表 4.8 的最后一行给出。平均每 100 美元的出口当中，外资加工贸易出口企业有 80.04 美元为外国要素收入，内资加工贸易出口企业有 69.81 美元为外国要素收入，外资非加工出口企业有 51.84 美元为外国要素收入，内资非加工出口企业有 14.04 美元为外国要素收入。总体而言，在中国的出口贸易总额当中，39.46%为外国要素收入，60.54%为国内收入。

图 4.1 为中国出口贸易收入的分配情况：2017 年中国平均 100 美元出口中，国内增加值为 72.20 美元，外国增加值为 27.80 美元。在国内增加值部分，内资企业创造了 50.48 美元增加值，其中外国要素收入为 0.54 美元；外资企业创造了 21.72 美元增加值，其中外国要素收入为 11.12 美元。因而，中国平均 100 美元的出口中，最终只有 60.54 美元为中国本国要素所得，而剩余的 39.46 美元均为外国要素收入。虽然在出口贸易中国内增加值的比例相对较高，但实际上一部分收入流入了国外。

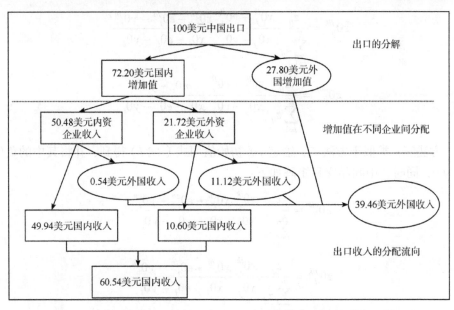

图 4.1　2017 年中国 100 美元出口的国内外增加值与国内外总收入分配图

四、稳健性检验

在所建立的估值模型当中，我们依据官方公布的投入产出表和其他相关数据，对产业间与企业之间的交易、总需求以及增加值 $z0_j^{lk}$，$y0_j^{lk}$，$v0_j^{lk}$ 等变量赋予初值。

然而，初值的差异可能会对所得到的不同类型企业的投入产出表造成波动。所以我们在原有初值的基础上，额外选取三组初值进行敏感性检验。

方法一：我们假定增加值 $v0_j^{lk}$ 为出口总额与中间品投入总额的差值，即

$$v0_j^{lk} = x0_j^{lk} - \sum_{i=1}^{K} z0_{ij}^{clk} - \sum_{i=1}^{K} z0_{ij}^{flk} - \sum_{i=1}^{K} z0_{ij}^{mlk} \qquad l=c,f \quad k=n,p$$

方法二：结合工业企业调查和进出口贸易数据，我们可以将 v_i^c，v_i^f 分解为初值 $v0_i^{cp}$，$v0_i^{cn}$ 和 $v0_i^{fp}$，$v0_i^{fn}$。

国内总需求的初值则可以通过式（4.17）得到，其中的负值记作 0 或者替换为 $y0_i^l = (y_i - y_i^m) \dfrac{x_i^l - e_i^{ln} - e_i^{lp}}{x_i - e_i}$。其中，中间品投入矩阵如下所示：

$$z0_{ij}^{clk} = \frac{z_{ij}}{\sum\limits_{i=1}^{K} z_{ij}} \frac{x0_j^{lk} - v0_j^{lk}}{x0_j - v0_j} \frac{x0_i^{cn} - e0_i^{cn} - y0_i^{cn}}{x0_i - e0_i - y0_i}$$

$$z0_{ij}^{flk} = \frac{z_{ij}}{\sum\limits_{i=1}^{K} z_{ij}} \frac{x0_j^{lk} - v0_j^{lk}}{x0_j - v0_j} \frac{x0_i^{fn} - e0_i^{fn} - y0_i^{fn}}{x0_i - e0_i - y0_i}$$

$$z0_{ij}^{mlk} = \frac{z_{ij}}{\sum\limits_{i=1}^{K} z_{ij}} \frac{x0_j^{lk} - v0_j^{lk}}{x0_j - v0_j} \frac{m0_i - y0_i^m}{x0_i - e0_i - y0_i}$$

方法三：类似于方法二，给定 $y0_i^l$ 初始值用式（4.17）得到，并将其中的负值记为 0，同时，中间品交易矩阵如下：

$$z0_{ij}^{clk} = \frac{z_{ij}}{\sum\limits_{i=1}^{K} z_{ij}} \frac{x0_j^{lk}}{x0_j} \frac{x0_i^{cn} - e0_i^{cn} - y0_i^{cn}}{x0_i - e0_i - y0_i}$$

$$z0_{ij}^{flk} = \frac{z_{ij}}{\sum\limits_{i=1}^{K} z_{ij}} \frac{x0_j^{lk}}{x0_j} \frac{x0_i^{fn} - e0_i^{fn} - y0_i^{fn}}{x0_i - e0_i - y0_i}$$

$$z0_{ij}^{mlk} = \frac{z_{ij}}{\sum\limits_{i=1}^{K} z_{ij}} \frac{x0_j^{lk}}{x0_j} \frac{m0_i - y0_i^m}{x0_i - e0_i - y0_i}$$

而增加值的初值为

$$v0_j^{lk} = x0_j^{lk} - \sum_{i=1}^{K} z0_{ij}^{clk} - \sum_{i=1}^{K} z0_{ij}^{flk} - \sum_{i=1}^{K} z0_{ij}^{mlk} \qquad l = c, f \quad k = n, p$$

表 4.9 为代入不同初值所得到的直接国内增加值和国内增加总值的结果。从中不难发现，检验所得到的结果与实际结果相类似。因此，我们可以得出结论：在各个行业内内资企业和外资企业的出口和增加值数据以及不同类型企业的进口中间品使用数据均来源于企业调查等微观数据的前提下，我们对于国内增加值的测算是稳健的。同时，对于产业部门层面的稳健性检验结果表明，检验中大多数产业部门的国内增加值的份额与测算结果相类似。例如，实际测算结果与检验组1 结果的相关性达到 95%。

表 4.9 不同初始值的投入产出表测算的直接国内增加值和完全国内增加值率

增加值指标	情景	内资企业加工贸易出口	外资企业加工贸易出口	内资非加工出口	外资非加工出口	总出口
		基于 42 部门投入产出表				
直接国内增加值	基准情景	12.54%	15.33%	30.34%	28.15%	25.77%
	情景 1	12.46%	15.34%	30.36%	28.15%	25.77%
	情景 2	4.17%	7.78%	30.88%	32.58%	20.18%
	情景 3	3.97%	15.40%	30.89%	28.18%	24.52%
	补全来料加工进口	12.10%	14.59%	29.93%	27.74%	25.02%
完全国内增加值	基准情景	30.66%	37.12%	86.68%	82.54%	72.20%
	情景 1	30.81%	37.18%	87.27%	82.79%	72.53%
	情景 2	29.04%	36.09%	86.87%	83.50%	71.69%
	情景 3	29.47%	37.21%	87.39%	82.85%	72.45%
	补全来料加工进口	28.92%	35.00%	85.82%	80.99%	70.28%
		基于 149 部门投入产出表				
直接国内增加值	基准情景	12.51%	15.54%	29.17%	27.34%	25.44%
	情景 1	9.18%	15.24%	29.38%	27.60%	24.93%
	情景 2	6.62%	9.99%	29.51%	29.96%	21.75%
	情景 3	6.89%	14.73%	29.59%	28.26%	24.48%
完全国内增加值	基准情景	29.43%	37.61%	85.88%	83.15%	72.07%
	情景 1	28.62%	37.57%	86.04%	82.59%	71.93%
	情景 2	28.62%	37.03%	86.02%	83.56%	71.79%
	情景 3	28.13%	37.45%	86.11%	82.71%	71.86%

第四节　本章小结

就大多数国家而言，国家统计局所提供的统计数据，仅仅在产业层面上对经济体进行整体的投入产出分析，并没有针对出口产业与非出口产业进行更进一步的划分。在其分析模型当中，假设对于同一产业类型的不同企业均使用相同的生产函数，即使用唯一的平均生产函数可以对整个产业的生产活动进行描述。然而事实上，即使是生产同种产品的不同企业，在其生产过程中也会使用不同的生产函数，因而对应不同的投入产出系数和进口中间品使用率。通过使用企业层面和行业层面的经济贸易数据，在细化企业类型的基础上建立有效的估值模型，以避免由行业内部企业的差异造成的加总偏误，从而有效地改善了现有垂直专业化和贸易增加值领域的估值方法。同时，我们所使用的估值模型也适用于其他发达国家和发展中国家。

具体而言，我们在 Koopman 等（2012）建立的附加值贸易统计模型的基础上，依据内资加工贸易出口企业、外资加工贸易出口企业、内资非加工出口企业、外资非加工出口企业四种企业类型进一步细化分析。分析表明，加工贸易企业和外资企业是中国出口贸易快速增长的主要因素，但与此同时，在其生产过程中也伴随着更高比例的进口中间品的投入使用。因而，为准确衡量中国出口贸易中的国内增加总值，对不同类型的公司进行区分显得至关重要。在构建的估值模型当中，并结合国内企业的贸易和生产数据，对中国出口贸易总额中的国内与国外增加值进行计算。结果表明，加工贸易和外资企业在生产过程中产生的国内增加值比例相对较低。而在加工贸易行业内部，外资企业和内资企业的增加值结构类似，说明外资企业和内资企业在国内增加值比例上的差别主要来源于企业中从事加工贸易的比例。

通过估计测算，我们发现：2017 年，中国出口的国内增加值约占总额的 72.2%；在出口国内增加值中，外资企业约占 30.1%，内资非加工企业约占 68.0%，而内资加工贸易企业只占不足 2%；在中国出口贸易收入中，约 39.5% 为外国要素收入。

综上，本章的主要目的在于提出一个准确的估计方法，分别衡量内资企业和外资企业的生产贸易活动。尽管我们使用了中国企业的相关数据，但我们的估计方法同样适用于墨西哥、越南等加工贸易和外资规模大的新兴经济体。进一步说，全球贸易的 2/3 是中间品进出口，因此有效地核算贸易中的国内增加值对于我们更好地理解国际贸易、全球失衡以及国家间的利益分配非常重要。

第五章 外资企业出口增加值中的属权
要素结构研究

科学技术的发展使得全球产业完成了两次"解绑"(Baldwin, 2011),外资企业的出现使得资源全球配置成为可能,关税和非关税壁垒的下降让中间品贸易有了更多的发展空间。在这三者的合力下,增加值贸易成为国际贸易的重要组成部分。在此背景下,为了厘清各国产品出口中的本国增加值,WTO 总干事帕斯卡尔·拉米 2011 年提出了增加值贸易(trade in value added)的统计概念,认为增加值贸易是测度全球贸易的一个更好的指标[①]。增加值贸易方法科学地反映了价值链分工中一国的实际出口规模,剔除进口增加值后的出口反映了一国国内生产的增加值。运用增加值贸易方法替代传统的贸易总值方法体现了经济全球化的历史性变化。

近些年,随着增加值贸易的发展,学界同仁将"增加值贸易核算"(measuring trade in value added)作为研究主题提上了日程。增加值贸易核算研究为理解国际贸易的发展提供了新视角,为厘清国与国之间的贸易关系提供了更为清晰的核算框架,为度量全球价值链的发展提供了新的方法,为制定全球投资贸易规则提供了新的依据。

增加值贸易核算为国内外学者所肯定。现有文献大都利用投入产出表或者企业层面数据对属地出口增加值进行核算和研究(李昕和徐滇庆,2013;张杰等,2013;Koopman et al.,2014;Kee and Tang,2016)。但是,同样基于经济全球化的历史特征,这一方法在注意到全球价值链分工的同时,却没有注意到另一个更重要的事实,即外资企业主导的"国际生产"。在这种生产模式下,一国实现的出口增加值中既有来自外国生产要素的贡献又有来自本国生产要素的贡献。出口收益分属外国生产要素和本国生产要素,也就是说增加值贸易的属地分析方法必须推进到属权分析方法,由此才能真正体现本国生产要素在出口中的收益。

属地意义的增加值贸易反映了空间上一国的出口(进口)增加值的创造能力,

---

① https://www.wto.org/english/news_e/news11_e/miwi_06jun11_e.htm。

有利于我们在空间上重新认识一国的贸易流量、贸易流向和贸易结构。然而，属地要素的增加值贸易核算中既包括了本国要素创造的增加值，也包括了外国要素创造的增加值，属地增加值依然无法还原本国要素真实的出口增加值，依然无法准确核算计入本国贸易收益的增加值。增加值贸易核算方法的初衷是计算全球价值链驱动下各国双边贸易的实际情况，进而厘定各国在国际贸易中实际所获取的贸易收益。属地要素增加值的统计无疑不能揭示要素收益的分配问题，然而，收益的分配问题恰恰又是增加值统计提出的初衷。忽略要素属权的增加值统计或又将高估或低估各国出口增加值贸易中的实际贸易收益。

由此，一些研究开始转向关注属权出口增加值。属权出口增加值的研究更能直接回答贸易利得的归属问题（张杰等，2013）。张杰等（2013）运用微观企业数据，综合考虑了贸易商和中间品间接进口和资本品进口的问题，率先计算了中国不同所有制企业的出口国内附加值，并对出口国内附加值的机制变化进行了讨论。Duan 等（2012）编制了可以区分内外资企业的投入产出表，计算了非加工和加工贸易出口中直接外资企业增加值，他们的研究还计算了出口中的间接外资企业增加值。陈东阳和张宏（2017）通过估算美方资本在华所占比重和中方资本在美所有权比重，运用世界投入产出数据库（world input-output database，WIOD）2016年公布的世界投入产出表，对中美双边贸易差额进行了再测算。李鑫茹等（2018）也利用投入产出表从国民收入的视角分析了中美贸易平衡。

在已有文献在企业所有制层面上关于出口增加值属权问题研究的基础上，本章进一步对外资企业的出口增加值进行要素属权剖析，区分外资企业出口增加值中要素收益的所有权，进而对外资企业出口增加值中的属权要素结构进行研究，强调外资企业出口增加值中的本国要素收益。基于此，本章运用微观企业数据和投入产出表对外资企业出口增加值中的属权要素结构进行了测算，并阐述了外资企业出口增加值中属权要素结构形成的机制。

外资企业出口增加值中要素属权结构形成的原因在于：垂直专业化分工的深化和要素合作型国际专业化的产生（张幼文，2005）。外资企业出口增加值属权要素结构的形成机制是生产要素国际流动。生产要素的国际流动使得本国生产要素与国外生产要素就产品的某一生产环节共同生产，实现了要素合作型的国际专业化。生产要素的国际流动为本国生产要素融入全球生产链提供了机会，为流入国嵌入全球价值链分工提供了可能。然而，生产要素国际流动又使得基于全球价值链分工形成的增加值贸易，出现了属权结构效应——隶属于本国要素的增加值和隶属于他国要素的增加值两者共同构成了出口增加值的属权结构。外资企业的出口既实现了外国生产要素产生的增加值也实现本国要素产生的增加值。要素流动全球价值链分工下，一国国际贸易的要素收益不再仅仅是一国属地要素意义上的出口增加值，更是一国属权要素意义上的出口增加值。厘清外资企业出口中的本国要素增加值既有利于我们看清扩大开放、吸引外资对于提升本国要素增加值的作用，也有利于我们分析由外资企业出口所形成的出口增加值属权结构。

以外资企业为载体的生产要素国际流动极大地推动了中国的对外贸易发展。2002~2018 年,外商投资企业进出口总额占中国进出口总额的平均比重为 51.58%；外商投资企业进出口差额占中国进出口差额的平均比重为 48.9%。从图 5.1 中的变化趋势分析，随着中国进入 WTO，外资企业顺差占比不断上升，外资企业顺差占比在 2011 年达到最高，为 84.29%，随后几年逐年回落，近几年由于反全球化的浪潮，外资企业顺差占比在 2015 年后维持在 30%左右。外资企业进出口总额占中国进出口总额的比重的变化趋势相对平稳，始终维持在 50%左右。外资企业将全球优势生产要素聚集到中国，与中国生产要素合作对某一产品进行专业化生产。外资企业的出口带动了中国国内生产要素增加值的出口，形成了对中国要素收益的拉动效应，也形成了出口增加值的属权结构。随着外资企业带来的国外生产要素不断增加，国外要素所创造的增加值在外资出口增加值中的比重也开始不断上升。于是，厘清出口增加值中的属权要素结构，区别属地要素增加值与属权要素增加值，分析由外国资本流入所产生的分配效应就变得格外重要。

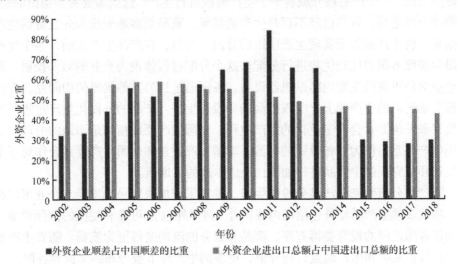

图 5.1　2002~2018 年外资企业对中国对外贸易的贡献

资料来源：国家统计局网站

本章将试图解决以下问题：第一，提出外资企业出口增加值属权要素结构的目的是什么，其政策含义是什么？第二，外资企业出口增加值中属权要素结构形成的现实背景是什么？第三,属权要素出口增加值背后的理论基础是什么？第四,属权要素结构的核算方法是什么？第五，属权要素增加值核算和属地要素增加值核算的背离程度有多大？

第一节　出口的属地增加值和属权增加值研究进展

"两次解绑论"为属权增加值贸易发展创造了外部环境。科技进步是增加值贸易发展的关键驱动力。科技进步降低了运输与通信等贸易成本，推动了垂直专业化分工，促进了增加值贸易的发展。科技进步使得全球化生产成为可能，为国际化分工的实现提供了物质基础。信息、远程通信和运输技术的改进和提高对于协调产品生产活动起到了积极的作用，大大降低了国际贸易的成本。随着这些成本对国际分工的重要性不断加大，技术进步对增加值贸易产生的影响也不断上升。

Baldwin（2011）著名的"两次解绑论"为我们理解国际贸易的发展提供了一个很好的解释。"两次解绑论"告诉我们：国与国之间的联系正从最终品贸易转向中间品贸易，货物贸易正向任务贸易转变。

第一次分离实现了生产者和消费者在空间上的分离，第二次分离实现了生产阶段的分离，一个产品被分成若干个生产阶段进行生产。这里需要特别指出的是，在两次分离之后，贸易已经不再是生产的结果，贸易更多地表现为先投资后生产的结果。由于产品需要实现生产阶段的分离，所以，在产品生产之前，各个生产阶段会按照各国的比较优势进行分配。这个分配过程体现为企业的对外投资。跨国企业对外投资的主要内容是机器设备，各国通过进口其他国家的中间品，在作为投资品进口的生产线上，实现产品的分段化生产。产品的分段化生产过程是本国要素和外国要素合作专业化的生产过程。本国生产要素指的是当地的劳动力，外国生产要素指作为设备投资的机器，本国生产要素和外国生产要素合作对于上一生产环节完成的中间品进行加工，形成本地的增加值。

第二次分离带来的产品分段化生产，推动了增加值贸易的发展。企业可以将其一项或多项生产活动外包给国内或国外（离岸外包）。可靠和便捷的国际贸易环境确保各国之间的投资变得有序，商品和服务的流动变得更为流畅。随着生产流程变得日益复杂和生产地点日趋分散，更多的生产环节被分布到全世界各国。

各国根据自身不同的要素禀赋嵌入全球价值链的不同位置，嵌入全球价值链的国家需要从国外进口中间品，在本国境内完成对进口中间品的再生产。全球价值链的形成使得越来越多的国家参与到了世界大生产，各国出口增加值占出口的比重从原先的百分之百开始逐步下降。中间品贸易让制造业产品的"原产国"概念变得模糊。很难判定电子产品（苹果、联想、三星等公司的相关产品）和飞机

（波音、空客和中国的大飞机等）等制造业产品的"原产国"。外资企业的产品中包含了各国提供的中间品，这些中间品又通过国际贸易的形式在某地进行装配组装，所以这些产品往往会打上"Assembled in"某个国家的标注。"Assembled in"替代了原先的"Made in"，成为中间品贸易下识别最终品来源地的新标志。于是各国出现了进口他国增值部分，在本国加工后复出口的国际贸易新现象。从消费者与生产者地理位置的拆分到生产者将生产阶段地理位置的拆分，国际贸易实现了从最终品跨境流动到中间品跨境流动的转变。在这样的生产环境下，增加值贸易的重要性不断上升，从根本上改变了国际贸易的本质。

外资企业的发展为属权要素增加值贸易的形成提供了载体。各国对外经济政策的放开使得外资企业主导下的全球价值链分工得到了迅猛发展。外资企业通过生产要素国际流动实现了其全球经营的客观需要。第一，外资企业通过生产要素的国际流动跨越了东道国的贸易壁垒。在各国对外贸易制度中，关税和非关税壁垒或多或少影响着一国的对外贸易，外资企业可以通过外商直接投资（foreign direct investment，FDI）在东道国设厂生产，进而绕开国际壁垒，直接在东道国销售；第二，外资企业通过 FDI 优化配置资源。FDI 是外资企业全球配置资源的重要路径。外资企业通过对外直接投资，将机器设备配置到东道国，与东道国优质的劳动力资源结合共同对产品进行专业化生产。

亚太经济合作组织的数据显示，随着各国对外经济制度的不断放松，全球的对外投资呈现出上升趋势。相对于 1989 年而言，2016 年全球 FDI 的流入量增加了 15 494.85 亿美元，上升近 8 倍，全球 FDI 的流出量增加了 12 215.51 亿美元，上升了 5 倍多，全球 FDI 的流入存量上升了 248 960 亿美元，上升了 13 倍多，全球 FDI 的流出存量上升了 242 313 亿美元，上升了 12 倍多，全球 FDI 流入存量占全球 GDP 的比重从 1989 年的 8.97%上升到了 2016 年的 35.07%。

外资企业主导的全球价值链分工不仅体现在中间品的"国际传递"，更表现在中间品的"国际生产"（Arkolakis and Ramanarayanan，2009）。外资企业通过直接投资的形式将产品的不同增值环节配置到不同要素禀赋的国家（Dixit and Grossman，1982）。Grossman 和 Helpman（2004）指出，在这个过程中，外资企业更倾向于选择直接在东道国设立工厂，将大量的机器部件和知识要素投入生产过程，与东道国生产要素合作，针对某一具体产品进行"国际生产"。

在生产要素国际流动的背景下，全球价值链不单是产品全球分段化生产的组织形式，还是各国生产要素合作生产的组织模式。属权增加值贸易正是垂直专业化在具体某一链条的深化分工。苹果公司的 iPhone 手机沿着全球价值链的空间布局实现了多次跨境生产。产品每次跨境都会产生相应的增加值，此类增加值中既有本国要素创造的增加值也有外国要素创造的增加值，是本国要素和外国要素共同创造的结果。

属权要素增加值的理论基础是要素分工（张二震和方勇，2005）。要素分工的核心是垂直专业化在外资企业内部、要素层面的分工深化。外资企业出口增加值中属权要素结构是不同国家间要素分工的表现，是不同国家生产要素针对某一产品专业化生产的结果。一方面，要素分工使得更多的发展中国家更多的国内要素有机会融入全球化生产，这是要素分工所带来的本国要素增加值拉动效应。另一方面，要素的分工又带来了出口增加值的分配效应。因此，为更好地厘清一国参与全球价值链分工的实际贡献或者实际收益，增加值核算有必要由属地核算推进到属权核算。

生产要素的国际合作促成了属权要素增加值贸易，属权要素增加值贸易是垂直专业化在外资企业内部要素层面深化的结果，表现为要素合作型国际专业化（张幼文，2005）。垂直专业化分工的发展和深化驱动了产品的全球价值链，使得产品生产由原先仅有一个国家生产完成，发展为由多个国家共同合作生产完成。垂直专业化分工使得最终品的要素内容由一国生产要素变为多国生产要素。垂直专业化分割了产品的生产环节，不同的生产环节被配置到了要素禀赋不同的国家。垂直专业化分工的发展使得全球范围内更多的生产要素参与到了商品的生产过程，特别是发展中国家的闲置生产要素。产品生产过程中，上游国家生产完成的中间品，通过国际贸易传递到下游国家进行再加工，进而完成产品生产。

Arndt 和 Kierzkowski（2001）提出的国际生产分割（international fragmentation）、Yeats（1998）提出的全球生产共享（global production sharing）、Glass 和 Saggi（2001）提出的国际生产外包和 Grossman 和 Rossi-Hansberg（2008）提出的任务贸易（trade in tasks）这些术语都从不同角度对国际分工进行了刻画。虽然含义不尽相同，但在某种程度上均体现了跨越国界生产的日益广泛性、各方共同参与生产的重要性以及由垂直专业化所带来的国际分工新变化。Antràs（2020）指出全球价值链不仅反映为跨境投资的要素流动和国际贸易的货物与服务流动，广义上更是不同国家企业组织之间的关系。

正是由于垂直专业化分工在要素层面的不断深化，一国就某一产品某一生产环节的出口增加值中既含有本国要素增加值又含有外国要素增加值。要素合作型国际专业化强调的是各国生产要素就某一产品在某一国家实现专业化生产。此类要素合作型的专业化生产带动了一国生产要素增加值的出口，扩大了分工范围。

为了更好地理解属权要素增加值的理论基础，本章试图在 Yi（2003）的图示框架基础上来阐述生产要素国际流动对增加值贸易的影响，进而在该图示框架下引出属权要素增加值贸易的理论基础。Yi（2003）的图示框架为学界理解垂直专业化分工中属地增加值贸易发生的理论基础提供了一个非常清晰的视角，该图示框架也成为日后研究属地增加值贸易的范本。

与 Yi（2003）的图示框架相同，本章将贸易参与方抽象为三个国家，分别为外国、东道国和第三国。不同于 Yi（2003）的是，在图示框架中加入了外资企业，外资企业在东道国进行绿地投资，并设厂生产。

外资企业作为产品生产的组织者，不仅进口外国中间品，而且"进口"以机器设备和知识要素为主的外国生产要素，从而实现生产要素的国际流动。外资企业通过生产要素的国际流动将外国生产要素配置到东道国，与东道国生产要素合作针对产品的某一生产环节进行专业化生产，形成了要素合作型国际专业化。

需要重点分析的是，由生产要素国际流动带来的要素合作型国际专业化对增加值贸易的发展产生了三方面重要的影响。

第一，外资企业主导下的生产要素国际流动深化了垂直专业化分工，促进了中间品贸易。中间品贸易发展是全球分工的拓展，中间品贸易发展的主体是外资企业，以外资企业为载体的生产要素国际流动推动了中间品贸易。在产品生产过程中，东道国要素和外国生产要素的"国际生产"提升了产品的生产效率，外资企业需要进口更多的外国中间品来满足"国际生产"的需要。由此，外国要素流入东道国带来了更多的中间品进口，深化了垂直专业化分工。垂直专业化的深化决定了增加值的规模，进而决定了本国要素的增加值出口。一国生产要素的收益是其在分工环节中所创造的增加值规模。增加值占出口比重的高低反映了一国垂直专业化分工程度的深浅，增加值占出口比重越低意味着一国垂直专业化水平越高。深度的垂直专业化分工将提升产品的要素生产率，创造出更大的出口增加值规模，进而获取更多的对外贸易收益。

第二，外资企业主导下的生产要素国际流动提升了属权要素增加值出口。一方面，生产要素的国际流动有效地调节了不同国家间、不同地区间和不同产业间的要素比例关系，带动了闲置生产要素，深化了要素流入国和要素流出国之间的国家分工。另一方面，生产要素的国际流动激发了产品的生产率，降低了产品的价格，提升了产品出口竞争力，将更多的生产要素带入了全球价值链分工，促进了一国属权增加值贸易的发展。

第三，外资企业主导下的生产要素国际流动形成了增加值贸易的分配效应。生产要素国际流动改变了一国的要素禀赋结构，也改变了一国的生产模式，外国要素和东道国要素就产品的某一生产环节合作生产，将共同创造的增加值赋予出口产品之中。这里需要注意的是这一产品增加值的创造并非仅由一国生产要素所创造，而是由外资企业所拥有的外国生产要素和东道国生产要素合作生产并创造完成，不同国别属性的要素共同生产构成了一国出口增加值的属权结构。外资企业组织下的"国际生产"，其产品价值可分为三个部分：中间品价值转移、外国要素所创造的增加值和东道国要素所创造的增加值。属地要素增加值包括外国要素所创造的增加值和东道国要素所创造的增加值。属权增加值则仅包含东道国要素所创造的增加值。两者的差异在于外国要素对于产品增加值的贡献大小。

第二节　外资企业出口增加值属权结构的测算方法

已有的出口增加值核算方法大致分为两类：一类为利用国与国之间的投入产出表进行核算（Koopman et al.，2014；罗长远和张军，2014；祝坤福等，2022；Wang et al.，2023），该方法的优势在于可以清晰地进行国际比较，但是此类核算大都基于竞争型投入产出表中"等比例"的强假设，该方法无法对出口部门和非出口部门的产出的要素含量进行明确的区分。此外，出于各国投入产出表编制的局限性，该方法无法就企业和要素的所有权进行识别，进而难以进一步核算国民属权意义上的一国出口增加值。另一类方法是利用微观企业数据进行核算（Upward et al.，2013；Kee and Tang，2016），该方法可有效地区分企业的异质性，分清不同所有制（Ma et al.，2015）、不同空间概念上企业的出口增加值。本节将分别根据微观企业数据和投入产出表对外资企业出口增加值的属权要素结构进行计算，试图分解在外资企业生产过程中来自不同属权要素的增加值，以衡量不同属权生产要素在增加值贸易形成过程中所获得的贸易收益。

基于微观企业数据的核算方法。出口增加值的概念源于工业增加值，是工业增加值在出口部门的应用。根据工业增加值的定义，工业增加值是企业生产过程中新增加的价值。那么对应于出口增加值即为企业在生产出口过程中的新增加价值。

按照工业增加值的收入分配法计算，属地出口增加值（$\text{Va}_{j,t}$）可以表述为

$$\text{Va}_{j,t} = w_{j,t} \cdot L_{j,t} + r_{j,t} \cdot K_{j,t} + \pi_{j,t} + T_{j,t} \tag{5.1}$$

其中，$w_{j,t}$ 表示 t 期企业 j 支付给工人的工资；$L_{j,t}$ 表示 t 期企业 j 出口中所含的劳动；$w_{j,t} \cdot L_{j,t}$ 表示 t 期企业 j 出口中所含的劳动者报酬；$r_{j,t}$ 表示 t 期企业 j 的资产价格；$K_{j,t}$ 表示 t 期企业 j 出口中所含的固定资产；$r_{j,t} \cdot K_{j,t}$ 表示 t 期企业 j 出口中所含的固定资产折旧；$\pi_{j,t}$ 表示 t 期企业 j 出口中所含的企业盈余；$T_{j,t}$ 表示 t 期企业 j 出口中所含的生产税净额。

一国出口增加值中既含有外国生产要素的贡献部分，也包括了本国生产要素的贡献部分。从增加值要素收入法核算的角度，一国出口增加值既要分配给外国生产要素，也要分配给本国生产要素。

这里需要就生产要素的所有权进行说明，生产要素国际流动是指在生产要素所有权不改变情况下进行的国际流动。这点对于理解属权和属地增加值至关重要。从收益归属的角度出发，为了更好地界定本国生产要素和外国生产要素从生产活动中获取的收益，将所有权变更为本国所有的外国生产要素，其在生产活动中产生的收益视为归属本国的收益，这样的做法有利于在核算属权出口增加值时区分出实际隶属于本国的收益和隶属于外国的收益。

在收入法计算过程中，将外资企业出口中所含的固定资产折旧和营业盈余计入外国生产要素的收益或是外国生产要素为增加值的贡献部分。外资出口企业的固定资产折旧是对机器设备等有形要素的补偿，外资出口企业的营业盈余是对知识、专利、销售网络、品牌等无形要素的报酬。这里假定外资企业使用的机器设备、知识、专利、销售网络和品牌等都是外国流入的生产要素。

劳动报酬是本国工人的再生产成本，生产税净额是本国政府提供的公共要素的报酬。将出口中所含的劳动者报酬、生产税净额和出口中所含本国股权的固定资产折旧以及营业盈余计为本国要素的收入，即属权增加值。于是企业层级的属权增加值（ $\mathrm{NVA}_{j,t}$ ）表达为

$$\mathrm{NVA}_{j,t} = w_{j,t} \cdot L_{j,t} + T_{j,t} + \varphi_{j,t}(r_{j,t} \cdot K_{j,t} + \pi_{j,t}) \tag{5.2}$$

其中， $\varphi_{j,t}$ 表示国有企业出资额和私营企业出资额在企业实收资本中的比重。进一步，行业 i 的属权增加值可以表示为

$$\mathrm{NVA}_{i,t} = \sum_{j \in \Omega_i} \mathrm{NVA}_{j,t} \tag{5.3}$$

其中， Ω_i 表示行业 i 内企业的集合。

基于投入产出表的核算方法。考虑中国对外贸易中，加工贸易和外资企业生产占据半壁江山，以及加工贸易生产和内外资企业在全球价值链嵌入程度不同，本章将参照 Ma 等（2015）的方法构建区分加工贸易和内外资企业性质的中国非竞争型投入产出模型。不同于 Koopman 等（2014）采用的区分加工和非加工贸易的投入产出模型，本书模型将中国所有国民经济生产区分为内资加工出口生产（CP）、外资加工出口生产（FP）、内资非加工出口生产（CN）和外资非加工出口生产（FN）等四部分，以及将进口产品使用（M）与国内品使用加以区分。段玉婉等（2013）和李鑫茹等（2018）也编制了区分加工贸易和内外资企业生产的中国非竞争型投入产出模型。反映加工贸易和外资企业的非竞争型投入产出模型的基本表式结构如表 4.1 所示。

根据对反映加工贸易和外资企业的非竞争型投入产出表（表4.1）各指标含义，可以定义增加值系数 $V = \mathrm{va}\hat{X}^{-1}$ ，表示单位产出所需投入的最初要素数量；定义直

接投入系数矩阵 $A = Z\hat{X}^{-1}$，表示单位产出所需投入的各行业中间投入品数量；定义外国要素收入系数矩阵 $f = \text{fi}\hat{X}^{-1}$，表示单位产出中外国要素（投入于国内生产的外国资本和外国劳动力）收入的比例。

由此可以测算出口的直接属地增加值（DVA_Dir）和直接属权增加值（DNI_Dir）。

$$DVA\_Dir = Ve \tag{5.4}$$

$$DNI\_Dir = (V - f)\, e \tag{5.5}$$

式（5.4）表示出口的直接属地增加值等于增加值系数（V）乘以相应行业的出口（e）；式（5.5）表示出口的直接属权增加值等于直接属地增加值减去出口中的直接外国要素收入。

根据投入产出模型中 Leontief 经典方程（Leontief，1936）定义，可以进一步定义完全属地增加值（DVA_Tot）和完全属权增加值（DNI_Tot）。完全属权增加值相比直接属权增加值而言，更多地考虑了上下游之间的联系。

$$DVA\_Tot = V(I - A)^{-1}e \tag{5.6}$$

$$DNI\_Tot = (V - f)(I - A)^{-1}e \tag{5.7}$$

式（5.6）表示出口的完全属地增加值等于增加值系数乘以出口所拉动相应行业的总产出；式（5.7）表示出口的完全属权增加值等于完全属地增加值减去出口中的完全外国要素收入。基于投入产出表分析的数据来源于：国家统计局国民经济核算司发布的《中国投入产出表》，涉及的年份分别为 2007 年和 2012 年[①]。2007年的投入产出表参照《国民经济行业分类》（GB/T 4754—2002），将国民经济分为135 个部门，2012 年的投入产出表参照《国民经济行业分类》（GB/T 4754—2011），将国民经济生产活动划分为 139 个部门。为保持两个年份间部门的可比性，采用的是两个年份的 42 部门投入产出表，运用 Ma 等（2015）的方法，编制了区分加工贸易和内外资企业生产的中国非竞争型投入产出表，据此测算了中国内外资企业的加工和非加工出口的属地和属权增加值。基于微观企业分析的数据来源于两个数据库，一个是中国工业企业数据库，另一个为中国海关企业进出口数据库。中国工业企业数据库来自国家统计局 2000~2013 年的规模以上工业企业调查，调查的范围为年总产值 500 万元以上的企业（2011 年开始为总产值 2000 万以上企业），数据指标涉及了企业利润表、资产负债表和现金流量表中的相关指标。但中国工业企业数据库并不包括所关心的企业出口方式和外商投资企业作为投资所进

---

① 国家统计局也公布了更新年份投入产出表，基准年份投入产出表为 2017 年，延长年份最新为 2020 年表。但是本书涉及的中国工业企业数据库和中国海关企业进出口数据库相匹配只能更新到 2013 年。为了宏微观数据一致，本章仅使用了 2007 年和 2012 年投入产出表，未涉及 2017 年投入产出表。特此说明。

口的机器设备等相关贸易指标，所以需要从中国海关企业进出口数据库中获取相关的贸易信息。中国海关企业进出口数据库记录了企业的每一条详细的海关出口记录，本章通过将两个数据库匹配起来，进而对企业层面的出口增加值进行核算。

微观企业选取的统计样本为外资加工贸易出口企业。出于以下三点考虑：第一，已有文献的经验。Kee 和 Tang（2016）运用加工贸易出口企业数据计算了 2000 年至 2007 年中国的属地出口增加值，认为加工贸易的统计方式可清晰地区分国内中间品和国外中间品，Wang 等（2013）指出中国的加工贸易在进口中间品中的本国要素基本接近为零，且加工贸易企业的进口都用于出口，进而有利于出口增加值的统计。第二，外资企业的主要贸易方式。本章的研究对象是由要素流动所形成的外资企业出口增加值中的属权要素增加值贸易，属权要素增加值贸易的载体是外资企业，而外资企业的主要贸易方式是加工贸易。第三，避免等比例假设，运用微观企业的加工贸易数据可以有效地避免在投入产出表核算中的等比例假设，运用外资加工贸易企业的统计样本更有利于反映属权增加值贸易，还原本国要素收益。

根据工业企业数据库给出的企业登记注册类型来划定外资企业，将港澳台合资经营企业、港澳台合作经营企业、港澳台独资企业、港澳台商投资股份有限公司、中外合资经营企业、中外合作经营企业、外资（独资）企业和外商投资股份有限公司记为外资企业。参照 Ma 等（2015）的标准来划定加工贸易企业，将来料加工和进料加工之和占出口比重大于 50%的企业记为加工贸易企业。最终，形成的外资企业加工贸易数据样本为非平衡面板，时间跨度为 2000 年至 2013 年，样本观测数为 78 696 个，涉及 34 123 家企业。

第三节　外资企业出口增加值中属权要素结构分析

根据上文得出的核算方法，本节将分别利用微观企业数据和投入产出表对外资企业出口增加值中的属权要素结构进行核算。将侧重于属地要素占比与属权要素占比的背离和属权要素收入占比两个方面，对于属权要素结构的核算，前者的测算是为了强调提出属权要素结构核算的必要性，后者的测算是为了突出本国要素收益在出口增加值中的比重。

首先是基于微观企业数据的核算结果。基于以上的方法，利用微观企业数据对中国外资加工企业出口中的属权增加值和属地增加值进行了测算（表 5.1）。为了更好地进行年份间的比较，与以往文献的做法一致，将对增加值进行标准化处理，即报告增加值占出口的比重。发现 2000 年至 2013 年，外资加工企业出口中的平均属地增加值占出口的比重为 27.86%，属权增加值占出口的平均比重为

18.15%，两者之间的平均背离程度为 34.85%。

表 5.1　基于工企–海关匹配数据库测算的外资企业属地和属权增加值

年份	属地增加值在出口总值中占比	属权增加值在出口总值中占比	属权增加值占属地增加值的比重	属权增加值与属地增加值背离的绝对值	属权增加值与属地增加值背离的相对值
2000	32.15%	16.20%	50.39%	−15.95%	−49.61%
2001	29.95%	20.99%	70.08%	−8.96%	−29.92%
2002	34.15%	19.84%	58.10%	−14.31%	−41.90%
2003	33.42%	19.22%	57.51%	−14.20%	−42.49%
2004	28.37%	21.36%	75.29%	−7.01%	−24.71%
2005	32.02%	22.50%	70.27%	−9.52%	−29.73%
2006	32.96%	23.44%	71.12%	−9.52%	−28.88%
2007	27.96%	20.13%	72.00%	−7.83%	−28.00%
2008	19.05%	14.57%	76.48%	−4.48%	−23.52%
2009	19.64%	13.87%	70.62%	−5.77%	−29.38%
2010	26.45%	13.77%	52.06%	−12.68%	−47.94%
2011	22.64%	16.32%	72.08%	−6.32%	−27.92%
2012	23.36%	16.41%	70.25%	−6.95%	−29.75%
2013	27.90%	15.51%	55.59%	−12.39%	−44.41%
2000~2013	27.86%	18.15%	65.85%	−9.71%	−34.85%

资料来源：作者计算所得

注：背离的绝对值是指属地增加值与属权增加值之差；背离的相对值是指属权增加值相较属地增加值变动的百分比，为"两值"之差除以属地增加值

其次，从构建的 t 统计量[①]分析，2000 年至 2013 年，每一年属权增加值和属地增加值的背离均处于 1% 的置信水平。背离绝对值和相对值的统计结果说明属地增加值掩盖了外资企业的增加值属权结构，高估了本国要素的收益，已经不能完全准确地来反映中国要素在出口增加值中的获益。

[①] 为了更好地反映这一背离，本章试图构建 t 统计量对统计意义上的显著性进行识别：

$t = \dfrac{\overline{Va_{i,t}} - \overline{NVA_{i,t}}}{\sqrt{\dfrac{\sigma^2_{Va_{i,t}} + \sigma^2_{NVA_{i,t}} - 2\gamma\sigma_{NVA_{i,t}}\sigma_{Va_{i,t}}}{n-1}}}$，其中 $\overline{Va_{i,t}}$ 和 $\overline{NVA_{i,t}}$ 分别为属地增加值和属权增加值的平均值，$\sigma^2_{Va_{i,t}}$ 和 $\sigma^2_{NVA_{i,t}}$ 分别

为属地增加值和属权增加值的方差，γ 为属地增加值和属权增加值的样本方差。

　　Kee 和 Tang（2016）指出运用企业层面数据计算出口增加值时，企业的异质性是需要注意的问题。基于企业异质性的重要性，按外资企业的出口规模、就业规模和增加值规模三个方面来考察企业异质性对属地增加值和属权增加值背离的影响。

　　首先，将企业的出口规模按序排列进行四等分，分别计算处于不同出口规模分位点区间内属权增加值与属地增加值的背离程度（表 5.2）。从表 5.2 中可以清楚地看到，随着分位点区间的上升，属地增加值与属权增加值的背离程度不断变大。企业出口的属地增加值与属权增加值背离程度与企业的出口规模成正比。出口规模越大的企业，其属地增加值与属权增加值的背离程度越高。参与全球价值链分工的企业往往是大企业，这一统计结果告诉我们，当企业出口规模较大时，更需要关注企业出口的属权增加值。此时，属权增加值更具有政策含义。

表 5.2　按出口规模分类的属权增加值与属地增加值的背离程度

年份	0~25 分位	25~50 分位	50~75 分位	75~100 分位
2000	（−14.00%）***	（−42.86%）***	（−51.61%）***	（−60.71%）***
2001	（−4.00%）***	（−25.81%）***	（−33.33%）***	（−50.00%）***
2002	（−15.00%）***	（−38.89%）***	（−44.12%）***	（−54.84%）***
2003	（−13.00%）***	（−38.89%）***	（−41.18%）***	（−53.33%）***
2004	（−4.00%）***	（−13.79%）***	（−31.03%）***	（−44.00%）***
2005	（−6.00%）***	（−20.59%）***	（−31.25%）***	（−44.83%）***
2006	（−5.00%）***	（−17.14%）***	（−29.41%）***	（−43.33%）***
2007	（−6.00%）***	（−25.00%）***	（−28.57%）***	（−32.14%）***
2008	（−2.00%）***	（−21.05%）***	（−29.41%）***	（−42.11%）***
2009	（−3.00%）***	（−30.00%）***	（−31.58%）***	（−42.11%）***
2010	（−12.00%）***	（−40.74%）***	（−48.15%）***	（−56.00%）***
2011	（−8.00%）***	（−26.09%）***	（−25.00%）***	（−35.00%）***
2012	（−8.00%）***	（−30.43%）***	（−20.00%）***	（−31.82%）***
2013	（−16.00%）***	（−46.43%）***	（−41.94%）***	（−44.00%）***

资料来源：作者计算所得

注：括号内为属权增加值相较属地增加值变动的百分比；25 分位为四分位排列中的第一个分位点，50 分位为四分位排列中的第二个分位点，75 分位为四分位排列中的第三个分位点，100 分位为四分位排列中的最后一个分位点

***表示 t 统计量在 1% 的置信水平

　　其次，将出口企业雇佣劳动力的规模按序排列进行四等分，分别计算处于不同雇佣劳动规模分位点区间内属权增加值与属地增加值的背离程度（表 5.3）。发

现，在 2008 年之前，随着分位点区间的上升，属地增加值与属权增加值的背离程
度不断变大。这说明企业出口的属地增加值与属权增加值背离程度与企业雇佣的
劳动力规模成正比。由于相对于外资企业母国，中国劳动力成本较低，于是偏向
出口企业雇佣劳动力规模显著高于偏向国内市场企业，进而属地增加值与属权增
加值的背离程度越大。这一统计结果说明，在 2008 年之前，发展劳动密集型的出
口行业不一定能实现本国要素收益改善。从 2008 年以后的数据看到，这一越来越
大的变化趋势开始出现了改变，这一变化和中国的产业升级和产业结构变化有关，
中国出口比较优势开始由劳动密集型向资本密集型转变，雇佣更多的本国工人也
不能改善属地增加值和属权增加值之间的背离。

表 5.3　按就业规模分类的属权增加值与属地增加值的背离程度

年份	0~25 分位	25~50 分位	50~75 分位	75~100 分位
2000	（−17.00%）***	（−48.48%）***	（−46.88%）***	（−50.00%）***
2001	（−11.00%）***	（−30.00%）***	（−26.67%）***	（−27.59%）***
2002	（−17.00%）***	（−45.71%）***	（−40.00%）***	（−45.45%）***
2003	（−16.00%）***	（−41.18%）***	（−40.00%）***	（−41.94%）***
2004	（−9.00%）***	（−26.67%）***	（−17.24%）***	（−18.52%）***
2005	（−11.00%）***	（−30.30%）***	（−24.24%）***	（−28.13%）***
2006	（−12.00%）***	（−29.41%）***	（−23.53%）***	（−28.13%）***
2007	（−9.00%）***	（−32.14%）***	（−24.14%）***	（−24.14%）***
2008	（−3.00%）***	（−31.58%）***	（−20.00%）***	（−36.84%）***
2009	（−4.00%）***	（−26.32%）***	（−35.00%）***	（−45.00%）***
2010	（−15.00%）***	（−46.15%）***	（−44.44%）***	（−42.86%）***
2012	（−8.00%）***	（−36.36%）***	（−30.43%）***	（−24.00%）***
2013	（−13.00%）***	（−50.00%）***	（−48.15%）***	（−40.00%）***

资料来源：根据作者计算所得

注：括号内为属权增加值相较属地增加值变动的百分比；25 分位为四分位排列中的第一个分位点，50 分位
为四分位排列中的第二个分位点，75 分位为四分位排列中的第三个分位点，100 分位为四分位排列中的最后一个
分位点；由于缺少 2011 年企业的就业规模数据，所以没有报告 2011 年的相关统计结果

***表示 t 统计量在 1% 的置信水平

最后，将出口企业实现的增加值规模按序排列进行四等分，分别计算处于不
同增加值规模分位点区间内属权增加值与属地增加值的背离程度（表 5.4）。发现，
随着分位点区间的上升，属地增加值与属权增加值的背离程度不断变大。外资企
业出口的属地增加值与属权增加值背离程度与企业实现的增加值规模成正比。外
资企业实现的增加值越多，属地增加值与属权增加值的背离程度也就越大，属权

增加值结构所形成的分配效应也就越大。政府的政策目标往往是追求更多的增加值,而在实现这一目标的过程中,属地增加值的统计却不能准确地反映本国的要素收益。这一统计结果也进一步指出了提出属权增加值核算的必要性。

表 5.4 按增加值规模分类的属权增加值与属地增加值的背离程度

年份	0~25 分位	25~50 分位	50~75 分位	75~100 分位
2000	(−15.00%)***	(−48.48%)***	(−54.84%)***	(−58.62%)***
2001	(−4.00%)***	(−32.26%)***	(−40.00%)***	(−48.28%)***
2002	(−14.00%)***	(−41.67%)***	(−48.48%)***	(−54.84%)***
2003	(−12.00%)***	(−38.24%)***	(−45.45%)***	(−53.33%)***
2004	(−1.00%)***	(−24.14%)***	(−35.71%)***	(−50.00%)***
2005	(−4.00%)***	(−25.00%)***	(−37.50%)***	(−46.67%)***
2006	(−3.00%)***	(−23.53%)***	(−36.36%)***	(−45.16%)***
2007	(−4.00%)***	(−32.14%)***	(−32.14%)***	(−39.29%)***
2008	(−2.00%)***	(−11.76%)***	(−36.84%)***	(−45.00%)***
2009	(−2.00%)***	(−31.58%)***	(−40.00%)***	(−45.45%)***
2010	(−9.00%)***	(−44.44%)***	(−53.85%)***	(−64.00%)***
2011	(−3.00%)***	(−20.83%)***	(−36.36%)***	(−50.00%)***
2012	(−11.00%)***	(−20.00%)***	(−26.09%)***	(−40.91%)***
2013	(−15.00%)***	(−37.50%)***	(−41.38%)***	(−52.00%)***

资料来源:根据作者计算所得

注:括号内为属权增加值相较属地增加值变动的百分比;25 分位为四分位排列中的第一个分位点,50 分位为四分位排列中的第二个分位点,75 分位为四分位排列中的第三个分位点,100 分位为四分位排列中的最后一个分位点

***分别表示 t 统计量在 1%的置信水平

为了更好地进行核算和比较,基于非竞争型投入产出表的核算结果,将对内资加工出口企业、外资加工出口企业、内资非加工出口企业和外资非加工出口企业分别进行核算。这四类企业的所有制形式和贸易方式都存在着显著的差异,根据海关的数据计算,加工贸易企业出口占比从 2007 年的 51.6%下降到 2012 年的47.4%,其中内资企业加工出口占比稳定在 8%左右,外资企业加工出口占比从2007 年的 43.6%下降到 2012 年的 39.3%,下降了 4.3 个百分点。加工出口占比下降主要体现在外资企业加工出口方面。非加工贸易企业出口从 2007 年的 48.4%上升到 52.6%,其中内资企业加工出口占比从 2007 年的 35.3%上升到 2012 年的39.0%,上升了 3.7 个百分点,外资企业加工出口占比较为稳定。非加工出口占比上升主要体现在内资企业加工出口方面。显然,在出口表现上,内资企业竞争力

不断加强，占比从 2007 年的 43.3%上升到 2012 年的 47.1%。

根据上文给出的方法，对直接属地和属权增加值占比计算如下（表 5.5）：2007 年外资加工出口企业直接属地增加值占比为 16.46%，外资加工出口企业直接属权增加值占比为 8.27%，两者背离的绝对差值为–8.19%，两者背离的相对差值为–49.76%；2007 年外资非加工出口企业直接属地增加值占比为 20.11%，外资非加工出口企业直接属权增加值占比为 9.74%，两者背离的绝对差值为–10.37%，两者背离的相对差值为–51.57%。

表 5.5　基于投入产出表测算的不同所有制不同贸易方式企业直接属地与属权增加值

类型	直接属地增加值占比		直接属权增加值占比		属权增加值与属地增加值背离的绝对值		属权增加值与属地增加值背离的相对值	
	2007 年	2012 年	2007 年	2012 年	2007 年	2012 年	2007 年	2012 年
内资加工出口企业	19.61%	14.71%	19.34%	14.52%	–0.27%	–0.19%	–1.38%	–1.29%
外资加工出口企业	16.46%	14.07%	8.27%	8.30%	–8.19%	–5.77%	–49.76%	–40.01%
内资非加工出口企业	20.78%	20.89%	20.62%	20.72%	–0.16%	–0.17%	–0.77%	–0.81%
外资非加工出口企业	20.11%	19.49%	9.74%	9.81%	–10.37%	–9.68%	–51.57%	–49.67%
制造业总出口	18.72%	17.51%	15.16%	14.75%	–3.56%	–2.76%	–19.02%	–15.76%

资料来源：根据作者计算所得

2012 年外资加工出口企业直接属地增加值占比为 14.07%，外资加工出口企业直接属权增加值占比为 8.3%，两者背离的绝对差值为–5.77%，两者背离的相对差值为–41.01%；2012 年外资非加工出口企业直接属地增加值占比为 19.49%，外资非加工出口企业直接属权增加值占比为 9.81%，两者背离的绝对差值为–9.68%，两者背离的相对差值为–49.67%。

从时间维度比较看，2012 年较 2007 年而言，由外资企业所带来的本国要素直接出口增加值拉动效应（直接属权增加值占比）保持稳定，外资企业的属权增加值与属地增加值背离有所下降。从不同所有制企业比较看，外资企业对本国要素出口增加值的拉动效应小于内资企业，内资企业的属权增加值与属地增加值的背离要小于外资企业。

考虑到上下游的产业联系，进一步测算了出口中隐含的间接增加值，表 5.6 为考虑间接出口增加值的完全出口增加值。2007 年和 2012 年，外资加工出口企业的完全属权增加值占比分别为 25.68%和 26.78%，五年间，外资加工出口企业对于本国要素出口增加值的拉动效应（属权增加值占比）上升了 1.1 个百分点；2007 年和 2012 年，外资非加工出口企业的完全属权增加值占比分别为 65.03%和

59.08%,五年间,外资非加工出口企业对于本国要素出口增加值的拉动效应下降了 5.95 个百分点。从绝对值上看,外资加工出口企业单位出口对于本国要素出口增加值的拉动效应要小于外资非加工出口企业。从时间变化趋势上看,外资非加工企业单位出口对于本国要素出口增加值的拉动效应在不断下降。从不同所有制企业的比较看,外资企业出口对本国要素增加值的拉动效应要小于内资企业。

表 5.6 基于投入产出表测算的不同所有制不同贸易方式企业完全属地与属权增加值率

类型	完全属地增加值占比		完全属权增加值占比		属权增加值与属地增加值背离的绝对值		属权增加值与属地增加值背离的相对值	
	2007 年	2012 年	2007 年	2012 年	2007 年	2012 年	2007 年	2012 年
内资加工出口企业	35.62%	42.34%	34.10%	38.29%	−1.52%	−4.05%	−4.27%	−9.57%
外资加工出口企业	34.63%	38.33%	25.68%	26.78%	−8.95%	−11.55%	−25.84%	−30.13%
内资非加工出口企业	83.76%	82.83%	79.59%	74.22%	−4.17%	−8.61%	−4.98%	−10.39%
外资非加工出口企业	77.18%	79.10%	65.03%	59.08%	−12.15%	−20.02%	−15.74%	−25.31%
制造业总出口	57.65%	61.54%	50.56%	50.59%	−7.09%	−10.95%	−12.30%	−17.79%

资料来源:根据作者计算所得

进一步来分析以背离程度来衡量的外资企业出口增加值的属权结构,2007 年和 2012 年,外资加工出口企业完全增加值的背离相对值分别为−25.84%和−30.13%,五年间,外资加工出口企业的完全属权增加值相对背离增加了 4.29 个百分点;2007 年和 2012 年,外资非加工出口企业完全增加值的背离相对值分别为−15.74%和−25.31%,五年间,外资非加工出口企业的完全属权增加值相对背离增加了 9.57 个百分点。背离程度的扩大说明了本国要素收益占外资企业属地出口增加值的比重在下降,外资企业属地出口增加值对本国要素收益的指向性在减弱。

第四节 本章小结

属地增加值的核算已经为我们认识产品的全球价值链提供了一个很好的视角,但是由于生产要素的国际流动,属地增加值或多或少还是不能正确判断一国出口增加值的实际状况,进而对双边贸易不平衡、关税谈判、贸易便利化、环境规则等问题的决策形成新的误判。在此情境下,如何核算各国在全球贸易中的属权增加值是目前学界关注的焦点。

外资企业出口增加值中的属权要素收益是关注和讨论的重点,外资企业的出口增加值中既不完全是国外要素的收益,也不全是本国要素的收益。外资企业的出口增加值既包含了国外要素收益也包括了本国要素收益,如何理清外资企业出口增加值的属权结构是认识一国对外开放的关键。

中国成为世界出口大国的一个重要原因是全球价值链分工，这种分工由生产要素的国际流动完成。外资企业将不同生产要素配置到不同禀赋的国家，本国要素和外国要素就产业链中某一环节合作生产，实现了要素合作型国际专业化，这是属权增加值的现实背景。外资企业在空间布局上重塑了全球产品的价值链，深化了全球产品分工，将原先的产品分工进一步推向了要素分工，这是属权增加值形成的理论基础。中国在外资主导型贸易发展特征下，出口规模并非中国贸易地位的真实体现，属地出口增加值的统计并非中国要素收益的真实体现，由此，测算了外资企业出口增加值中的属权要素结构。

运用微观企业层面数据测算得出：2000 年至 2013 年，由外资要素流入所带动的本国要素收益占外资企业出口增加值的比重为 65.85%，与此同时，由外资要素流入所形成属权增加值和属地增加值的平均背离程度为 34.85%。进一步运用投入产出表测算得出 2012 年外资加工贸易企业和非加工贸易企业的属权增加值占比分别为 26.78% 和 59.08%，其与属地增加值背离的相对值分别为 –30.13% 和 –25.31%。

斯密最初开启国际贸易理论研究之时，其初衷是为了探求国民财富的性质和原因，强调贸易利益的国民属性。在生产要素国际流动的时代背景下，出口增加值的属权核算反映了一国属权要素的出口收益，这不仅关系到一国对外经贸谈判中的真正得失，而且涉及一国对自身出口竞争力的真实判断。一直以来，我们将一国某一产业出口量的大小视为该国该产业出口竞争力的高低。但是，随着产品全球分段生产的发展，一国某一产业的出口总量已经不能完全反映一国的出口竞争力。一国的出口竞争力更多地体现在该国属权要素在该产品生产过程中所获取的增加值。进一步地，本书提出了属权增加值贸易的概念，祝坤福等（2022）、郭雪凡和祝坤福（2022）和 Meng 等（2022）更是从属权角度重新测算了中美贸易平衡，分析了美国长期逆差存在的一种重要解释。

第六章 国民收入视角下的中美贸易平衡分析

21 世纪以来中美贸易规模迅速增长，与此同时，双边贸易差额持续扩大，美国商务部数据显示，2022 年美中贸易逆差额约为 3829 亿美元，占美国总逆差的 42%。巨额逆差是威胁两国经贸发展和政治关系的重要因素，也是频繁引发贸易摩擦的直接原因，随着美国政府对逆差关注度的增强和贸易保护主义倾向的加剧，中美贸易摩擦升级的可能性加大。

在经济全球化的背景下，以贸易总值为基础的贸易差额核算无法刻画真实利益分配，在全球价值链的理论指导下，学者们提出以出口增加值视角修正贸易差额核算（Chen et al.，2006；刘遵义等，2007a；Koopman et al.，2008，2014；蒲华林，2011；Johnson and Noguera，2012，2016；Johnson，2014；王岚和盛斌，2014；康振宇和徐鹏，2015；葛明等，2016）。出口增加值关注的是 GDP，其中包含了支付给外国生产要素的报酬，这部分并不属于本国收入。值得注意的是，这部分利润在符合国家政策的条件下可以随时汇出，随着中国劳动力成本持续快速上涨，制造业 FDI 撤离已初现端倪，若出现大规模外资撤离，那么东道国，尤其是新兴市场将面临巨大的经济损失和金融风险（蔡浩仪和韩会师，2012；韩民春和张丽娜，2015）。

另外，随着各经济体对外开放程度的提高和资本市场国际化进程的加快，资本作为一种重要的生产要素，其跨国流动日益频繁。根据联合国贸易和发展会议（United Nations Conference on Trade and Development，UNCTAD）公布的数据，1990~2015 年，世界 FDI 流出量（outflow）和 FDI 流入量（inflow）的年平均增长率分别为 7% 和 9%。中国和美国作为全球重要的引资国，1990~2015 年外资流入量占全球 FDI 流入量的平均比重分别达到 7.7% 和 17.3%。外资流入在一定程度上促进了中美两国的经济发展和出口增长（潘文卿和李子奈，2002；Zhang，2005；冯丹卿等，2013；Lall and Narula，2013），中国自 2001 年加入 WTO 以来，外商投资企业货物出口比重一度保持在 50% 以上，2010 年之后内资企业，特别是内资私营企业出口快速上升，外资企业出口占比虽有回落，但 2022 年仍维持在 31.2%；美国外商投资企业的货物出口比重虽然低于中国，但在 2010 年之后也超过了 20%。

此外，中、美两国经济发展对净要素流入的依赖程度有明显差异，由此推测，国民收入视角核算的中美贸易差额将明显有别于增加值视角。1981 年以来，中国 GDP 与国民生产总值（gross national product，GNP）差额逐步扩大。郑志国和刘明珍（2004）指出，中国来自国外的初次分配净收入，尤其是投资净收益长期为负，表明中国对外投资状况与外资引进状况很不对称，外商投资企业对中国 GNP 的贡献远低于对 GDP 的贡献。2013 年中国提出"一带一路"倡议以来，中国对外直接投资快速上升，从流量来看已经超过外商直接投资，但从存量来看，还远远小于外商直接投资存量。祝坤福等（2022）基于 OECD 的分析性跨国公司数据库的研究发现，从跨境投资净收益来看，中国对外直接投资企业的投资收益远低于中国境内外商直接投资企业，跨境直接投资拉大了中国 GDP 和 GNP 差异。相比于中国，美国境内外商直接投资企业收益远低于美资在外企业，GDP 和 GNP 差异与中国完全相反。

综上所述，鉴于中美吸引外资规模巨大、外商投资企业出口占比较高，本章考虑出口收益的实际控制权，提出基于国民收入视角核算中美贸易差额。本章能够修正传统核算口径对中美贸易平衡的扭曲，进而缓解美国政府激化中美贸易争端的倾向，促进中美贸易谈判和有关政策制定。同时，本章提出的国民收入口径是对已有的增加值口径研究工作的一项重要补充，可以为贸易和全球价值链等的研究提供一种全新的视角。

第一节　增加值和国民收入贸易平衡研究进展

贸易失衡是贸易争端的核心，是威胁双边甚至全球经贸关系健康发展的不和谐因素，一直以来备受学界关注。中国和美国作为世界经济大国，两国间的贸易差额更是学界研究的焦点。总结来看，目前此领域的研究主要包括两个方面，一是利用贸易总值进行核算，二是利用贸易增加值进行核算。

基于贸易总值，即出口额减进口额，计算贸易差额是评估贸易平衡最常用的方法；但是已有研究证明用中国官方数据和用美国官方数据计算的中美贸易差额存在很大差异。例如，根据中国海关公布的进出口数据计算，2012 年中美货物贸易顺差为 2189 亿美元，而美国国际贸易委员会的数据显示当年中美货物贸易逆差达到 3149 亿美元，比中方数据高出 43.9%。现有研究认为这种不一致性可归因于贸易计价标准、香港转口、转口利润附加和运输时滞，并基于此给出修正方法。例如，冯国钊和刘遵义（1999）认为两国公布的数据都是不准确的，贸易差额的核算应该考虑离岸价和到岸价之间的修正，并最早提出考虑香港转口贸易和转口加价，以此修正美中逆差；杨汝岱（2008）依据香港转口数据修正中、美官方统计的贸易差额，结果显示两国在1998年之前的数据差距缩小了60%，1998年之后减少了40%。另外，基于谢康和李赞（2000）对货物贸易和服务贸易互补性的实证分析，有学者提出在考虑服务贸易的基础上重新评估中美贸易失衡（Barattieri，2014），理由是中美贸易具有强烈的互补性，美国服务业较中国有明显优势，随着中国加入WTO，中美服务贸易也得到快速发展（Chen and Whalley，2014），美中服务贸易顺差不断扩大，能在一定程度上弥补两国货物贸易逆差。自2018年开始，受美国特朗普政府对华征收高额关税影响，美国进口商在进口中国商品时，为了避免高额关税成本，在合理范围内尽量低报进口金额，大大降低了中美贸易统计的"镜像误差"。2022年中国统计中美贸易顺差为3928亿美元，美国统计美中贸易逆差为3525亿美元。

　　双边贸易差额核算的另一种口径是基于贸易增加值，即以出口拉动的国内增加值代替出口额，重新评估贸易为参与国带来的实际利益。随着全球化分工日益加深，一国出口品的生产可能需要使用其他国家和地区的进口品作为中间投入，贸易增加值的优势在于它可以剥离出口总额中包含的进口中间投入的价值。WTO第五任总干事帕斯卡尔·拉米曾多次指出，基于贸易总值的核算结果会造成国际贸易失衡的误导，他主张使用贸易增加值作为新的贸易统计标准，目前这种思想已经得到了众多学者和国际机构的广泛认可。核算贸易增加值最常用的方法是投入产出技术，这方面的理论和实证研究有很多。例如，沈利生和吴振宇（2004）利用投入产出模型计算了中国进出口对各部门增加值和GDP的贡献率；Chen等（2012）、祝坤福等（2013）考虑到中国加工贸易占比高以及加工出口所拉动的国内增加值较低的特点，提出以反映加工贸易的非竞争型投入产出表重新评估贸易对中国经济增长的贡献。除了以中国为代表的单国投入产出表的研究和应用之外，基于地区间投入产出表开展的"全球价值链"研究也步入高潮，Johnson和Noguera（2012，2016）以及Johnson（2014）介绍了增加值出口的核算方法，并分析了增加值出口与出口总额的比值在国家间、地区间和行业间的差异表现；Koopman等（2010，2014）将一国的总出口分解为增加值出口、返回的国内增加值、国外增加值和重复计算部分，以增加值视角评估各国各行业的显性比较优势，对全球贸易做出全新的解释。基于上述方法，Lau等（2017）将贸易增加值的核算思想引入了中美贸易差额的计算中，修正了传统核算方法对中美贸易失衡程度的高估，以2015年的结果为例，贸易增加值口径下美中贸易逆差为1327亿美元，远远低于中、美两国以贸易总值口径核算的2614亿美元和3674亿美元。王岚和盛斌（2014）以增加值贸易体系测度1995~2009年中美货物贸易差额，验证了传统贸易统计对中美贸易失衡的夸大，并指出中美分工地位的差距导致两国贸易利益分配正朝着不利于中国的方向发展。李宏艳和王岚（2015）、葛明等（2016）基于全球价值链视角阐释了贸易利得内涵的变迁，从总量、国别和产业等层面解析中美双边贸易利益分配格局。祝坤福等（2022）提出了反映跨国公司的全球价值链分解框架，并将传统的属地增加值贸易推广至属权增加值贸易，并据此重新测算了中国和美国的国际贸易平衡，并解释了美国长期贸易逆差存在的一个重要原因。郭雪凡和祝坤福(2022)从属权角度重新测算了中美贸易双边平衡。Meng 等（2022）更是将属权增加值贸易定义为要素收入贸易（trade in factor income），并从要素收入角度重新测算了中美贸易平衡。

　　上述文献对贸易差额核算的改进之处大多是以贸易增加值视角取代贸易总值视角。然而，改革开放以来，中国凭借广阔的市场和优惠的外资政策吸引了大量外国投资，外资企业出口在总出口中的占比一直超过 40%，中国出口的快速增长离不开外资的支持，而 FDI 在推动经济和出口增长的同时，也通过获取、控制股权等形式从经营利润中获得资本报酬，外资企业出口所创造的国内增加值并不能全部归入中国的国民收入。对此，李宏艳和王岚（2015）指出，跨国公司 FDI 因素会造成贸易利益高估；段玉婉和蒋雪梅（2012）以及段玉婉等（2013）编制了区分内外资的中国投入产出表，测算结果显示，2007 年中国每 1000 美元出口所拉动的 591.8 美元国内增加值中，只有 85.6%，即 506.6 美元属于中国的国民收入，其余 85.2 美元是支付给外国资本和外国劳动者的报酬，属于外国要素收入。对美国而言亦是如此，美国引资金额多年位居世界第一，2012 年美国外资企业出口占总出口的比重约为 18%，美国出口所拉动的国内增加值亦不等于其创造的国民收入。周琢和祝坤福（2020）则进一步分解了中国对美出口的增加值收入分配。正如前文所说，贸易增加值的实际控制权并不全部归属于东道国，以增加值测度的出口利益会因外资撤离而受到威胁，相比之下，出口拉动的本国国民收入体现了利益的实际控制权，可用于衡量一国参与贸易所获得的实际经济利益、刻画国际分工利益格局。另外，中国 GDP 与 GNP 的差额明显高于美国，表明中国经济发展对净要素流入的依赖程度明显强于美国，由此推测，国民收入视角核算的中美贸易收益将明显有别于增加值视角。

第二节　区分内外资和加工贸易的投入产出模型
与核算方法

　　2012 年中国加工出口占总出口的比重约为 42%，外资企业出口占总出口的比重达到 50%。虽然自 2012 年开始，中国对外贸易中，加工贸易和外资企业占比逐步下降，但仍非常显著。2022 年中国总出口中，加工出口占比为 29.4%，外资企业出口占比为 31.2%。考虑到中国出口的两大特点——加工出口占比大和外资企业出口占比大，且外资企业出口的生产消耗结构和分配去向不同于非加工和内资企业，段玉婉等（2013）编制了反映加工贸易和区分内外资企业的非竞争型投入产出表来计算内资和外资企业对中国国民经济的贡献。本章将在此模型的基础之上，根据生产要素的国别属性将反映加工贸易和区分内外资企业的非竞争型投入产出表中的增加值象限拆分为三大部分，分别是中国国民收入、美国国民收入和其他国家国民收入。基于反映加工贸易和区分内外资企业的非竞争型投入产出表可以计算中国的总出口以及对美出口所拉动的国内总收入、美国国民收入和其他国家国民收入。

　　假设某经济体有 n 个生产部门。考虑生产要素国别属性、区分加工贸易和内外资企业性质的非竞争型投入产出表表式如表 6.1 所示，该表将国民经济分为四个部分：内资企业非加工生产（DN）、外资企业非加工生产（FN）、内资企业加工生产（DP）和外资企业加工生产（FP），并对国内中间投入和进口中间投入（M）加以区分。

表 6.1　考虑生产要素国别属性的非竞争型投入产出表①

投入	产出					
	中间需求				最终需求	总产出/总进口
	内资企业非加工生产（DN）	外资企业非加工生产（FN）	内资企业加工生产（DP）	外资企业加工生产（FP）		
国内中间投入　内资企业非加工生产（DN）	$Z^{DN,DN}$	$Z^{DN,FN}$	$Z^{DN,DP}$	$Z^{DN,FP}$	f^{DN}	x^{DN}
外资企业非加工生产（FN）	$Z^{FN,DN}$	$Z^{FN,FN}$	$Z^{FN,DP}$	$Z^{FN,FP}$	f^{FN}	x^{FN}
内资企业加工生产（DP）	0	0	0	0	f^{DP}	x^{DP}
外资企业加工生产（FP）	0	0	0	0	f^{FP}	x^{FP}

---

①　表 6.1 与第四章的表 4.1 虽然在国内生产异质性处理是一致的，但是在最初投入（增加值）部分有较大差异。表 4.1 将增加值分成劳动报酬、资本报酬和生产税，表 6.1 进一步将资本报酬按照资本来源结构分成了国内资本收入、美国资本收入和其他国家资本收入。由此将增加值分为中国国民收入（劳动报酬、生产税和国内资本收入）、美国国民收入（美国资本收入）和其他国家国民收入（其他国家资本收入）。

续表

投入		产出					
		中间需求				最终需求	总产出/总进口
		内资企业非加工生产（DN）	外资企业非加工生产（FN）	内资企业加工生产（DP）	外资企业加工生产（FP）		
进口中间投入（M）		$Z^{M,DN}$	$Z^{M,FN}$	$Z^{M,DP}$	$Z^{M,FP}$	f^M	x^M
最初投入	中国国民收入	v_C^{DN}	v_C^{FN}	v_C^{DP}	v_C^{FP}		
	美国国民收入	v_A^{DN}	v_A^{FN}	v_A^{DP}	v_A^{FP}		
	其他国家国民收入	v_R^{DN}	v_R^{FN}	v_R^{DP}	v_R^{FP}		
总投入		$x^{DN'}$	$x^{FN'}$	$x^{DP'}$	$x^{FP'}$		

为表述清楚，以上标 D 表示内资企业，F 表示外资企业，以 P 表示加工贸易生产方式，N 表示非加工贸易生产方式；以上标 M 表示进口；以下标 C、A、R 标记国民收入的国别属性。x^S（$S=DN$、FN、DP、FP 或 M）为 n 维列向量，表示各行业的总产出或总进口；$Z^{S,T}$（$S=DN$、FN 或 M，$T=DN$、FN、DP 或 FP）为 $n \times n$ 矩阵，表示生产类型为 T 的各行业在生产中直接消耗的 S 类型各行业的产出，按照中国海关对加工贸易的定义和要求，加工贸易产品只能用于出口，因此内资和外资企业加工贸易生产对四种生产类型的中间投入全部为 0；f^S（$S=DN$、FN、DP、FP 或 M）为 n 维列向量，表示对各种生产类型的产品以及进口品的最终需求；v_W^S（$S=DN$、FN、DP 或 FP，$W=C$、A 或 R）为 n 维行向量，表示四种生产类型下各行业的增加值中属于中国、美国和其他国家的国民收入，分别简称为中国国民收入向量、美国国民收入向量和其他国家国民收入向量，例如，v_C^{DN} 代表内资企业非加工贸易的中国国民收入向量。

根据投入产出表，有如下行向平衡式：

$$
\begin{bmatrix}
Z^{DN,\,DN} & Z^{DN,\,FN} & Z^{DN,\,DP} & Z^{DN,\,FP} \\
Z^{FN,\,DN} & Z^{FN,\,FN} & Z^{FN,\,DP} & Z^{FN,\,FP} \\
0 & 0 & 0 & 0 \\
0 & 0 & 0 & 0
\end{bmatrix} \mu +
\begin{bmatrix}
f^{DN} \\
f^{FN} \\
f^{DP} \\
f^{FP}
\end{bmatrix} =
\begin{bmatrix}
x^{DN} \\
x^{FN} \\
x^{DP} \\
x^{FP}
\end{bmatrix}
\tag{6.1}
$$

其中，$\mu = [1 \cdots 1]'$ 为元素之值均为 1 的单位列向量。

定义直接消耗系数矩阵为 $A^{ST} = Z^{ST} \left[\mathrm{diag}\left(x^{\mathrm{T}} \right) \right]^{-1}$，为 $n \times n$ 矩阵，其中 $S=DN$

或 FN，$T=DN$、FN、DP 或 FP；$\mathrm{diag}(x^{\mathrm{T}})$ 表示 x^{T} 的对角矩阵；A^{ST} 的元素 a_{ij}^{ST} 表示生产一单位 T 类型 j 部门的产品对 S 类型 i 部门产品的直接消耗量。

记 $A=\begin{bmatrix} A^{DN,\,DN} & A^{DN,\,FN} & A^{DN,\,DP} & A^{DN,\,FP} \\ A^{FN,\,DN} & A^{FN,\,FN} & A^{FN,\,DP} & A^{FN,\,FP} \\ 0 & 0 & 0 & 0 \\ 0 & 0 & 0 & 0 \end{bmatrix}$，$f=\begin{bmatrix} f^{DN} \\ f^{FN} \\ f^{DP} \\ f^{FP} \end{bmatrix}$，$x=\begin{bmatrix} x^{DN} \\ x^{FN} \\ x^{DP} \\ x^{FP} \end{bmatrix}$，则

式（6.1）可写为

$$Ax+f=x$$

即

$$(I-A)x=f \tag{6.2}$$

由于直接消耗系数矩阵 A 的元素 a_{ij} 满足 $0\leqslant a_{ij}<1$，可以证明 $I-A$ 可逆[①]，根据式（6.2）可以得到里昂惕夫模型如下：

$$x=(I-A)^{-1}f=Bf \tag{6.3}$$

其中，$B=(I-A)^{-1}$ 是里昂惕夫逆矩阵，其元素 b_{ij} 表示生产一单位 j 产品对 i 产品的完全消耗量。

定义直接进口消耗系数为 $A^{M,T}=Z^{M,T}[\mathrm{diag}(x)]^{-1}$，为 $n\times n$ 矩阵，其中 $T=DN$、FN、DP 或 FP；$A^{M,T}$ 的元素 $a_{ij}^{M,T}$ 表示一单位 T 类型 j 部门产品的生产对进口中间投入品 i 的直接消耗量。记 $A^M=\begin{bmatrix} A^{M,DN}, A^{M,FN}, A^{M,DP}, A^{M,FP} \end{bmatrix}$，为 $n\times 4n$ 的分块矩阵，根据投入产出模型，完全进口消耗系数可由 $B^M=A^MB$ 得到，其元素 $b_{ij}^{M,T}$ 表示一单位 T 类型 j 部门产品通过部门间的生产关联对进口中间投入品 i 的完全消耗量。

定义直接国民收入系数为 $a_{v,W}^{\mathrm{T}}=v_W^{\mathrm{T}}\Big[\mathrm{diag}\big(x^{\mathrm{T}}\big)\Big]^{-1}$，为 n 维行向量，其中 $T=DN$、FN、DP 或 FP，$W=C$、A 或 R；$a_{v,W}^{\mathrm{T}}$ 的元素 $a_{vj,W}^{\mathrm{T}}$ 表示 T 类型 j 部门一单位产出直接创造的 W 类型国民收入，例如，$a_{v1,C}^{DN}$ 代表内资企业非加工贸易生产一单位 1 部门产品直接创造的中国国民收入。记 $a_{v,W}=\begin{bmatrix} a_{v,W}^{DN}, a_{v,W}^{FN}, a_{v,W}^{DP}, a_{v,W}^{FP} \end{bmatrix}$，为 $4n$ 维行向量，

根据投入产出模型可以计算完全国民收入系数:

$$b_{v,W} = a_{v,W}(I - A)^{-1} = a_{v,W}B \quad W=C、A 或 R \quad (6.4)$$

其中,$b_{v,C}$、$b_{v,A}$ 和 $b_{v,R}$ 分别表示各部门增加一单位最终需求对中国国民收入、美国国民收入和其他国家国民收入的完全拉动,下文简称为国民收入率;三者之和为完全增加值系数,即各部门增加一单位最终需求对中国国内增加值的完全拉动。

根据上述介绍,假设中国对美国的出口为 e_{CA},为 $4n$ 维列向量,那么出口 e_{CA} 所拉动的中国、美国和其他国家国民收入分别为

$$V_{C,CA} = b_{v,C}e_{CA}$$

$$V_{A,CA} = b_{v,A}e_{CA}$$

$$V_{R,CA} = b_{v,R}e_{CA} \quad (6.5)$$

三者之和即为中国对美国出口所拉动的中国国内增加值。

2017 年美国外资企业出口占总出口的比重约为 22.4%,远小于中国[①]。美国内、外资企业在生产投入结构和增加值率方面也存在着一定的差异,Fetzer 和 Strassner(2015)利用企业微观数据进行估算,2017 年美国跨国企业的直接增加值率为 20%~35%,而美国境内企业的直接增加值率相对较高,平均为 47%,但由于缺乏相关的生产投入数据,未能对生产结构的企业异质性进行量化分析。因此,限于数据的可得性,本章暂时假设美国的内、外资企业具有相似的生产结构,在美国 m 部门非竞争型投入产出表的基础上,按生产要素的国别属性对增加值象限进行拆分,同样拆分为三个部分:属于美国的国民收入、属于中国的国民收入和属于其他国家的国民收入,得到表 6.2。

表 6.2 考虑生产要素国别属性的非竞争型投入产出表

投入		产出		
		中间需求	最终需求	总产出/总进口
		生产部门 1,2,…,m		
国内中间投入	生产部门 1,2,…,m	Z^D	f	x
进口中间投入		Z^M	f^M	x^M

① 各国对于境内外资企业的定义不同。中国对境内外资企业认定是 25%以上的资本来源于境外(见中国商务部网站),美国对境内外资企业认定只需要 10%以上的资本来源于境外[见美国商务部经济分析局(Bureau of Economic Analysis,BEA)网站]。如果根据 OECD 的分析性跨国公司数据库的定义,则 10%以上的资本来源于境外的企业才算外资企业,按照这一划分,2017 年美国境内外资企业创造的增加值占美国当年 GDP 比例只有 9.1%。

续表

投入		产出		
		中间需求	最终需求	总产出/ 总进口
		生产部门		
		$1,2,\cdots,m$		
最初投入	美国国民收入	v_A		
	中国国民收入	v_C		
最初投入	其他国家国民收入	v_R		
	总投入	x'		

注：x 和 x^M 为 m 维列向量，表示各部门的总产出和总进口；Z^D 和 Z^M 为 $m \times m$ 矩阵，揭示了各部门对国内产品和进口产品的中间消耗；f 和 f^M 为 m 维列向量，表示对各部门产品和进口品的最终需求；v_A、v_C 和 v_R 表示各部门所拉动的美国国民收入、中国国民收入和其他国家国民收入

根据行向平衡关系有

$$Z^D \mu + f = x \tag{6.6}$$

定义直接消耗系数为 $A^D = Z^D [\mathrm{diag}(x)]^{-1}$，为 $m \times m$ 矩阵，其元素 a_{ij}^D 表示生产一单位 j 部门产品对 i 部门产品的直接消耗量。式（6.6）可改写为

$$A^D x + f = x$$

即

$$\left(I - A^D\right) x = f \tag{6.7}$$

进一步可得里昂惕夫模型：

$$x = \left(I - A^D\right)^{-1} f = B^D f \tag{6.8}$$

其中，$B^D = \left(I - A^D\right)^{-1}$ 为里昂惕夫逆矩阵。

定义直接进口消耗系数为 $A^M = Z^M [\mathrm{diag}(x)]^{-1}$，为 $m \times m$ 矩阵，其元素 a_{ij}^M 表示生产一单位 j 产品对进口品 i 的直接消耗量；根据投入产出模型可以计算完全进口消耗系数矩阵为 $B^M = A^M B^D$。

类似中国表中的介绍，定义直接国民收入系数为 $a_{v,W} = v_W [\mathrm{diag}(x)]^{-1}$，为 m 维行向量，其中 $W=A$、C 或 R；利用投入产出模型计算美国国民收入率、中国国民收入率和其他国家国民收入率如下：

$$b_{v,W} = a_{v,W} \left(I - A^D\right)^{-1} = a_{v,W} B^D \quad W=C、A \text{ 或 } R \tag{6.9}$$

其中，$b_{v,A}$、$b_{v,C}$ 和 $b_{v,R}$ 分别表示各部门增加一单位最终需求对美国国民收入、中

国国民收入和其他国家国民收入的完全拉动，三者之和为完全增加值系数。

同样，假设美国对中国的出口为 e_{AC}，为 m 维列向量，则该出口拉动美国、中国和其他国家国民收入的计算式如下：

$$V_{A,AC} = b_{v,A} e_{AC}$$
$$V_{C,AC} = b_{v,C} e_{AC}$$
$$V_{R,AC} = b_{v,R} e_{AC} \qquad (6.10)$$

三者之和即为美国对中国出口所拉动的美国国内增加值。

以贸易总值计算中美贸易顺差的公式为

$$TS_1 = \mu' e_{CA} - \mu' e_{AC} \qquad (6.11)$$

以贸易增加值计算中美贸易顺差的公式为

$$TS_2 = \left(V_{C,CA} + V_{A,CA} + V_{R,CA}\right) - \left(V_{A,AC} + V_{C,AC} + V_{R,AC}\right) \qquad (6.12)$$

贸易给参与国带来的国民收入来自两个方面，其一是本国的出口所拉动的本国国民收入，其二是对方的出口所拉动的本国国民收入，因此由式（6.5）和式（6.10）可知，中美双边贸易对中国国民收入和美国国民收入的拉动分别为

$$V_C = V_{C,CA} + V_{C,AC}$$
$$V_A = V_{A,AC} + V_{A,CA}$$

因此，以国民收入计算中美贸易顺差的公式为

$$TS_3 = V_C - V_A = \left(V_{C,CA} + V_{C,AC}\right) - \left(V_{A,AC} + V_{A,CA}\right) \qquad (6.13)$$

根据模型介绍，需要将投入产出表中的增加值向量拆分成中国国民收入向量（ v_C^S 或 v_C，$S = DN$、FN、DP 或 FP）、美国国民收入向量（ v_A^S 或 v_A ）和其他国家国民收入向量（ v_R^S 或 v_R ）。具体来说，投入产出表中增加值由四部分组成，分别是劳动者报酬、生产税净额、固定资产折旧和营业盈余（美国表将固定资产折旧和营业盈余合并，统称营业盈余）。其中，生产税净额全部属于本国国民收入，不需要拆分。而其余三项需要基于企业层面的数据资料，根据劳动者和资本的国别属性拆分为本国国民收入和外国国民收入，进一步利用东道国 FDI 存量的来源地占比将外国国民收入细分为美国国民收入（中国表）或中国国民收入（美国表），以及其他国家国民收入。下面分别详细介绍中、美投入产出表中增加值向量的拆分。

首先是中国增加值向量拆分。此部分主要使用以下数据：中国国家统计局公布的国有控股、私营和外商及港澳台投资工业企业主要经济指标（包括实收资本、国家资本金、集体资本金、法人资本金、个人资本金、港澳台和外商资本金），按行业统计的外商投资企业年底注册登记情况（包括注册资本和外方注册资本），按

行业统计的固定资产投资金额及其来源（包括国家预算资金、国内贷款、利用外资、自筹资金和其他资金），外汇管理局跨境收支中分行业职工报酬数据，UNCTAD公布的双边 FDI 数据，即按照外资来源地统计的中国 FDI 存量数据。拆分步骤具体如下。

　　其中劳动者报酬的拆分如下：2017 年国际收支平衡表中借方职工报酬为 440 亿元，占当年劳动者报酬和外资企业劳动者报酬的比重分别为 0.12% 和 0.68%。到 2020 年国际收支平衡表中借方职工报酬为 965 亿元（145.3 亿美元），占当年劳动者报酬和外资企业劳动者报酬的比重进一步上升至 0.20% 和 1.08%。根据外汇管理局跨境收支中分行业职工报酬数据，可以计算外国劳动者报酬的行业占比，据此将国际收支表中的借方职工报酬总额 440 亿元分摊到各个行业。根据投入产出表各行业内资、外资企业劳动者报酬占比，可将各个行业外国劳动者报酬分摊到相应的内资、外资企业。以各行业内资、外资企业劳动者报酬减去其外国劳动者报酬，即可得到其本国劳动者报酬。外国劳动者报酬属于外国国民收入，本国劳动者报酬属于中国国民收入，经过该处理可以将劳动者报酬拆分成中国国民收入和外国国民收入。

　　其中固定资产折旧和营业盈余的拆分如下：实收资本是投资者实际投入企业的各种财产，体现了所有者对企业的基本产权关系，其构成比例是企业向投资者进行利润或股利分配的主要依据。因此，对于内资工业企业和外资工业企业，本章以实收资本中的国内资本金（国家资本金、集体资本金、个人资本金和部分法人资本金①之和）和境外资本金（港澳台、外商资本金和部分法人资本金之和）占比作为拆分依据。

　　注册资本是全体股东或发起人认缴的出资额或认购的股本总额，在现行制度下与实收资本的金额相等，也能体现对公司的所有权比例。因此，对于外资非工业企业，本章以其注册资本中非外方注册资本和外方注册资本占比作为拆分依据。

　　对于内资非工业企业，数据相对缺乏。国家统计局公布了固定资产投资金额及其来源构成，根据永续盘存法可以估计相应行业固定资产投资存量及各种来源投资存量，而固定资产投资存量中的国内资产（国家预算资金、国内贷款、其他资金和部分自筹资金②之和）和国外资产（利用外资和部分自筹资金之和）占比能在一定程度上反映该行业的资本所有权结构，因此，本章以固定资产投资存量中

---

　　① 法人资本金又分为国有法人资本金和其他法人资本金，因此法人资本金也可能包含境外资本。本章以国内资本金、境外资本金占比为依据，将法人资本金进一步拆分成国内法人资本金和境外法人资本金。由此可以看出，最终的比例求解需要用到迭代算法。

　　② 自筹资金来源广泛，其中可能包含国外资金。本章以国内资产、国外资产占比为依据，将自筹资金进一步拆分成自筹国内资金和自筹国外资金。由此可以看出，最终的比例求解需要用到迭代算法。

的国外资本占比作为拆分依据。

经过上述两步处理后，中国投入产出表中的增加值象限被拆分成中国国民收入和外国国民收入。

还需要将外国国民收入拆分为美国国民收入和其他国家国民收入，具体如下：由增加值含义和上述处理过程可知，外国国民收入包括外国资本报酬和外国劳动者报酬。根据本章编制的区分生产要素国别属性的投入产出表计算，并结合2017年国际收支平衡表中借方投资收益（2992亿美元）与收益账户借方总额①（3059亿美元），在中国的外国国民收入中，外国资本报酬的占比约为97.9%。2022年国际收支平衡表中借方投资收益（3689亿美元）与收益账户借方总额（3829亿美元）中国的外国国民收入中，外国资本报酬的占比约为96.3%。可以看出，外国劳动者报酬在外国国民收入中的占比很低，再者，外国劳动者的国籍难以区分，因此本章只将外国资本报酬按国别属性进行拆分，即拆分成美国国民收入和其他国家国民收入。

理想情况下，各行业外国资本报酬的国别占比应该由各行业外资存量中各个来源地占比代替，但实际情况是，外资存量和区分来源地的外资存量数据难以获取。国家统计局公布的实际利用外商直接投资和实际利用外商其他投资数据显示，1997~2018年，中国实际利用外商直接投资在实际利用外商总金额中的平均占比超过95%，个别年份甚至超过99%，因此，FDI存量的国别属性可以在一定程度上反映中国外资存量的国别属性，故本章选择以FDI存量的来源地占比作为外资存量来源地占比的代理变量。

UNCTAD公布的双边FDI数据显示，截至2021年，中国外商直接投资存量达到20 640亿美元，除去来源地未知的部分，来自发达经济体和发展中经济体的占比分别为18.93%和78.42%。2021年中国FDI存量中有41.53%来自中国香港②，9.21%来自英属维尔京群岛，日本、欧盟、新加坡、中国台湾和韩国的占比分别为6.32%、6.17%、4.83%、4.42%和4.01%，美国的占比约为5.19%。

UNCTAD虽然公布了双边FDI存量数据，但却没有按国别和行业双重维度统计的FDI数据，这意味着外国国民收入来源地占比属性的行业差异无法得到体现。一方面，根据中国国家统计局公布的按行业分FDI实际使用金额，可以测算出2005~2016年制造业吸收的FDI占比约为56%，根据美国BEA网站公布的美国在

---

① 国际收支平衡表中收益账户包括雇员报酬和投资收益两项。2022年中国国际收支平衡表中借方雇员报酬为140.8亿美元，远低于投资收益（3689亿美元）。

② 根据UNCTAD，2011年中国香港FDI存量中约有4.28%来自美国。香港对内地FDI中可能包含来自美国的FDI，但该数据具有天然的隐蔽性，难以获取。本章为估算该因素的影响，假设香港对内地FDI中亦有4.28%是来自美国的FDI，结果显示，中美贸易差额将进一步缩小，由1028亿美元缩小至1022亿美元。

华 FDI 存量数据可知，2017 年美国对华制造业 FDI 存量占比约为 53%，两个数据比较接近，表明美国对华 FDI 至少在行业大类上的分布结构是与其他国家和地区相似的。另一方面，鉴于中国 FDI 存量中来自美国的占比很小，因此本章认为，即使美国对华 FDI 可能会集中在少数行业，但由于这些行业也会吸引来自其他国家和地区的规模更为庞大的 FDI，因而可以有效地"稀释"美国 FDI 在这些行业中的占比，最终使得美国对华 FDI 占比的行业差异较小。例如，Xing（2007）对比美国和日本在华 FDI 时指出，2004 年美国对中国交通运输制造业的 FDI 存量约为 1.83 亿美元，是美国对华 FDI 存量中占比最高的制造业行业，而当年日本对华交通运输制造业 FDI 存量达到 4.14 亿美元，有效地"稀释"了美国在中国交通运输制造业的 FDI 占比。

综上所述，在数据缺乏的情况下，本章估算了在中国各行业的 FDI 存量中，假设来自美国的 FDI 占比均为 5.49%，来自其他国家的 FDI 占比均为 94.51%。依据该比例可以进一步地把外国国民收入拆分为美国国民收入和其他国家国民收入。

其次是美国增加值向量拆分。此部分主要使用以下数据：BEA 网站公布的美国外商投资企业、外商控股企业的劳动者报酬和总资产数据，以及国际收支平衡表中的借方劳动者报酬；UNCTAD 公布的双边 FDI 数据，即按照外资来源地统计的美国 FDI 存量数据。

如前文所述，美国投入产出表未区分内资和外资企业。为了保证中国表和美国表处理方法和思路的一致性，首先，将美国各行业内资企业和外资企业的增加值加以区分；然后，将生产税净额从中剥离出来，生产税净额全部属于美国国民收入；最后，对劳动者报酬、资本报酬进行拆分，将其拆分为美国国民收入和外国国民收入。具体处理方法如下。

第一步，计算各行业内资企业和外资企业的增加值，其中，外资企业又可以分为两类，一类是外商掌握少数股权的外资公司（minority owned affiliates，MiOA），其外国投资者所持股份为 10%~50%；另一类是外商控股子公司（majority owned affiliates，MaOA），其外国投资者持股比例大于 50%。具体做法是：根据美国投入产出表中各行业劳动者报酬和 BEA 公布的各行业外资企业劳动者报酬，二者相减可以得到各行业内资企业劳动者报酬；根据 BEA 公布的各行业外资企业劳动者报酬及各行业 MaOA 劳动者报酬，二者相减可得到各行业 MiOA 劳动者报酬；限于数据可得性，本章假设同一行业内资、外资企业增加值中劳动者报酬的占比相同，该比例可直接从投入产出表中得到，由此可估算出各行业内资企业、外资企业（即 MaOA 和 MiOA）的增加值。值得注意的是，BEA 跨国企业相关报告显示，2017 年 MaOA 对美国 GDP 的贡献为 8756 亿美元，本章基于该数据对上述估算结果按比例调整，以增加估算的准确性。

第二步，将外资企业增加值中的生产税净额剥离出来，全部归入美国国民收入。外资企业增加值中的生产税净额属于美国国民收入，因此需要将它从外资企业的增加值中剥离出来。美国联邦政府对外资实行国民待遇和中立政策（张跃，2005），因此本章假设同一行业内资和外资企业增加值中生产税净额的占比相同，该比例可由投入产出表算得，据此可估算各行业 MaOA 和 MiOA 的生产税净额。

第三步，对劳动者报酬和资本报酬进行拆分，将其拆分为美国国民收入和外国国民收入。该过程与中国表类似，同样可以归纳为以下三个环节。

其中劳动者报酬的拆分如下：美国国际收支平衡表显示，2017 年美国支付给外国劳动者的劳动报酬总计 187 亿美元，仅为美国劳动者报酬总额的 0.16%。同样假设外国劳动者报酬均由外资企业支付，由于外国劳动者报酬总额较小，因此该假设对最终测算结果的影响很小。根据 BEA 公布的各行业外资企业劳动者报酬占比将上述 187 亿美元分配到相应行业，进而将 MaOA、MiOA 的劳动者报酬拆分成美国国民收入和外国国民收入。

营业盈余（含固定资产折旧）的拆分如下：外资企业增加值扣除生产税净额和劳动者报酬，余下的部分为营业盈余。理想的处理方式是以各行业外资企业的所有者产权占比为依据，将各行业资本报酬拆分为国内收入和国外收入。然而，相关的微观层面统计数据难以获得。在数据缺乏的情况下，本章根据两类外资企业的定义，参考 MiOA 和 MaOA 中外国投资者持股比例分别为 10%~50%和 50%~100%，假设所有行业外资企业中外国投资者持股比例均处于平均水平，即 30%和 75%的中位数水平，借此对 MiOA 和 MaOA 的资本报酬进行拆分。为了检验该假设对本章测算结果的影响，后文将设置多组比例进行稳健性分析。

将外国国民收入拆分为中国国民收入和其他国家国民收入。根据前文测算，美国增加值中约有 4572 亿美元是属于外国的国民收入，其中外国劳动者报酬约为 187 亿美元，占比为 4.1%，其余 95.9%是外国资本报酬。考虑到外国劳动者国籍难以区分且其收入占比很小，与中国表的处理类似，本章仅以外国资本报酬的国别占比为依据，具体地，以 FDI 来源地占比为依据，将外国国民收入进一步划分为中国国民收入和其他国家国民收入。

UNCTAD 公布的双边 FDI 数据显示，截至 2020 年底，美国累计吸引的 FDI 高达 46.25 万亿美元，其中 93.43%来自发达经济体。英国、日本和荷兰所占比重分别达到 9%以上，加拿大、德国、瑞士、卢森堡和法国等主要投资来源地的占比也超过 7%，而中国仅占 0.17%。与中国表的处理方法类似，本章认为外国国民收入中仅有 0.17%是属于中国的国民收入，其余 99.83%是其他国家国民收入。

第三节　国民收入视角下中美贸易差额分析

为了全面认识中美贸易平衡，本章综合考虑中美直接货物贸易、服务贸易以及经香港转口贸易，利用第二节介绍的模型分别计算贸易总值、增加值贸易和国民收入口径下的 2017 年中美贸易差额。从总值角度，2017 年中国对美货物出口为 4297 亿美元，自美进口为 1539 亿美元，中美双边贸易顺差为 2758 亿美元。从增加值贸易角度，2017 年中国对美货物出口隐含的国内增加值为 2665 亿美元，自美进口隐含的美国国内增加值为 1242 亿美元，中美双边增加值贸易顺差为 1423 亿美元，较总值贸易顺差减少了 48.4%（表 6.3）。考虑了中美双边增加值贸易收入的分配情况，可以得到中美双边贸易中，中国国民收入为 2337 亿美元，美国国民收入为 1138 亿美元，国民收入口径下中美贸易顺差为 1199 亿美元，对比贸易总值和增加值口径下的中美贸易差额可知，2017 年基于国民收入视角核算的中美贸易顺差比贸易总值和贸易增加值口径核算的顺差分别缩小了 56.5% 和 15.7%，表明两种传统的贸易差额核算方法会不同程度地夸大中美贸易失衡。

表 6.3　2017 年中美贸易差额核算（单位：亿美元）

贸易增加值指标	直接货物贸易	转口贸易	服务贸易	总贸易
贸易拉动中国国民收入（1）	2337	196	239	2772
贸易拉动美国国民收入（2）	1138	90	389	1617
国民收入口径下的顺差（1）-（2）	1199	106	-150	1155
贸易总值口径下的顺差	2758	235	-86	2907
增加值口径下的顺差	1423	124	-91	1456

注：表中数据之差、数据之和可能因数位保留而略有不一致，下同

表 6.3 前三列分别展示了中美直接货物贸易、转口贸易、服务贸易的贸易差额，图 6.1 展示了三种贸易差额在中美贸易总值差额中的占比。具体来说，中美直接货物贸易和经香港转口贸易处于顺差状态，服务贸易呈现逆差，巨额的中美贸易顺差主要来源于直接货物贸易（图 6.1）。对比三种口径发现，国民收入口径下中美直接货物贸易顺差和转口贸易顺差比贸易总值口径分别缩小 56.5% 和 54.9%，比增加值口径分别缩小 15.7% 和 14.5%；中美服务贸易逆差比贸易总值口径扩大 74.4%，比增加值口径扩大 64.8%。这说明在贸易总值和贸易增加值口径下，中美直接货物贸易和转口贸易的失衡程度被夸大了，相反，中美服务贸易的失衡程度却被低估了，这与中美货物贸易和服务贸易对进口中间投入、外资等外国生产要素的依赖程度有关，后文将给出详细解释。

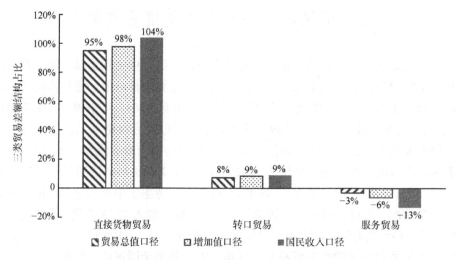

图 6.1 三种贸易差额在中美整体贸易差额中的占比

分行业看，中美贸易有较为明显的互补性。除去没有贸易往来的行业，即公共事业、仓储、房地产、医疗卫生和居民服务，余下的 31 个行业中有 19 个行业呈现中美贸易顺差，12 个行业处于逆差。图 6.2 和图 6.3 显示，中美贸易顺差的主要行业来源是电子产品制造业、服装及皮革制品、批发和零售以及电气设备制造业等，逆差的主要来源是农林牧渔业、运输设备制造业和一些高端服务业，即中国对美国主要出口低端制造业产品，而美国对中国的出口集中在大宗商品和高技术产品上，由此可以得出中美双边贸易具有较强互补性的结论。

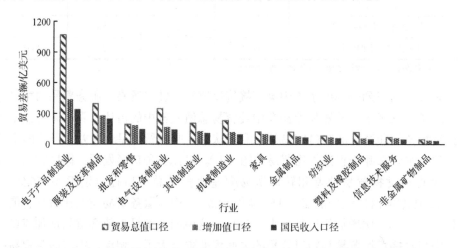

图 6.2 2017 年表现为中美贸易顺差的主要行业及其贸易差额（正值表示中美贸易顺差）

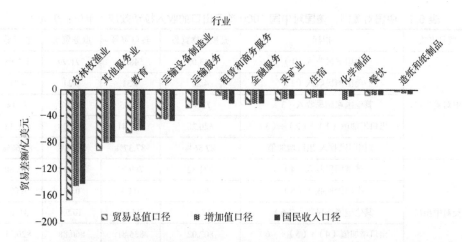

图 6.3 2017 年表现为中美贸易逆差的主要行业及其贸易差额(负号仅表示中美贸易逆差)

图 6.2 展示了中美处于贸易顺差的主要行业。对比三种核算口径可以发现均有以下特征：以国民收入口径核算的贸易顺差低于增加值口径，二者又进一步低于贸易总值口径。例如，国民收入口径下，电子产品制造业的中美顺差比贸易总值和增加值口径分别缩小了 68% 和 22%，服装及皮革制品的顺差比贸易总值和增加值口径缩小了 37% 和 11%。这表明以实际经济利益分配作为评价标准，中国相关行业的出口失衡程度将减弱。

图 6.3 展示了中美贸易逆差的 12 个行业。其中有 6 个行业的贸易逆差相比贸易总值和增加值口径有所减小，如农林牧渔业，其逆差比贸易总值和增加值口径分别缩小 14% 和 2%；有 3 个行业的贸易逆差相比贸易总值和增加值口径有所增大，如运输设备制造业，其逆差比贸易总值和增加值口径分别扩大 9% 和 4%；另外，运输服务的贸易差额相比贸易总值口径缩小，但相比增加值口径扩大；化学制品在贸易总值口径下呈现中美顺差，而在国民收入和增加值口径下却转为逆差。

为了更好地解读国民收入视角下的中美贸易差额结果，需要剖析中美单位出口的国民收入拉动效应。如表 6.4 的最后一列所示，2017 年中国对美国 1000 美元出口中蕴含 557.68 美元的本国国民收入，仅为其出口增加值的 87.67%，而美国对中国 1000 美元出口所蕴含的本国国民收入为 788.88 美元，约占其出口增加值的 96.17%；中国对美国 1000 美元出口能为美国带来 4.31 美元的美国国民收入，而美国对中国的出口仅能创造 0.07 美元的中国国民收入。可见，中国单位出口的国民收入拉动效应远低于美国，且中国出口中蕴含的美国国民收入大于美国出口所带来的中国国民收入，这两方面差异是导致国民收入口径下的中美贸易顺差明显低于贸易总值和增加值口径的直接原因。

表 6.4　中国对美国、美国对中国 1000 美元出口的收入拉动效应（单位：美元）

贸易方式	指标	直接货物贸易	转口贸易	服务贸易	总贸易
中对美出口	中国国民收入（1）	543.05	548.16	771.99	557.68
	美国国民收入（2）	4.21	4.31	5.21	4.31
	其他国家国民收入（3）	72.94	74.95	89.87	74.14
	出口增加值（1）+（2）+（3）	620.20	627.41	867.08	636.13
	本国国民收入/出口增加值	87.56%	87.37%	89.03%	87.67%
美对中出口	美国国民收入（4）	771.32	789.73	844.32	788.88
	中国国民收入（5）	0.09	0.09	0.03	0.07
	其他国家国民收入（6）	35.61	35.98	16.53	31.36
	出口增加值（4）+（5）+（6）	807.02	825.81	860.88	820.31
	本国国民收入/出口增加值	95.58%	95.63%	98.08%	96.17%

注：表中数据之和可能因数位保留而略有不一致

对比中国对美国 1000 美元出口和美国对中国 1000 美元出口所蕴含的国内增加值、本国国民收入，前者分别仅为后者的 77.5% 和 70.7%。根据 Chen 等（2012），单位出口拉动的国内增加值与国外增加值之和等于 1，中国对美国单位出口所蕴含的中国国内增加值低于美国对中国单位出口所蕴含的美国国内增加值，表明中国出口对进口的依赖程度高于美国。另外，对比两国的完全进口中间投入系数也可以得到相同的结论，美国平均完全进口中间投入系数为 0.099，低于中国非加工贸易生产的 0.150 和加工贸易生产的 0.651，并且，对进口中间投入依赖性更强的加工出口在中国对美国总出口中的占比高达 49%，这使得中国整体出口中隐含的进口品价值明显高于美国。另外，表 6.4 测算结果显示，中国对美国出口蕴含的中国国民收入进一步低于美国对中国出口蕴含的美国国民收入，根据前文的模型介绍，出口中蕴含的本国国民收入与外国国民收入之和等于出口增加值，该结果表明中国出口增加值中隐含的外国国民收入高于美国，由此可认为中国出口对外资等外国生产要素的依赖程度高于美国。

此外，对比表 6.4 前三列直接货物贸易、转口贸易和服务贸易的收入拉动效应可以发现，中国对美国 1000 美元直接货物出口和转口所蕴含的本国国民收入比其服务出口分别低 29.7% 和 29.0%，美国对中国 1000 美元直接货物出口和转口贸易所蕴含的本国国民收入比其服务出口分别低 8.6% 和 6.5%，表明两国直接货物贸易和转口贸易对本国国民收入的拉动作用远小于服务贸易。这可以归因于以下两个方面：首先，对比表 6.4 中三种贸易类型下的出口增加值，中国对美国单位直接货物出口和转口所蕴含的国内增加值比其服务出口分别低 28.5% 和 27.6%，美国对中国单位直接货物出口和转口所蕴含的国内增加值比其服务分别低 6.3% 和 4.1%，表明中美两国货物出口对进口中间投入的依赖程度高于服务出口，货物出口的国内附加价值远低于服务出口；其次，对比表 6.4 中三种贸易类型下本国国民收入与出口增加值的比率，直接货物贸易和转口贸易的出口增加值中属于本国国民收入的占比均低于服务贸易，表明货物出口对外资等外国生产要素的依赖程度高于服务出口，即中美两国制造业的外资渗透程度高于服务业，因此货物出口的国民收入"流失"现象比服务出口更为明显。

由于缺少相关数据，美国增加值中营业盈余一项的拆分采用了比例假设，即认为 MiOA 和 MaOA 中外国投资者持股比例分别为 30%和 75%。为了检验该假设对中美贸易差额的影响，分别设置 15%和 65%、35%和 85%、45%和 95%三组拆分比例进行稳健性检验，最终计算结果如表 6.5 所示。根据数据处理和模型介绍，外资企业中外国投资者的持股比例越高，表明该企业对外资的依赖性越大，其营业盈余中支付给外国资本的报酬也越多，相应地，出口中蕴含的本国国民收入就越少。因此，若美国外资企业中外国投资者的持股比例提高，会导致美国出口中蕴含的本国国民收入减少，进而造成基于国民收入视角核算的中美贸易顺差扩大。表 6.5 显示，即使假设两种外资企业中外国投资者的持股比例高达 45%和 95%，2017 年基于国民收入视角核算的中美贸易顺差仍比贸易总值和增加值口径缩小 59.8%和 19.6%，表明以贸易总值和增加值核算的方法会夸大中美贸易失衡。

表 6.5　2017 年三种核算口径下的中美贸易顺差（单位：亿美元）

	不同口径	直接货物贸易	转口贸易	服务贸易	总贸易
国民收入口径	30%和 75%（基准情况）	1199	106	−150	1155
	15%和 65%	1192	104	−152	1144
	35%和 85%	1204	106	−149	1161
	45%和 95%	1210	107	−147	1170
贸易总值口径		2758	235	−86	2907
增加值口径		1423	124	−91	1456

冯国钊和刘遵义（1999）、杨汝岱（2008）等的研究指出，香港转口会影响中美贸易平衡评判，因此在前文的测算和分析中均考虑了香港转口的影响。为了验证结论的稳健性，本章同时测算了不考虑香港转口情况下的中美贸易差额，如表 6.6 所示。结果显示，在贸易总值、增加值和国民收入核算口径下，2017 年不考虑香港转口的中美货物顺差分别为 2672 亿美元、1332 亿美元和 1081 亿美元，基

于国民收入视角核算的中美贸易顺差比贸易总值和增加值口径分别缩小了 59.5%和 18.8%，验证了贸易总值和增加值核算方法对中美贸易失衡程度的夸大。

表 6.6　考虑和不考虑香港转口情况下 2017 年中美贸易顺差（单位：亿美元）

不同口径	考虑香港转口	不考虑香港转口
国民收入口径	1186	1081
贸易总值口径	2907	2672
增加值口径	1456	1332

　　前文基于区分内资和外资企业的中国投入产出表测算中国对美国出口所蕴含的本国国民收入和外国国民收入，但限于数据可得性，在测算美国对中国出口所蕴含的国民收入时，使用了未区分内资和外资企业的美国投入产出表。为了验证两国投入产出表式的不一致性对最终结果和结论的影响，本章将中国同一行业、同一贸易生产方式下的内资和外资企业合并，以仅区分加工贸易的非竞争型投入产出表重新进行测算，最终得到国民收入视角下的中美贸易顺差如表 6.7 所示。对比表 6.7 的第一、二行可知，不考虑内资和外资企业的异质性将会夸大中美贸易失衡；对比第二、三、四行可知，统一了中国和美国的投入产出表式之后，国民收入口径下的中美贸易顺差仍然比贸易总值和增加值口径分别缩小 60.0%和 20.2%，验证了结论的稳健性。

表 6.7　区分和不区分中国内外资企业下 2017 年中美贸易顺差（单位：亿美元）

不同口径	直接货物贸易	转口贸易	服务贸易	总贸易
国民收入口径（区分内外资）	1199	106	−150	1155
国民收入口径（不区分内外资）	1206	106	−150	1162
贸易总值口径（不区分内外资）	2758	235	−86	2907
增加值口径（不区分内外资）	1423	124	−91	1456

　　在生产全球化的背景下，以单国投入产出表核算双边贸易差额存在不足之处，例如，中国的进口中间投入品中蕴含了本国和美国的国内增加值（国民收入），这部分是单国投入产出表无法测算的。为了全面刻画中间品贸易对一国增加值和国民收入的影响，需要从全球的视角出发，借助世界投入产出表对国际贸易进行分析。Koopman 等（2014）和王直等（2015）提出的贸易增加值分解是对全球价值链研究的一项重要贡献，葛明等（2016）进一步将该分解方法拓展到双边贸易分析中。

为了检验前文单国投入产出表测算结果及结论的稳健性，本章依据世界投入产出数据库（WIOD）中公布的 2012 年世界投入产出表，根据 Koopman 等（2014）和王直等（2015）的方法，重新核算三种口径下的中美贸易差额。由于 WIOD 最新版数据的时间跨度仅为 2000~2014 年，为了与单表可以比较，我们采用 2012 年的世界投入产出表中的中国相关部分，与我们编制的 2012 年反映加工贸易和外资企业生产的非竞争型投入产出表（编制方法见第四章），增加值中中国国民收入、美国国民收入和其他国家国民收入编制方法见上一节。其中，2012 年的世界投入产出表的增加值中中国国民收入、美国国民收入和其他国家国民收入按照中国 2012 年反映加工贸易和外资企业生产的非竞争型投入产出表中相关指标进行比例拆分。结果见表 6.8，以世界表核算，2012 年国民收入口径下中美贸易顺差约为 1340 亿美元，比贸易总值和增加值口径分别缩小 38.3% 和 16.9%，仍然说明贸易总值和增加值核算方法会夸大中美贸易失衡。

表 6.8　以世界表和单国表计算 2012 年中美贸易顺差（单位：亿美元）

数据来源表	不同口径	中国对美国出口 （1）	美国对中国出口 （2）	中美贸易顺差 （1）－（2）
世界表	国民收入口径	2189	848	1340
	贸易总值口径	3152	981	2171
	增加值口径	2487	876	1612
单国表	国民收入口径	2262	1234	1028
	贸易总值口径	4063	1456	2607
	增加值口径	2580	1265	1315

注：WIOD 的世界投入产出表的中美数据与中、美单国投入产出表中的中间投入数据、贸易数据和增加值数据均不一致，主要原因是世界投入产出表在编制过程中对各国相关数据进行了调整，具体参考 Dietzenbacher 等（2013）的介绍；表中数据之差可能因数位保留而略有不一致

第四节　本章小结

为了客观揭示中美双边贸易利益分配，本章在修正贸易统计差异的基础上，提出基于国民收入视角核算中美贸易差额。测算结果显示，由于中国出口生产对外国生产要素，尤其是外国资本的依赖程度强于美国，2017 年基于国民收入视角核算的中美贸易顺差约为 1199 亿美元，比贸易总值和贸易增加值口径计算的顺差分别缩小 56.5% 和 15.7%，表明传统贸易差额核算方法会不同程度地夸大中美贸易失衡；按贸易类型看，国民收入口径下中美货物贸易顺差缩小，服务贸易逆差

扩大；按行业看，中美贸易顺差主要来自低端制造业等，逆差主要来自大宗商品和高技术行业，体现了中美贸易具有较强的互补性。

对比一单位出口所拉动的本国国民收入可知，中国对美出口的本国国民收入率远低于美国对华出口；中美服务贸易的本国国民收入率明显高于直接货物贸易和经香港转口贸易。通过行业层面的对比分析，可以得到以下结论：①中国内资和外资企业的本国国民收入率存在明显差异，因此在本章基于国民收入视角的研究中，考虑中国内资和外资企业的异质性十分必要；②大多数行业表现为美国的外国国民收入率低于中国，服务行业尤为明显，因此国民收入视角下中美服务贸易逆差有所扩大；③出口结构是影响单位出口国民收入拉动效应的重要因素，中美两国在双边贸易中应积极发挥优势行业对国民收入的拉动作用。

本章对贸易和全球价值链等的研究具有借鉴意义。相比于贸易总值和增加值，贸易拉动的国民收入能够反映各经济体在参与全球化生产分工中获得的实际可支配收益。通过编制考虑生产要素国别属性的世界投入产出表，可以将价值链的研究延伸到"收入链"的层面，为研究国际分工利益格局提供一个新的视角。

第七章　全球价值链贸易核算框架及应用

20 世纪 80 年代以来，随着信息通信技术的发展，跨国的复杂生产协作成为可能；劳动力成本的差异带来了新的利润动力（Baldwin，2012）。同时，全球范围内关税水平的显著下降，国际贸易和投资环境不断改善，致使资本和其他生产要素在全球范围内的流动进一步加剧。二者共同促成了基于国际垂直化分工的全球生产链革命，表现为工业制成品的生产工序不断细化，同一产品不同生产工序分布在不同国家成为常态，生产链条逐渐拉长，中间品贸易飞速发展，成为国际贸易的主流。在这一新的全球化形势下，中间产品跨越多个国界的现象越来越普遍，很多产品的价值来源实际上涉及很多国家或地区，而不是传统贸易统计下，仅由最终出口该产品的国家或地区所有。贸易经济学家和政策制定者已经达成这样一个共识：以贸易总值为基础的官方贸易统计存在着严重不足，已不能反映当前以全球价值链为基础的国际贸易的实际情况。同时，各类官方国际统计机构也充分认识到建立以增加值为基础的新贸易统计法则的重大意义，即需采用新的方法对全球生产分块化背景下的国际贸易流动进行衡量。WTO 总干事帕斯卡尔·拉米于 2011 年 6 月 11 日在日内瓦会议上建议：应以进出口贸易中的各国国内增加值变化作为对外贸易统计的标准。WTO 和 OECD 于 2012 年 3 月 15 日启动了"增加值贸易核算"的联合研究项目（Ahmad，2013）。2014 年开始，APEC 也启动了以中美牵头的全球价值链与贸易增加值的研究项目，并在 2019 年开发了 APEC 贸易增加值数据库。欧盟和 UNCTAD 等多个国际组织，也先后开展了增加值贸易统计研究。这一系列工作推动了增加值贸易统计的主流化，成为国际官方统计体系的一个永久组成部分。目前，以增加值贸易为基础的全球价值链研究已成为热点问题。

早在 20 世纪 60 年代，Balassa（1965）就指出，"一类商品的连续生产过程被分割成一条垂直的贸易链，由每个国家根据其比较优势对生产过程中的各阶段分别将其附加值化"，他把这样的全球化分工现象定义为垂直专业化（vertical specialization）。Hummels 等（2001）提出了系统测度垂直专业化的量化指标，即一国出口品中所包含的进口品价值（基于后向产业关联的垂直专业化，VS），或者一国生产的出口品中，被其他国家作为中间投入用于出口的部分（基于前向产业关联的垂直专业化，VS1）。刘遵义等（2007b）提出，用出口品中所包含的国内增加值来衡量一国参与全球价值链的经济收益，并证明 VS 和出口中的国内增加值之和等于出口总值，即出口总价值由国内价值（即国内增加值）和国外价值（即 VS）组成。特别地，刘遵义等（2007b）根据中国对外贸易中加工贸易占比很高的特殊性，构建了反映加工贸易的非竞争型投入产出模型，对中美贸易差额重新进行估计。Koopman 等（2014）将中国海关贸易数据与投入产出表相结合，利用二次规划法得到区分加工出口和非加工出口生产的中国非竞争型投入产出模型，从而使得反映加工贸易的非竞争型投入产出模型中技术参数的估计规范化，提供了利用海关贸易数据与官方公布的投入产出表即可计算贸易增加值的方法。他们发现，是否考虑加工贸易的特殊性对 VS 和出口中的国内增加值的经验测度有着极大的影响，简单应用 Hummels 等（2001）的方法，不仅会对有大量加工出口的发展中国家的 VS 水平严重低估，而且时常会错估 VS 随时间变动的趋势。Ma 等（2015）将微观层面的工业企业调查数据与海关进出口贸易数据进行匹配，利用 Koopman 等（2014）的方法，将微观企业数据与宏观投入产出数据相结合，通过进一步区分贸易方式和出口企业所有制，计算了中国出口的国内增加值和国民收入。

单国模型只能刻画一国进口品的使用与出口品的生产情况，在研究全球贸易价值链时存在诸多不足，如不能厘清进口品价值的来源和出口品价值的最终去向，更不能反映出口增加值隐含于进口品中返回本国的现象。越来越多的贸易经济学家开始使用多国或国际模型研究全球价值链，Johnson 和 Noguera（2012）利用全球贸易分析项目（Global Trade Analysis Project）数据，提出增加值出口（value added exports，VAX，即国内增加值最终被外国吸收的部分）的概念与度量方法，对各国增加值贸易进行了实证分析。Timmer 等（2014）基于全球投入产出数据库（WIOD），对全球价值链进行了切片化的研究，通过将隐含在最终产品中的增加值进一步分解为劳动报酬与资本收入，指出资本和高技术劳动力在全球价值链中的比例持续上升，并认为中国出口对资本和低技术劳动力的严重依赖，是中国相对于发达国家处于全球价值链低端的主要原因。李昕和徐滇庆（2013）从全球生产链角度，测算了中国与贸易伙伴之间的增加值贸易，据此重新估算了中国的外贸依存度和贸易差额，指出在扣除加工贸易的重复计算和剔除产权属于外资的出口之后，中国的外贸依存度并不高，也不存在严重的外贸失衡问题。罗长远和张军（2014）运用增加值贸易框架，对中国的出口进行动态考察，从产业内效应和产业间效应角度，对中国出口增加值变化的动因进行实证分析。Mattoo 等（2013）主编的《增加值贸易：跨境贸易的新测度研究》论文集，收录了学术界和许多国际机构（如 WTO、OECD、IMF 和世界银行）关于全球价值链和增加值贸易的部分研究成果。之后，不少学者对这一分解方法提出了更新和改进（Nagengast and Stehrer，2016；Johnson，2018；Borin and Mancini，2019；Arto et al.，2019；Miroudot and Ye，2020）。

　　Koopman 等（2014）提出了一国总出口的分解法，将出口分解为具有不同经济含义的四部分——被外国吸收的增加值，返回国内的增加值，国外增加值，纯重复计算的中间贸易品部分；并进一步根据出口品价值最终去向，将其细分至九个部分。但 Koopman 等的方法只能分解一国总出口，不能反映不同出口品在进行各种增加值和重复计算分解时的异质性。王直等（2015）扩展了 Koopman 等的分解法，提出对多个层面（包括国家/部门层面、双边层面，双边/部门层面）的总贸易流量的分解法，建立了从官方贸易总值统计到贸易增加值统计（即以增加值为标准的国民经济核算统计体系）的一套完整核算法则。对王直等提出的总贸易流分解框架的基本原理进行诠释，并利用 WIOD（Timmer et al.，2015）对各国总贸易流、部门贸易流、双边贸易流和双边部门贸易流进行分解，得到不同层面贸易品的价值来源与最终吸收地。根据这一分解结果，我们就垂直专业化、增加值出口和显性比较优势指数，进行了相关扩展研究。

第一节　总贸易核算框架

　　近来众多文献中估计贸易增加值的测度方法，都来源于里昂惕夫 1936 年提出的经典方程[如上述 Hummels 等（2001）、Johnson 和 Noguera（2012）以及 Timmer 等（2014）的研究]。该方法以棋盘式的矩阵表格反映不同国家、不同部门之间的投入产出结构关系，以及每个国家/部门生产单位产出所需要的中间投入品的数量和种类，由此可对最终产品生产过程中每一阶段的产出进行追溯。当生产给定的最终产品所需的总产出已知时，其增加值就可以简单地用直接增加值率乘以所需的总产出得到。

　　里昂惕夫方法的基本原理是：当生产 1 美元出口时，国内投入的生产要素（劳动力和资本）创造了第一轮的增加值，称为出口的直接国内增加值；生产这 1 美元出口，还需要使用一定的国内中间投入品，生产这些中间投入品的过程中所投入的生产要素创造第二轮本国增加值，即出口的间接国内增加值；而中间投入品的生产又需要使用其他中间投入品。这一过程不断继续，可以追溯到整个经济系统的各个生产阶段。因此，1 美元出口所创造的国内增加值总额，等于这 1 美元出口的国内生产中所创造的直接增加值和所有间接增加值之和。

如果只计算隐含于一国总出口中的国内增加值，使用基本的里昂惕夫方法已经足够了。但是对于许多经济和政策的应用研究来说，通常需要度量各种不同层面出口中的国内增加值与其他部分的价值及其结构。在这种情况下，基本的里昂惕夫方法就不够了，因为它只能分解最终品以得到其国内和国外增加值构成，不能提供一种可以将不同国家之间的中间产品贸易分解为各种增加值的方法。20世纪60年代之前，中间品贸易在全球贸易中只占很小的份额，总贸易的分解和核算可以使用基本的里昂惕夫方法。但是近年来中间品贸易的比重已达世界总贸易的2/3。将中间品贸易分解为被不同国家和部门最终吸收的各种增加值，已成为构建完整的总贸易增加值核算法的关键所在。

中间品贸易流的分解不能通过简单地套用里昂惕夫方法来实现。因为它作为国家间投入产出（inter-country input-output，ICIO）模型中的内生变量，需要首先根据给定的最终需求水平从模型中解出。在王直等（2015）的文章中，提出了一种解决这个问题的方法——将所有的各层面中间品贸易流，根据其产地和被最终吸收的目的地进行分解，形成被不同国家的不同部门最终产品生产所吸收的各个部分。这一关键分解技术成功地将总产出及总出口（在标准ICIO模型通常为内生变量）转化为总贸易核算法中的外生变量（最终需求），从而实现了对双边中间品贸易流量的彻底分解。

以三个国家为例，解释分解双边中间贸易品流量的基本思路。表7.1为三国（S、R、T）间的投入产出模型。

表7.1　三国投入产出模型的表式

投入		产出						总产出
		中间使用			最终使用			
		S国	R国	T国	S国	R国	T国	
中间投入	S国	Z^{ss}	Z^{sr}	Z^{st}	Y^{ss}	Y^{sr}	Y^{st}	X^{s}
	R国	Z^{rs}	Z^{rr}	Z^{rt}	Y^{rs}	Y^{rr}	Y^{rt}	X^{r}
	T国	Z^{ts}	Z^{tr}	Z^{tt}	Y^{ts}	Y^{tr}	Y^{tt}	X^{t}
增加值		Va^{s}	Va^{r}	Va^{t}				
总投入		$(X^{s})'$	$(X^{r})'$	$(X^{t})'$				

注：上标s、r和t分别代表S国、R国和T国。Z^{sr}和Y^{sr}分别代表S国产品被R国用作中间投入品和最终使用品的部分，Va^{s}和X^{s}分别表示S国的增加值和产出，余类推。上标'为转置。假设各国部门统一为n个，那么表7.1中Z为$n\times n$的矩阵，X和Y为$n\times 1$的列向量，Va为$1\times n$的行向量

从使用方向看（行向），表7.1存在以下平衡式：

$$\begin{bmatrix} Z^{ss}+Z^{sr}+Z^{st} \\ Z^{rs}+Z^{rr}+Z^{rt} \\ Z^{ts}+Z^{tr}+Z^{tt} \end{bmatrix} + \begin{bmatrix} Y^{ss}+Y^{sr}+Y^{st} \\ Y^{rs}+Y^{rr}+Y^{rt} \\ Y^{ts}+Y^{tr}+Y^{tt} \end{bmatrix} = \begin{bmatrix} X^s \\ X^r \\ X^t \end{bmatrix} \quad (7.1)$$

定义投入系数 $A^{sr} \equiv Z^{sr}(\hat{X}^r)^{-1}$ 或 $A \equiv Z(\hat{X})^{-1}$，则有

$$\begin{bmatrix} A^{ss} & A^{sr} & A^{st} \\ A^{rs} & A^{rr} & A^{rt} \\ A^{ts} & A^{tr} & A^{tt} \end{bmatrix} \begin{bmatrix} X^s \\ X^r \\ X^t \end{bmatrix} + \begin{bmatrix} Y^{ss}+Y^{sr}+Y^{st} \\ Y^{rs}+Y^{rr}+Y^{rt} \\ Y^{ts}+Y^{tr}+Y^{tt} \end{bmatrix} = \begin{bmatrix} X^s \\ X^r \\ X^t \end{bmatrix} \quad (7.2)$$

调整可得最终需求所拉动的总产出公式，即经典的里昂惕夫公式：

$$\begin{bmatrix} X^s \\ X^r \\ X^t \end{bmatrix} = \begin{bmatrix} B^{ss} & B^{sr} & B^{st} \\ B^{rs} & B^{rr} & B^{rt} \\ B^{ts} & B^{tr} & B^{tt} \end{bmatrix} \begin{bmatrix} Y^{ss}+Y^{sr}+Y^{st} \\ Y^{rs}+Y^{rr}+Y^{rt} \\ Y^{ts}+Y^{tr}+Y^{tt} \end{bmatrix} \quad (7.3)$$

其中，$\begin{bmatrix} B^{ss} & B^{sr} & B^{st} \\ B^{rs} & B^{rr} & B^{rt} \\ B^{ts} & B^{tr} & B^{tt} \end{bmatrix} = \begin{bmatrix} I-A^{ss} & -A^{sr} & -A^{st} \\ -A^{rs} & I-A^{rr} & -A^{rt} \\ -A^{ts} & -A^{tr} & I-A^{tt} \end{bmatrix}^{-1}$ 为经典的里昂惕夫逆矩阵。

将式（7.3）的右端展开，可以将 R 国总产出 X^r 分解为不同最终品所拉动的产出：

$$X^r = B^{rs}Y^{ss}+B^{rs}Y^{sr}+B^{rs}Y^{st}+B^{rr}Y^{rs}+B^{rr}Y^{rr}+B^{rr}Y^{rt}+B^{rt}Y^{ts}+B^{rt}Y^{tr}+B^{rt}Y^{tt} \quad (7.4)$$

因此，S 国向 R 国的中间出口可以分解为以下九部分：

$$\begin{aligned} Z^{sr} &= A^{sr}X^r \\ &= A^{sr}B^{rs}Y^{ss}+A^{sr}B^{rs}Y^{sr}+A^{sr}B^{rs}Y^{st}+A^{sr}B^{rr}Y^{rs}+A^{sr}B^{rr}Y^{rr} \\ &\quad +A^{sr}B^{rr}Y^{rt}+A^{sr}B^{rt}Y^{ts}+A^{sr}B^{rt}Y^{tr}+A^{sr}B^{rt}Y^{tt} \end{aligned} \quad (7.5)$$

上述等式右端为按照这一中间出口的最终吸收地及吸收渠道完全分解后的九个部分。

基于中间出口的分解，我们可以将总出口完全分解为不同来源增加值和最终吸收地的不同部分。首先定义增加值系数 $V^s \equiv \mathrm{Va}^s(X^s)^{-1}$，$V^r$ 和 V^t 类似，完全增加值系数为

$$VB = \begin{bmatrix} V^s & V^r & V^t \end{bmatrix} \begin{bmatrix} B^{ss} & B^{sr} & B^{st} \\ B^{rs} & B^{rr} & B^{rt} \\ B^{ts} & B^{tr} & B^{tt} \end{bmatrix} = \begin{bmatrix} V^s B^{ss} + V^r B^{rs} + V^t B^{ts} \\ V^s B^{sr} + V^r B^{rr} + V^t B^{tr} \\ V^s B^{st} + V^r B^{rt} + V^t B^{tt} \end{bmatrix} \qquad (7.6)$$

式（7.6）的结果向量中，每一个元素都等于 1，即任一单位的最终品产出都可以被完整地分解为所有国家和所有部门的增加值，这也是按价值来源方向并根据产业间后向联系分解最终品的方法。对于 S 国来说，则有

$$V^s B^{ss} + V^r B^{rs} + V^t B^{ts} = u \qquad u = (1,1,\cdots,1) \qquad (7.7)$$

以 E^{sr} 表示 S 国向 R 国的出口，包括最终出口和中间出口两部分，$E^{sr} = A^{sr} X^r + Y^{sr}$。S 国的总出口可以表示为：$E^s = E^{sr} + E^{st} = A^{sr} X^r + A^{st} X^t + Y^{sr} + Y^{st}$。R 国和 T 国的总出口 E^r 和 E^t 也可类似表示。因此，式（7.2）可改写为

$$\begin{bmatrix} A^{ss} & 0 & 0 \\ 0 & A^{rr} & 0 \\ 0 & 0 & A^{tt} \end{bmatrix} \begin{bmatrix} X^s \\ X^r \\ X^t \end{bmatrix} + \begin{bmatrix} Y^{ss} + E^s \\ Y^{rr} + E^r \\ Y^{tt} + E^t \end{bmatrix} = \begin{bmatrix} X^s \\ X^r \\ X^t \end{bmatrix} \qquad (7.8)$$

调整可得单国模型的里昂惕夫经典公式：

$$\begin{bmatrix} X^s \\ X^r \\ X^t \end{bmatrix} = \begin{bmatrix} L^{ss} Y^{ss} + L^{ss} E^s \\ L^{rr} Y^{rr} + L^{rr} E^r \\ L^{tt} Y^{tt} + L^{tt} E^t \end{bmatrix} \qquad (7.9)$$

其中，$L^{ss} = (I - A^{ss})^{-1}$ 表示 S 国的国内里昂惕夫逆矩阵（L^{rr} 和 L^{tt} 也类似）。根据式（7.9），S 国向 R 国的中间出口可以表示为

$$Z^{sr} = A^{sr} X^r = A^{sr} L^{rr} Y^{rr} + A^{sr} L^{rr} E^r \qquad (7.10)$$

结合式（7.5）、式（7.7）和式（7.10），S 国向 R 国出口 E^{sr} 可以分解为式（7.11）[1]：

$$E^{sr} = A^{sr} X^r + Y^{sr}$$

$$= \left(V^s B^{ss}\right)' \# Y^{sr} + \left(V^r B^{rs}\right)' \# Y^{sr} + \left(V^t B^{ts}\right)' \# Y^{sr}$$

$$\quad + \left(V^s B^{ss}\right)' \# (A^{sr} X^r) + \left(V^r B^{rs}\right)' \# (A^{sr} X^r) + \left(V^t B^{ts}\right)' \# (A^{sr} X^r)$$

$$= \left(V^s B^{ss}\right)' \# Y^{sr} + \left(V^s L^{ss}\right)' \# \left(A^{sr} B^{rr} Y^{rr}\right) + \left(V^s L^{ss}\right)' \# \left(A^{sr} B^{rt} Y^{tt}\right)$$

---

① 式（7.11）中 "#" 表示分块矩阵点乘。

$$+\left(V^s L^{ss}\right)'\#\left(A^{sr}B^{rr}Y^{rt}\right)+\left(V^s L^{ss}\right)'\#\left(A^{sr}B^{rt}Y^{tr}\right)$$

$$+\left(V^s L^{ss}\right)'\#\left(A^{sr}B^{rr}Y^{rs}\right)+\left(V^s L^{ss}\right)'\#\left(A^{sr}B^{rt}Y^{ts}\right)+\left(V^s L^{ss}\right)'\#\left(A^{sr}B^{rs}Y^{ss}\right)$$

$$+\left(V^s L^{ss}\right)'\#\left[A^{sr}B^{rs}\left(Y^{sr}+Y^{st}\right)\right]+\left(V^s B^{ss}-V^s L^{ss}\right)'\#\left(A^{sr}X^r\right)$$

$$+\left(V^r B^{rs}\right)'\#Y^{sr}+\left(V^r B^{rs}\right)'\#\left(A^{sr}L^{rr}Y^{rr}\right)+\left(V^r B^{rs}\right)'\#\left(A^{sr}L^{rr}E^r\right)$$

$$+\left(V^t B^{ts}\right)'\#Y^{sr}+\left(V^t B^{ts}\right)'\#\left(A^{sr}L^{rr}Y^{rr}\right)+\left(V^t B^{ts}\right)'\#\left(A^{sr}L^{rr}E^r\right) \tag{7.11}$$

因此，在将中间贸易品流量完全分解的基础上，代入增加值系数，根据出口品的价值来源和最终吸收地，可以将双边总出口分解为 16 个增加值和重复计算部分。这 1~16 部分表示的经济含义如下。

第 1 部分为最终出口的国内增加值。第 2 部分为直接被进口国生产国内最终需求吸收的中间出口的国内增加值。第 3 部分为被进口国出口至第三国并被第三国生产国内最终需求吸收的中间出口的国内增加值。第 4 部分为被进口国生产最终出口至第三国被吸收的中间出口的国内增加值。第 5 部分为被进口国生产中间出口至第三国，并最终以进口返回第二国吸收的中间出口的国内增加值。这五部分之和为最终被国外吸收的国内增加值（简称 DVA）。

第 6 部分为被进口国生产最终出口返回国内，并被吸收的中间出口的国内增加值。第 7 部分为被进口国生产中间出口至第三国，以最终进口返回国内被吸收的中间出口国内增加值。第 8 部分为被进口国生产中间出口返回国内，用于生产国内最终需求所吸收的中间出口的国内增加值。这三部分之和为返回的国内增加值：国内增加值先被出口至国外，但隐含在本国的进口中返回国内，并最终在国内被消费（简称 RDV）。[1]

第 9 部分为隐含于进口中返回国内，被生产最终出口吸收的中间出口国内增加值（中间出口与最终出口价值的重复计算）。第 10 部分为隐含于进口中返回国内，被生产中间出口吸收的中间出口的国内增加值（中间出口与中间出口价值的重复计算）。这两部分是本国中间出口的国内价值重复计算部分（简称 DDC）。

第 11 部分为本国最终出口的进口国增加值。第 12 部分为被进口国直接生产国内最终需求吸收的进口国增加值。这两部分为隐含于本国出口的进口国增加值（MVA）。第 14 部分为隐含于本国最终出口的第三国增加值。第 15 部分为直接被进口国生产国内最终需求吸收的第三国增加值。这两部分为隐含于本国出口中的第三国增加值（OVA）；MVA 与 OVA 之和为用于生产本国出口的国外增加值

---

[1] 虽然这部分增加值（RDV）不构成一国的增加值出口，但却是出口国 GDP 隐含于出口中的一部分。

（FVA）。

第 13 部分为本国中间出口的进口国价值重复计算部分。第 16 部分为本国中间出口的第三国价值重复计算部分。第 13 部分和第 16 部分之和为本国中间出口的外国价值重复计算部分（FDC），DDC 和 FDC 之和为中间品贸易的纯重复计算部分（PDC）。PDC 是由中间品贸易多次往返跨越国界引起的，类似于用一种中间投入品生产另一种中间投入品的国内产业间交易，这些中间品贸易交易值不构成任何国家的 GDP 或最终需求。由于所有的跨国贸易交易都会被各国海关当局记录，因此这一部分重复计算包含于总贸易统计中。国内中间投入品贸易则不同，在通过行业统计来核算 GDP 时，所有中间投入品的价值都必须从总产出中扣除，以避免重复计算。

式（7.11）展示了一个双边部门层面贸易流的分解框架。可以看出，与一国总出口的分解不同，细分层面的贸易流的分解，不仅需要基于产业部门后向联系得到出口品的价值来源，还需要产业部门后向联系追踪出口品的最终吸收地和吸收路径。在上述 Koopman 等于 2014 年提出的分解公式中[①]，一国总出口的分解只需要基于产业部门后向联系拆分即可，因为一国贸易增加值总会隐含于本国总出口中。但是在细分层面并非如此，例如，双边贸易增加值并不一定隐含于同一双边贸易流中，也可以隐含于与第三国的双边贸易流中，这一点需要特别引起注意。

归纳起来，总出口具体各分解部分的关系可见图 7.1。

本章使用的数据以欧盟公布的 WIOD 为主，包含 40 个经济体和 35 个行业，时间跨度为 1995~2011 年。为了进一步考察 2011 年之后全球价值链的特征情况，我们增加使用了亚洲开发银行公布的多区域投入产出（Asian Development Bank, Multi-Regional Input Output, ADB-MRIO）数据库，其包含 WIOD 中的 40 个经济体和亚洲其他 12 个经济体，与 WIOD 行业分类完全一致（35 个行业），时间跨度为 2000 年和 2007~2021 年。WIOD 作为最早免费公布、被学者使用最多、可靠性最好的数据库，是一般研究使用首要考虑的数据库，且这一数据库包含了亚洲金融危机、互联网泡沫、中国加入 WTO、快速全球化、2008 年国际金融危机和危机后恢复期等全球价值链发展的重要时期。ADB-MRIO 数据库是基于 WIOD 数据库的扩展数据库，即时性较好，但是数据质量方面不如 WIOD。在下一节结果分析中，我们对来源于 WIOD 数据库的指标结果没有做任何改动，但是对来源于 ADB-MRIO 数据库的指标结果进行了一致性处理，使其与基于 WIOD 数据库的测算指标结果具有可比性。请阅读时注意，特此说明。

---

① 见 Koopman 等（2014）文中式（36）。

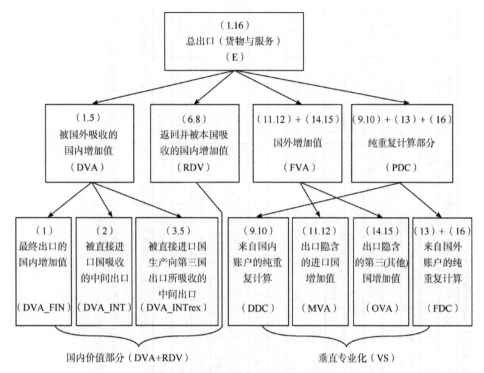

图 7.1 总贸易核算法的基本概念框架

资料来源：根据 Wang 等（2013）一文图 1 简化

注：E 适用于任何层级的总贸易统计数据，包括国家/部门层面、国家汇总层面、双边/部门层面或双边汇总层面；

DVA 和 RDV 是基于产业部门间的后向联系计算的

第二节 部门层面双边贸易流的分解

本节以 WIOD 中的中日电气和光学设备产品双边贸易数据为例，对总贸易核算法的原理进行具体说明。以贸易总值衡量，中日电气和光学设备的双边贸易规模增长异常迅速，从 1995 年的 126.5 亿美元扩大到 2011 年的 1233.2 亿美元，增幅为 874.9%。但是 2011~2021 年中日电气和光学设备的双边贸易规模增长放缓，到 2021 年双边贸易规模为 1572 亿美元，十年间仅增加了 27.5%。如表 7.2 列（1）所示，1995 年以贸易总值度量的中日电气和光学设备双边贸易极不平衡，中国向日本出口了 36.7 亿美元，而日本向中国的出口为 89.8 亿美元，相差超过 1 倍。如果将总出口拆分为最终品出口和中间品出口两类［表 7.2 的列（2a）和列（2b）］，可以看到中国的出口大部分为最终品，2021 年占比为 81.1%；而日本的出口则以中间品为主，2021 年占比为 79.6%。

表 7.2　中日电气和光学设备的双边贸易分解

年份		TEXP (1)	TEXPF (2a)	TEXPI (2b)	DVA (3)	DVA_FIN (3a)	DVA_INT (3b)	DVA_INTrex (3c)	RDV (4)	MVA (5)	OVA (6)	PDC (7)	VAX_F (8)	VAX_B (9)
							中国向日本出口							
1995	价值/亿美元	36.7	21.8	14.9	28.3	16.9	8.0	3.4	0.2	1.9	5.2	1.1	13.0	27.8
	占比	100.0%	59.4%	40.6%	77.2%	46.3%	21.7%	9.2%	0.6%	5.1%	14.2%	2.9%	35.4%	75.7%
2011	价值/亿美元	584.4	419.8	164.6	398.3	98.4	66.3	33.6	12.6	17.5	131.3	24.7	158.2	399.7
	占比	100%	71.8%	28.2%	68.1%	51.1%	11.3%	5.7%	2.2%	3%	22.5%	4.2%	27.1%	68.4%
2021	价值/亿美元	724.1	587	137.1	507	435	59.0	13.0	3.6	31.4	157.4	24.7	234.2	527.9
	占比	100%	81.1%	18.9%	70.1%	60.2%	8.1%	1.8%	0.5%	4.3%	21.7%	3.4%	32.3%	72.9%
							日本向中国出口							
1995	价值/亿美元	89.8	31.6	58.2	81.7	29.5	39.3	12.9	1.9	0.3	4.6	1.3	47.3	77.7
	占比	100.0%	35.1%	64.9%	91%	32.8%	43.8%	14.4%	2.1%	0.3%	5.1%	1.5%	52.7%	86.5%
2011	价值/亿美元	648.8	178	470.8	530.3	149.45	244.8	136	11.9	16	58.9	31.7	242.3	447.3
	占比	100%	27.4%	72.6%	81.7%	23%	37.7%	21%	1.8%	2.5%	9.1%	4.9%	37.3%	68.9%
2021	价值/亿美元	847.9	172.8	675.1	641	143.5	298.1	199.4	79.2	11.2	68.9	47.6	296.1	579.0
	占比	100%	20.4%	79.6%	75.7%	17%	35.2%	23.5%	9.3%	1.3%	8.1%	5.6%	34.9%	68.3%

资料来源：作者基于 WIOD 数据库[1]和 ADB-MRIO 数据库[2]数据测算得到。其中，1995 年和 2011 年数据结果基于 WIOD 数据库，2021 年数据结果基于 ADB-MRIO 数据库

注：TEXP 为出口总值；TEXPF 和 TEXPI 分别为最终出口总值和中间出口总值。_FIN 表示最终产品，_INT 表示中间品，_INTrex 表示被第三国吸收的中间品。MVA 为进口国增加值，即 MVA_FIN 与 MVA_INT 之和；OVA 为其他国增加值，即 OVA_FIN 与 OVA_INT 之和。列（1）＝（2a）＋（2b）＝（3）＋（4）＋（5）＋（6）＋（7）；列（3）＝（3a）＋（3b）＋（3c）

① https://www.rug.nl/ggdc/valuechain/wiod。

② https://mrio.adbx.online。

表 7.2 列（3）至列（7）给出了选定年份的双边贸易总值的分解结果。更确切地说，双边贸易总值列（1）=（3）+（4）+（5）+（6）+（7）。其中，列（3）为 DVA，表示出口国的国内增加值最终被其他国家所吸收的部分，既包括直接进口国的吸收，又包括其他国家的吸收；列（4）为 RDV，表示最初出口但最终回到国内并被本国吸收的国内增加值；列（5）为 MVA，是 FVA 中来自直接进口国的部分；列（6）为 OVA，是 FVA 中来自第三国的部分；最后，列（7）是纯重复计算部分。其中，列（3）=（3a）+（3b）+（3c）。也就是说，DVA 部分可以进一步根据被吸收的渠道分解为：最终出口品的 DVA_FIN；被直接进口国吸收的中间出口品的 DVA_INT；以及被直接进口国再出口，并最终被第三国吸收的中间出口品的 DVA_INTrex。

分解结果显示，中国和日本的出口增加值结构差异极大。第一，出口总额中日本的 DVA 比例（2021 年为 75.7%）比中国（2021 年约为 70.1%）高。第二，中国电气和光学设备出口的 DVA 中，比例最高的细项为最终出口品的国内增加值（DVA_FIN），2021 年达到总出口的 60.2%，中间出口品的国内增加值中，被直接吸收和再次用于出口的比例都很低，分别为 8.1% 和 1.8%；日本出口的 DVA 中，DVA_INT 比例最高（2021 年为 35.2%），DVA_FIN 和 DVA_INTrex 比例稍低（2021 年分别为 17% 和 23.5%）。第三，中国出口的 FVA 比例（MVA+OVA）超过日本，其中中国出口中的 OVA 份额尤其突出。换句话说，日本的出口绝大部分依靠自身的增加值，国外增加值比例很低（2021 年只有 1.3% 来自中国，8.1% 来自其他国家）。而中国的出口产品中则隐含着大量的国外增加值，尤其是来自第三国的增加值（有 4.3% 来自日本，21.7% 来自其他国家）。

从增加值角度衡量，2021 年中国出口中隐含的国内增加值（DVA）为 507 亿美元，隐含的进口国（日本）增加值（MVA）为 31.4 亿美元；日本出口中隐含的国内增加值为 641 亿美元，隐含的中国增加值为 11.2 亿美元；双边贸易增加值的差额为 229.9 亿美元，较以出口总值计算的中日电气和光学设备双边贸易差额（123.8 亿美元）增加了 85.7%。从增加值的细项来看，中国主要在最终出口品中隐含的国内增加值（DVA_FIN）顺差大，为 291.5 亿美元，而日本在被直接吸收和再次用于出口的中间出口品国内增加值（DVA_INT 和 DVA_INTrex）顺差都很大，分别为 239.1 亿美元和 186.4 亿美元。总的看来，由于增加值组成结构方面的差异，以增加值计算的中日电气和光学设备贸易逆差，比用贸易总值计算的贸易逆差要大得多。

出口中增加值结构的不同，反映了中日两国在电气和光学设备全球生产链中所占位置的不同。日本主要从事产品设计和出口零部件生产，在全球价值链中处于上游位置。相反，中国更多从事于加工组装生产，出口增加值中大部分为最终品的国内增加值，处于价值链的下游。另外，中国对日本出口中的 FVA 主要隐含在最终产品上，而日本出口中的 FVA 主要隐含在中间产品中，这从另一侧面反映了中日两国在全球生产链中的位置差异。特别地，把 DVA 进一步细分为（3a）、（3b）和（3c）的结果，也揭示了中日贸易中两国增加值出口之间的差异。中国出口的增加值以隐含于最终产品中的 DVA 为主，而日本的出口增加值则是以隐含于被中国和其他国家吸收的中间品中的 DVA 为主。

第三节　垂直专业化结构的动态剖析

垂直专业化（VS）即一国总出口中的国外价值，是一个被广泛应用于经济学文献，以衡量跨国生产分工的综合性统计指标 [如哈默斯、波尔·安特拉斯（Pol Antràs）]。然而，正如在第二节总贸易流量分解图中所指出的，垂直专业化中包括了不同的组成部分，每一部分有着不同的经济含义，代表着不同的跨国生产分工类型。例如，最终产品出口的国外增加值（FVA_FIN）比例很高，可能意味着，出口国主要利用进口零部件从事最终产品组装的生产活动，只是参与全球价值链中低端的跨国生产分工。一国中间出口品的国外增加值（FVA_INT）比例上升，特别是当越来越多的这些中间贸易品被出口到第三国并用于最终产品生产，可能意味着该国正在进行产业升级，从全球价值链的低端向中间环节爬升。

一国出口中的纯重复计算部分（PDC），只有当存在多国间来回往复的中间品贸易时才出现。纯重复计算部分在 VS 中比例的上升表明跨国生产分工的深化。换言之，中间贸易品在被用于最终产品生产之前，跨越国境的次数在不断增多。因此，了解一国总 VS 中这些组成部分的结构及其变化态势，可以帮助我们识别和度量跨国生产分工的类型与深度，以及发现随着时间推移，一国垂直专业化分工程度增长的主要驱动因素。

如表 7.3 所示，所有国家（世界）制造业产品的生产所使用的制造业和服务业的国外价值（VS）比例，在 1995~2021 年总体上升了 10.1 个百分点（如表 7.3 第 3 列所示，从 1995 年的 22.9%上升到 2021 年的 33.0%）。有趣的是，表 7.3 中最后三列所示的 VS 结构信息表明，VS 比例的增加主要来自 PDC 比例的上升。这表明随着时间的推移，国际生产链变得越来越长：一国中间出口品被进口国用于生产下一阶段的中间产品，并出口到另外的国家，即中间出口品被生产链中的下个环节用于另一种出口品的生产。这种日益增多的多次跨越国境的中间产品贸易，是导致 PDC 比例上升的主要原因。

表 7.3 全球制造业的平均垂直专业化的结构

年份	总出口/亿美元	VS在出口中的比例	在 VS 中的占比		
			FVA_FIN	FVA_INT	PDC
1995	40 202	22.9%	44.6%	34.2%	21.2%
2000	49 166	27.1%	44.7%	31.4%	23.9%
2005	78 506	30.7%	41.3%	31.7%	27.0%
2010	106 966	31.0%	40.7%	32.8%	26.5%
2015	120 776	31.7%	39.3%	32.2%	28.5%
2020	130 311	31.2%	38.3%	32.1%	29.4%
2021	164 353	33.0%	35.6%	32.6%	31.6%

资料来源：作者基于 WIOD 数据库和 ADB-MRIO 数据库数据测算得到。其中，1995~2010 年数据结果基于 WIOD 数据库，2015~2021 年数据结果基于 ADB-MRIO 数据库

注：垂直专业化（VS）等于最终出口品的国外增加值（FVA_FIN）、中间出口品的国外增加值（FVA_INT）和纯重复计算部分（PDC）之和

　　1995~2021 年，总 VS 中最终出口品的国外增加值（FVA_FIN）比例下降了约 9 个百分点（从 1995 年的 44.6%下降到 2021 年的 35.6%），中间出口品的国外增加值比例基本不变，因此全球制造业出口的 VS 比例上升主要是由 PDC 比例的增加拉动的（从 1995 年的 21.2%上升到 2021 年的 31.6%）。如果这种趋势继续下去，20 年之后，VS 中的 PDC 比例也许会上升到 FVA 比例的水平，成为跨国生产分工的一个重要特征。如果将 PDC 和 FVA_INT 比例相加，2021 年涉及中间品贸易的这两部分外国价值，大约占到全球制造业 VS 的 2/3。

　　不同国家和不同部门的 VS 结构存在着显著的异质性，在发达国家和发展中经济体之间，这种异质性更为突出。表 7.4 以电气和光学设备出口为例，计算中国、德国、墨西哥、日本和印度等 5 个经济体的 VS 结构。表 7.4 右侧为两个（德国和日本）工业化经济体。尽管它们的 VS 比例有明显差异，但是 VS 结构却非常相似——FVA_FIN 比例较低且不断下降；FVA_INT 比例相对稳定；PDC 比例迅速扩大。

表 7.4 电气和光学设备出口选定经济体的垂直专业化结构

年份	总出口/亿美元	VS 在出口中比例	在 VS 中的比例			总出口/亿美元	VS 在出口中比例	在 VS 中的比例		
			FVA _FIN	FVA _INT	PDC			FVA _FIN	FVA _INT	PDC
		中国					德国			
1995	340.3	22.2%	56.6%	27.3%	16.1%	797.8	18.9%	45.4%	30.9%	23.7%

续表

年份	总出口/亿美元	VS 在出口中比例	在 VS 中的比例			总出口/亿美元	VS 在出口中比例	在 VS 中的比例		
			FVA_FIN	FVA_INT	PDC			FVA_FIN	FVA_INT	PDC
	中国					德国				
2005	2969.4	26.2%	53.4%	23.6%	23.0%	1444.3	24.5%	43.3%	27.4%	29.3%
2010	6389.8	38.8%	50.6%	23.6%	25.7%	1780.2	26.6%	41.7%	27.5%	30.8%
2015	7354.1	30.7%	48.1%	25.8%	26.1%	1740.1	29.7%	40.1%	30.7%	29.2%
2020	8278.4	30.2%	48.1%	26.5%	25.5%	1989.3	30.4%	39.3%	32.0%	28.7%
	墨西哥					日本				
1995	173.9	54.3%	64.7%	26.3%	8.9%	1242.7	6.9%	43.0%	33.5%	23.6%
2005	549.8	55.1%	66.1%	23.1%	10.9%	1433.2	10.0%	41.6%	28.2%	30.2%
2010	678.9	58.7%	44.6%	38.5%	16.9%	1628.6	12.3%	34.1%	30.1%	35.7%
2015	847.6	59.6%	46.1%	38.7%	15.2%	1539.9	15.3%	33.1%	34.2%	32.8%
2020	1054.9	61.2%	47.8%	37.3%	15.0%	1602.8	16.4%	32.3%	36.7%	31.0%
	印度									
1995	12.6	10.9%	38.1%	40.2%	21.7%					
2005	59.6	17.8%	41.6%	32.2%	26.2%					
2010	239.9	20.2%	42.1%	30.1%	27.9%					
2015	287.1	19.1%	53.9%	23.9%	22.3%					
2020	344.2	19.5%	52.4%	25.2%	22.4%					

资料来源：作者基于 WIOD 数据库和 ADB-MRIO 数据库数据测算得到。其中，1995~2010 年数据结果基于 WIOD 数据库，2015 年和 2020 年数据结果基于 ADB-MRIO 数据库

注：表中 VS 只计算了来自制造业和服务业部门的国外价值，未包括农业和采掘业等资源性行业的价值

发展中国家，如中国、墨西哥和印度（见表 7.4 左侧）的 FVA_FIN 在 VS 中的比例，直到 2020 年仍然很高（50%左右）。但这三国在 VS 结构方面也存在有趣的差异。中国 1995~2020 年 VS 结构的变化，主要是 FVA_FIN 比例下降，PDC 比例增加，FVA_INT 比例保持相对稳定。这说明中国电气和光学设备部门出口被进口国用于出口生产的比例上升，中国逐步向价值链的上游移动。墨西哥的 VS 结构变化则表现为，FVA_INT 和 PDC 比例的快速扩张——两个比例在研究期分别上升了 11 个百分点和 6.1 个百分点，反映了墨西哥电气和光学设备部门的快速升级。而印度作为电气和光学设备国际生产网络中的后来者，其 VS 结构中 FVA_FIN 的比例却在不断上升（从 1995 年的 38.1%上升到 2020 年的 52.4%），FVA_INT 的比例持续下降（从 1995 年的 40.2%降到 2020 年的 25.2%），PDC 的

份额则保持相对稳定。这可能反映了印度如同 20 年前的中国一样，从进口替代向出口导向战略的转型发展，与该国从国际生产链的上游转移到下游位置的情况是一致的。基于 WIOD 数据的实证分析表明，要全面把握全球价值链的有关信息，仅仅计算 VS 总值是远远不够的，研究 VS 的结构，可以帮助我们更好地理解每个国家/部门在全球价值链中所处的位置及其发展变化。

第四节　前向和后向产业关联的增加值出口

在对全球生产分工量化研究的文献综述中，安特拉斯把约翰逊和诺格尔提出的 VAX 比值，称为"一个重要的并有吸引力的衡量全球生产中垂直专业化分工的反向测算指标"，为"这一领域的最新成就"（state of the art）。然而我们认为，VAX 比例的概念至少需要在两个重要方面加以改进。

首先，根据目前文献中对 VAX 比值的定义，VAX 包括了本部门增加值通过隐含于本国其他部门出口而间接出口的部分。例如，中国农业增加值的出口包含了大量隐含在纺织服装出口中的农业（棉花）增加值，远高于中国棉花出口总值。因此，VAX 比值在部门、双边或双边部门层面使用时，均存在明显的不足。在这些细分层面上，增加值出口不一定总是小于出口总值。VAX 比值不可能被定义于 0 和 1 之间。

其次，即使是重新定义后的 VAX 比值，仍然不能刻画全球生产链上跨国分工的一些重要特征。假设美国和中国出口的电子产品中增加值占比都是 50%，但对于中国而言，VAX 比值为 50% 的原因在于，中国出口品的一半价值是国外增加值；而美国所出口的电子产品中没有使用任何外国中间品，但其一半的出口增加值被用于其他国家的出口生产，并随美国从这些国家的进口返回美国并在美国被消费。在这种情况下，美国出口的 VAX 比值也只有 50%。中国和美国在全球价值链中处于完全不同的位置，但是两国的 VAX 比值却不能揭示这一重要的区别。

为了克服 VAX 的这一缺陷，给决策者提供贸易总值中增加值结构的详细信息，我们突破了里昂惕夫经典方法仅能估计增加值出口的局限，对官方贸易统计数据中的被国外吸收的国内增加值（DVA）及其结构进行分析，分别定义了三种增加值出口。

在三国模型中，基于产业部门前向联系计算的 S 国到 R 国增加值出口（VAX_F）的计算公式如下：

$$\text{VAX\_F}^{sr} = \hat{V}^s B^{ss} Y^{sr} + \hat{V}^s B^{sr} Y^{rr} + \hat{V}^s B^{st} Y^{tr} \tag{7.12}$$

其中，$\hat{V}^s$ 表示以 S 国增加值系数 V^s 为对角元的对角阵。

基于产业部门后向联系计算的 S 国到 R 国增加值出口（VAX_B）的计算公式如下：

$$\mathrm{VAX\_B}^{sr} = \left(V^s B^{ss}\right)' \# Y^{sr} + \left(V^s L^{ss}\right)' \# \left(A^{sr} B^{rr} Y^{rr}\right) + \left(V^s L^{ss}\right)' \# \left(A^{sr} B^{rt} Y^{tr}\right)$$
$$+ \left(V^s L^{ss}\right)' \# \left(A^{st} B^{tr} Y^{rr}\right) + \left(V^s L^{ss}\right)' \# \left(A^{st} B^{tt} Y^{tr}\right) \tag{7.13}$$

根据总出口分解公式，S 国到 R 国出口中隐含的被外国吸收的国内增加值（DVA）的计算公式如下：

$$\mathrm{DVA}^{sr} = \left(V^s B^{ss}\right)' \# Y^{sr} + \left(V^s L^{ss}\right)' \# \left(A^{sr} B^{rr} Y^{rr}\right) + \left(V^s L^{ss}\right)' \# \left(A^{sr} B^{rt} Y^{tt}\right)$$
$$+ \left(V^s L^{ss}\right)' \# \left(A^{sr} B^{rr} Y^{rt}\right) + \left(V^s L^{ss}\right)' \# \left(A^{sr} B^{rt} Y^{tr}\right) \tag{7.14}$$

式（7.14）是式（7.11）的前 5 项之和。对比式（7.13）和式（7.14），可以清楚地看到 VAX_B 与 DVA 的区别仅表现在两个公式的后 3 项上。即 DVA 不仅包括被 R 国吸收的 S 国生产的增加值，而且包括了被第三国吸收的 S 国生产的增加值；而 VAX_B 不仅包括隐含在 S 国对 R 国部门出口中被 R 国吸收的 S 国生产的增加值［式（7.13）和式（7.14）的前两项］，而且包括了隐含在 S 国对第三国（T）部门出口中，但最终被 R 国吸收的 S 国生产的增加值。因而在双边部门层面，由于存在经第三国的间接出口，无论是基于产业部门前向联系的增加值出口（VAX_F），或是基于产业部门后向联系的增加值出口（VAX_B），都会与双边部门层面上的总贸易流路径不同，并且与 DVA 互不相等。

对于三种 VAX 的主要分析结果可以归纳如下。

在三个或三个以上国家的模型中，被国外吸收的国内增加值（DVA）、基于产业部门前向联系的增加值出口（VAX_F）和基于产业部门后向联系的增加值出口（VAX_B），这三个指标在双边部门层面一般是互不相等的，只有在汇总到一国总出口时三者才完全相等。VAX_F 和 VAX_B 在汇总到双边总出口时是相等的，而 DVA 和 VAX_B 在汇总到一国部门总出口时是相等的。

在双边部门层面，DVA 总是小于或等于总出口，在任何分解层面上，DVA 与出口比例上限都为 1。一国部门层面的 VAX_B 总是小于或等于该国的部门总出口，在部门层面 VAX_B 与出口比例上限为 1。VAX_F 总是小于或等于部门层面的总增加值，VAX_F 与相应部门总增加值的比例上限为 1。

对于部门层面的直接增加值出口而言，VAX_F 与 VAX_B 的结果应一致。但在计算部门层面的间接增加值出口时，则需考虑由于产业部门关联方向不同所导致的差异。基于前向联系计算的间接增加值出口，为隐含于其他部门出口中的该部门增加值被国外吸收的部分，这与本部门出口并没有关系。基于后向联系计算的间接增加值出口，为隐含于本部门出口中的其他部门增加值被国外吸收的部分，这与其他部门出口并不一定有关系。

特别需要指出，约翰逊和诺格尔所定义的增加值出口与总出口的比例是不合理的，因为其分母（部门总出口）并不包括隐含于其他部门产品出口中的间接增加值出口。在实际贸易统计数据中，经常出现一些部门出口很少或者根本没有出口，但是由于这些部门的产品作为中间投入被用于其他部门的出口生产，致使这些部门存在大量的增加值出口。在这种情况下，约翰逊和诺格尔定义的 VAX 比值会变得非常大或无限大（不存在）。同样，在双边贸易层面，即使两国之间只有很少的贸易或根本没有贸易，也可以通过第三国间接进行大量的增加值贸易。因此，王直等（2015）定义的基于产业部门后向联系的增加值出口（VAX_B）与总出口比例，在双边部门层面的上限也不为 1，不能用作双边部门层面度量重复计算的反向综合统计指标。故而，只有出口中被外国吸收的国内增加值 （DVA）与总出口的比例，才能作为度量增加值出口的综合统计指标。另外，由于 VAX_F 是该部门所创造的总增加值的一部分，所以 VAX_F 与 GDP 的比例可以在部门层面定义，并总是小于 1。

下面以美国商业服务部门的出口为例，进一步说明 VAX_B 和 VAX_F 这两个概念在国家部门层面上的差异（表 7.5）。

表 7.5 美国商业服务部门增加值出口分解（WIOD 中第 30 部门）

年份	总出口/亿美元 (1)	后向联系比例（% of（1））				前向联系比例（% of（1））	
		DVA&VAX_B (2)	FVA (3)	RDV (4)	PDC (5)	VAX_F (6)	RDV_F[①] (7)
1995	42.6	92.1	2	4.9	1	221.1	17.6
2000	59.9	88.5	2.2	7.8	1.5	211.2	25.5
2005	84.5	89.1	2.4	6.9	1.5	186.4	18.6
2010	141.5	90.4	2.8	5.3	1.6	169.2	11.3
2015	162.3	91.2	2.5	4.9	1.4	259.7	16.5
2020	172.3	90.5	2.8	5.1	1.6	275.0	18.3
2021	176.7	90.4	2.9	5.1	1.7	281.2	18.1

资料来源：作者基于 WIOD 数据库和 ADB-MRIO 数据库数据测算得到。其中，1995~2010 年数据结果基于 WIOD 数据库，2015~2021 年数据结果基于 ADB-MRIO 数据库

从使用者的角度，VAX_B 指标（或 DVA，在一国部门层面两者相等）计算了隐含于美国商业服务出口中，并最终被国外吸收部分的美国所有部门的国内增

---

① RDV_F 是指基于产业部门前向联系的一国部门增加值出口后，返回并最终被国内吸收的部分。VAX_F 和 RDV_F 都是一国部门增加值参与国际分工的部分。

加值，这些部门作为上游部门通过生产美国商业服务出口的中间投入品，而间接出口本部门增加值。表 7.5 列（2）~列（5）给出了基于产业部门后向联系的美国商业服务出口的分解结果。美国商业服务出口的 DVA 占其总出口价值的 90%左右，其他部分包括 FVA、RDV 和 PDC 都很小。

从生产者的角度看，VAX_F 指标计算和分析了来自美国商业服务部门的增加值，通过本部门直接出口和通过美国其他部门间接出口的情况。例如，如果美国汽车出口使用了美国商业服务作为中间投入，这就形成美国商业服务业部门增加值的间接出口。如果一个部门中很多增加值是通过隐含于其他部门的出口而间接进行的，VAX_F 原则上可以超过这个部门的总出口价值，因为该部门增加值的间接出口并未包含在该部门的总出口中。正如表 7.5 列（6）中所示，美国其他部门的出口中常常隐含了大量商业服务部门的增加值，因此基于产业部门前向联系计算的美国商业服务部门的增加值出口，通常为该部门总出口的 170%~280%（相比之下，基于产业部门后向联系计算的增加值出口在总出口中的比例都在 0 和 1 之间）。

第五节　本　章　小　结

当前研究全球价值链的文献中广泛使用里昂惕夫经典方法，这一方法很难对占全球贸易 2/3 的中间贸易品进行完全分解。我们突破了应用里昂惕夫经典方法的局限，提出新的总贸易核算法则，对官方统计的贸易数据中增加值和重复计算部分进行了系统的定义和度量，并考察其结构和来源。新的总贸易核算法提供了一个简单而清晰的框架，将总出口完全分解为不同的增加值和重复计算组成部分，包括增加值出口、返回国内的增加值、国外增加值以及由中间品贸易引起的纯重复计算。通过这一分解框架，新的总贸易核算法在官方贸易统计（以总值计算）和国民经济核算（以增加值计算）之间建立了对应关系，并通过这一桥梁，使贸易的增加值核算法与现行国民经济核算体系在标准上取得一致，从而为经济学家和政策制定者提供了一个从官方贸易统计数据背后解析全球价值链信息的有力工具。

新的总贸易核算法不仅提供了在任意层面上对总贸易流量进行完整分解的明晰方法，而且提供了如何正确定义并度量跨国生产分工和重复计算综合统计指标的解析结果。它扩展了以往文献中的相关研究，并纠正了其中一些概念上的错误。更重要的是，这一方法超越了简单地应用里昂惕夫方法估计增加值出口的流行做法，能够全面揭示隐藏在官方贸易统计数据背后的跨国生产分工结构的有用信息。

　　应用总贸易核算法，我们对 WIOD 中 40 个国家/地区和 ADB-MRIO 数据库 62 个国家/地区 35 个行业从 1995 年到 2021 年所有的双边部门贸易流量进行了分解，由此建立了一个可以被其他研究者用于研究相关问题的巨大的时间序列面板数据集。还展示了如何利用新核算方法的分解结果，追踪哈默斯等提出的 VS 指标以及随着时间推移的 VS 结构变化；区分基于产业部门前向联系和后向联系方法计算的两种部门增加值出口及其不同的经济含义；利用前向联系的增加值出口和返回的国内增加值，更准确地定义一国部门出口的显性比较优势。

　　根据双边部门贸易流的分解结果，中日电气和光学设备出口中，中国单位出口的增加值率远低于日本，这与中国主要从事最终品组装（下游），而日本则更专注于中间品生产（上游）是直接相关的。与传统方法测算相比较，以增加值衡量的显性比较优势结果显示，中国高技术产品出口的竞争优势并不显著。因此，进一步消减中间产品的进口关税和增值税，通过市场竞争，强化中国中上游产业的竞争力，对于促进出口生产的进一步升级，加速中国从制造业大国向制造业强国的转变，具有重要意义。

第八章　基于贸易增加值的中国出口
比较优势分析

国际贸易研究中，广泛使用 Balassa（1965）提出的显性比较优势（revealed comparative advantage，RCA）指数来衡量一国在某种出口品生产上的竞争优势。RCA 指数是指某产品出口总额在该国总出口中的比例相对于全球该产品出口总值在全球总出口中所占比例的大小。这个指数目前主要应用于测度一个国家在某种产品的贸易上是否具有比较优势（屈小博等，2007），比较不同国家与行业的出口优势（Batra and Khan，2005）或者观测一个国家不同年度间贸易格局的变化（傅朝阳，2005）。

然而，随着全球价值链分工的日益演进，从海关统计的出口总额这一角度来衡量一国在国际贸易中的利益所得以及一国在该种产品出口上的竞争优势，引发了越来越多的质疑和诟病。在全球价值链分工形势下，各个经济体由专注于生产某种产品转向于产品价值链上的某个生产环节，由此导致某种产品的生产跨越多个国界的现象越来越普遍，很多产品的价值实际上被很多国家/地区分享，而不是仅由最终出口该产品的国家/地区占有。典型的一个例子是，中国出口一台苹果手机时，海关统计的出口额是整台手机的价格，但实际上中国获得的增加价值只有其中的 1.8%左右（Kraemer et al.，2011）。随着中国在产业链上下游竞争力的提升，2018 年 iPhone X 的生产中，来自中国境内的企业在整个制造成本中占比有所提升，由 2009 年的 3.6%（Xing and Detert，2010）上升至 2018 年的 24.3%（Xing，2019），但总体增加值率仍处于较低水平。由此可见，对于那些生产环节全球化的产品，从贸易总量的角度来衡量一国在该种产品出口上的比较优势，将存在严重的误导性。

事实上，已有大量学者（Dean et al.，2011；Chen et al.，2012；Johnson and Noguera，2012；Koopman et al.，2012；张杰等，2013）意识到当前以进出口贸易总值计算的国际贸易统计方法已经不能正确反映产品内国际分工中各国贸易的利益格局，并主张和推广利用"贸易增加值"来核算贸易所得。当传统的贸易额无法反映真正的贸易利益时，从贸易总额角度构造的传统 RCA 指数也将无法反映真实的比较优势。在这一背景下，Koopman 等（2014）提出了从贸易增加值角度测度一个国家或产业的出口竞争优势。

从贸易增加值这一视角测度中国的出口比较优势时，目前的研究忽略了中国加工出口比重很高这一特征。2007 年中国加工贸易出口占货物总出口的比重高达50%，近几年这一比重虽逐渐下降到 2021 年的 29.4%，但仍然保持在较高水平。加工出口企业与一般贸易企业在投入结构等方面存在较大的异质性，加工出口生产通常从国外进口大量原材料以及零部件，经过加工组装为成品后再出口到国外，相比非加工出口生产，加工出口生产与国内生产部门的联系较弱，产生的增加值较少（Chen et al., 2012；Koopman et al., 2012）。因此，在用贸易增加值测度 RCA 指数时，如果简单地将加工出口与一般出口同等对待，将会高估那些加工出口比重大的部门的比较优势。

目前，测度贸易增加值最常用的方法是基于非竞争型投入产出表计算，然而，可惜的是，与其他国家的投入产出表类似，中国官方公布的投入产出表没有对上面提到的不同生产方式在投入结构上的异质性进行区分。在很多国际贸易问题的研究中（如出口中隐含的国内增加值、垂直专门化的测度），这一缺陷会导致严重的核算偏差（Chen et al., 2012；Yang et al., 2015）。为了反映这一重要的异质性，Chen 等（2012）提出并编制了中国的反映加工贸易的非竞争型投入产出表，该表将中国国内生产区分为满足国内需求生产（D）、加工出口生产（P）和非加工出口生产及外商投资企业的其他生产（N，下文也称非加工出口）三种类型（简称DPN 投入产出表）。利用反映加工贸易的非竞争型投入产出表可以分别核算出加工贸易和非加工出口的增加值，进而可以测算出区分加工出口之后中国不同行业出口的比较优势。

第一节　全球价值链视角下显性比较优势的测度

传统 RCA 指数（简称 TRCA）是指一国总出口中某类商品所占份额相对于该商品在世界贸易总额中所占比例的大小。其公式为

$$\text{TRCA}_{ij} = \frac{E_{ij}}{E_i} \bigg/ \frac{E_{wj}}{E_w} \tag{8.1}$$

其中，E_{ij} 表示 i 国 j 类商品的出口额；E_i 表示 i 国所有商品的出口额；E_{wj} 表示 j 类商品的世界出口总额；E_w 表示所有商品的世界出口总额。当传统 RCA 指数大于 1，表示该国这一产业的出口具有比较优势，贸易竞争力强；当传统 RCA 指数小于 1，表示该国这一产业的出口竞争力相对较弱。

虽然有不少学者（魏浩等，2005；张鸿，2006）利用传统 RCA 指数对中国出口竞争力进行了实证分析，但是，需要注意的是，在全球价值链分工形势下，传统的 RCA 指数忽略了国际分工和国内产业关联。首先，随着国际分工的日益深入，中国在生产出口品时往往需要进口大量原材料、零部件等，如果出口产品中使用了较多的进口部件，那么出口额中将包含外国价值，即使传统 RCA 指数较高，也无法说明该国在生产该种产品时具有较高的竞争力。比如，中国出口的苹果手机中大部分价值属于国外，基于海关统计的出口额构造的传统 RCA 指数显然会高估中国苹果手机的比较优势。

其次，传统 RCA 指数忽略了国内产业关联。一个经济系统中，各部门之间存在着错综复杂的关联关系，一个产业部门的生产需要消耗其他部门的产品，也会作为投入品被其他部门消耗。因此，一个部门生产出来的产品出口优势不仅体现在本部门的直接出口中，还体现在下游部门的出口中，因为国内某部门的价值可以隐含在该国其他下游产业出口品中实现间接出口。

鉴于传统 RCA 指数的这两个缺陷，接下来将从贸易增加值的角度来定义 RCA 指数，利用投入产出模型计算的出口增加值可以有效地排除某部门出口品中进口的价值，同时又考虑了某部门价值通过其他产业出口品实现间接出口的部分，更为准确地衡量产业出口的比较优势。

一个国家在进行出口品的生产过程中，会消耗大量国内中间品、进口中间品和服务以及最初投入（即增加值部分），生产的出口品总值减去中间品和服务，即为出口品中的直接国内增加值。而在国内中间品和服务的生产中，也会产生国内增加值，这就是出口品的间接国内增加值。出口品的直接国内增加值和所有间接增加值之和，就是出口的完全增加值，这与生产法 GDP 核算是一致的。

在全球价值链视角下，新的显性比较优势指数指的是某部门完全出口增加值占某国总出口中国内增加值比例，相对于所有国家出口中这一部门所创造的增加值占全球总出口增加值的比例的比较值。因此，我们首先需要利用投入产出技术计算各国各产业部门的出口增加值，为了更好地区分中间品和最终品出口，我们采用国际投入产出模型进行测算，包含 2 个国家 m 个部门的国际投入产出表的简表如表 8.1 所示。

表 8.1　两国投入产出模型表式

投入	国家	产出				
		中间需求		最终需求		总产出
		S	R	S	R	
中间投入	S	Z^{ss}	Z^{sr}	F^{ss}	F^{sr}	X^s

投入	国家	产出				
		中间需求		最终需求		总产出
		S	R	S	R	
中间投入	R	Z^{rs}	Z^{rr}	F^{rs}	F^{rr}	X^r
增加值		V^s	V^r			
总投入		$X^{s\prime}$	$X^{r\prime}$			

注：Z^{ss}、Z^{sr}、Z^{rs} 和 Z^{rr} 都是 $m \times m$ 维的矩阵，Z^{ss} 和 Z^{rr} 分别表示 S 国和 R 国的国内品中间消耗矩阵，Z^{sr} 和 Z^{rs} 则分别表示 R 国对 S 国的中间消耗矩阵和 S 国对 R 国的中间消耗矩阵，元素 z_{ij}^{sr} 表示 R 国 j 部门对 S 国 i 部门的中间消耗，其他依次类推。F^{ss}、F^{sr}、F^{rs} 和 F^{rr} 为最终需求矩阵，V^s 和 V^r 为增加值行向量，X^s 和 X^r 为总产出列向量

可以将最终产品分为两类，一类满足国内最终需求 F^D，另一类是满足他国最终需求 F^E，则有

$$F = \begin{bmatrix} F^{ss} + F^{sr} \\ F^{rs} + F^{rr} \end{bmatrix} = F^D + F^E = \begin{bmatrix} F^{ss} \\ F^{rr} \end{bmatrix} + \begin{bmatrix} F^{sr} \\ F^{rs} \end{bmatrix} \tag{8.2}$$

定义 A 为中间消耗系数，$A = Z(X)^{-1}$，同样可以将其拆分为国内产业之间的中间消耗系数 A^D 和国外产业对国内产业的中间消耗系数 A^E，则有

$$A = \begin{bmatrix} A^{ss} & A^{sr} \\ A^{rs} & A^{rr} \end{bmatrix} = A^D + A^E = \begin{bmatrix} A^{ss} & 0 \\ 0 & A^{rr} \end{bmatrix} + \begin{bmatrix} 0 & A^{sr} \\ A^{rs} & 0 \end{bmatrix} \tag{8.3}$$

事实上，国家 S 向国家 R 的出口包括两部分：最终产品出口 F^{sr} 和中间品出口 Z^{sr}，国家 R 向国家 S 的出口也可以分为这两部分。因此，出口矩阵 E 可以写成：

$$E = A^E X + F^E = \begin{bmatrix} 0 & A^{sr} \\ A^{rs} & 0 \end{bmatrix} \begin{bmatrix} X^s \\ X^r \end{bmatrix} + \begin{bmatrix} F^{sr} \\ F^{rs} \end{bmatrix} \tag{8.4}$$

在生产最终品的过程中，增加值作为最初投入可以被直接用于生产最终品，这部分可以写成 $\hat{V}F^E$ 和 $\hat{V}F^D$（$\hat{V}$ 为对角化后的增加值系数矩阵），其中 $\hat{V}F^D$ 为生产国内最终品所创造的直接增加值，没有跨越国境，跨越国境的部分为 $\hat{V}F^E$，即直接出口增加值。增加值也可以通过投入于第一轮中间品被最终产品的生产过程吸收，这部分包括 $\hat{V}A^D F^D$，$\hat{V}A^D F^E$，$\hat{V}A^E F^D$，$\hat{V}A^E F^E$，前两项分别表示增加值通过投入于本国第一轮中间品被本国和其他国家最终产品所吸收的部分，后两项分别表示通过投入于其他国家第一轮中间品被本国和其他国家最终产品所吸收的增加值，其中 $\hat{V}A^D F^D$ 没有跨越国境，故这一轮出口增加值表达形式为

$\hat{VA}^D F^E + \hat{VA}^E F^D + \hat{VA}^E F^E$ 或 $\hat{VA}F - \hat{VA}^D F^D$。同理，在生产第一轮中间品的过程中，增加值会通过投入于第二轮中间品被最终产品生产吸收，这一轮出口增加值表达形式为 $\hat{VA}AF - \hat{VA}^D A^D F^D$，依次类推。这些通过投入于中间品被最终产品生产吸收的增加值称为出口的间接增加值，出口拉动的直接和所有间接增加值之和为出口的完全增加值。其计算公式如下：

$$VAE = \hat{V}(I - A^D)^{-1}E \qquad (8.5)$$

其中，VAE 表示完全增加值出口。

在计算出各国各部门出口增加值之后，基于全球价值链角度的新的显性比较优势指数（简称为 VRCA）可以定义为

$$VRCA_{ij} = \frac{VAE_{ij}}{VAE_i} \bigg/ \frac{VAE_{wj}}{VAE_w} \qquad (8.6)$$

其中，VAE_{ij} 表示 i 国 j 部门的完全出口增加值；VAE_i 表示 i 国总出口中国内增加值；VAE_{wj} 表示所有国家出口中 j 部门所创造的增加值；VAE_w 表示全球总出口增加值。

第二节　中国增加值出口的竞争力格局分析

与上一章一致，本章数据来源有二：一是欧盟发布的 WIOD[①]，该数据库包含了 40 个国家/地区和一个世界其他国家从 1995 至 2011 年的 35 部门投入产出表；二是亚洲发展银行发布的多区域投入产出（ADB-MRIO）数据库，包含了 62 个国家/地区和一个世界其他国家 2000 年和 2007~2021 年的 35 部门投入产出表。利用投入产出数据和式（8.1）及式（8.6），我们测算了从 1995 至 2021 年我国 35 部门的传统 RCA 指数和新 RCA 指数，部分结果如表 8.2 所示。

表 8.2　中国部分产业的传统 RCA 和新 RCA 指数

行业	传统 RCA			新 RCA		
	1995 年	2011 年	2021 年	1995 年	2011 年	2021 年
农林牧渔业	1.25	0.33	0.20	2.82	1.67	1.38
服装纺织业	4.60	3.00	3.22	4.01	3.01	2.44
鞋、皮革制品业	5.14	3.39	2.75	3.96	3.12	2.64
木材及木制品	1.60	0.93	1.40	1.57	1.68	1.55

---

① 即世界投入产出数据库，具体可见 https://www.rug.nl/ggdc/valuechain/wiod。

续表

行业	传统 RCA			新 RCA		
	1995 年	2011 年	2021 年	1995 年	2011 年	2021 年
造纸、印刷业	0.38	0.26	1.25	0.60	0.85	1.06
焦炭、石油等	0.32	0.14	0.39	1.15	0.63	1.24
化学原料及产品	0.26	0.65	0.78	0.81	1.13	1.11
塑料、橡胶制品	1.85	1.57	0.91	1.44	1.59	1.18
金属及加工业	1.02	0.81	1.07	1.07	1.31	1.55
机械器材	0.39	1.07	1.81	0.68	1.09	1.25
电气和光学设备	1.37	2.56	2.44	1.02	1.81	1.55
交通运输设备	0.15	0.49	0.56	0.26	0.60	0.58

资料来源：作者基于 WIOD 数据库和 ADB-MRIO 数据库数据测算得到。其中，1995 年和 2011 年数据结果基于 WIOD 数据库，2021 年数据结果基于 ADB-MRIO 数据库

两类 RCA 指数都显示，服装纺织业以及鞋、皮革制品业是我国出口份额最大、具有较强比较优势的劳动密集型传统行业，机械器材制造业、交通运输设备制造业的出口竞争力表现疲软。从贸易增加值角度测度的 RCA 指数则显示，传统 RCA 指数高估了某些产品的竞争优势，如电子产品，有些产品的竞争优势则被低估，如农产品。

图 8.1 显示，不论从传统 RCA 指数看，还是从新 RCA 指数看，我国的纺织服装业和鞋、皮革制品业都具有很强的竞争力。从 1995 至 2021 年，传统 RCA 指数一直维持在 2.4 至 5 之间，新 RCA 维持在 2 至 4 左右，展现出很强的出口竞争力。但是两种 RCA 指数都呈现下降的趋势，这两类产品的出口份额在逐渐减少。随着劳动力成本的上升，我国传统劳动密集型行业的生产优势会逐渐减弱，一部分产业很有可能逐渐转移到其他劳动力成本更低的地区/国家。从图 8.1 我们还可以看到，新 RCA 指数基本都略小于传统 RCA，这主要是因为我国纺织服装产品以及鞋、皮革制品的直接增加值率低（基本停留在 0.2 至 0.3 之间），增加值的间接出口受到影响。

从传统 RCA 指数看，中国的农林牧渔业处于出口劣势，但从新 RCA 指数看，我国农林牧渔业的出口竞争力不可小觑。1995 年至 2021 年，传统 RCA 指数由 1.25 下降至最低 0.33 ［图 8.2（a）］，2004 年至今，一直维持在 0.3 至 0.5 之间，说明我国农产品的出口份额呈下降趋势，在国际市场上由具有一定的竞争力转变为竞争力很弱。新 RCA 指数由 2.82 下降至最低 1.57，从出口增加值的角度来衡量，我国农林牧渔业依然有强的国际竞争力。我国农林牧渔业的直接增加值率较高是造成新 RCA 指数较高的一个重要原因，另一方面，农业增加值的出口不只体现在

本部门产品的出口中，还有相当大一部分通过隐含于纺织服装、食品、家具等优势下游产业出口品而实现间接出口，因此新 RCA 指数很高。

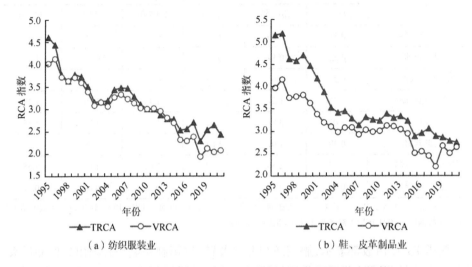

（a）纺织服装业　　　　　　　　　（b）鞋、皮革制品业

图 8.1　我国纺织服装业和鞋、皮革制品业的两类 RCA 指数

资料来源：作者基于 WIOD 数据库和 ADB-MRIO 数据库数据测算得到。其中，1995~2010 年数据结果基于 WIOD 数据库，2011~2021 年数据结果基于 ADB-MRIO 数据库

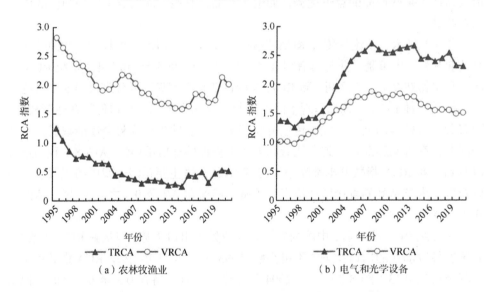

（a）农林牧渔业　　　　　　　　　（b）电气和光学设备

图 8.2　我国农业与电气和光学设备的两类 RCA 指数

资料来源：作者基于 WIOD 数据库和 ADB-MRIO 数据库数据测算得到。其中，1995~2010 年数据结果基于 WIOD 数据库，2011~2021 年数据结果基于 ADB-MRIO 数据库

传统 RCA 指数低估了我国农产品的生产竞争优势，却高估了我国电气和光学

设备产品的竞争优势。图 8.2（b）显示，1995 至 2021 年，我国电气和光学设备产品的传统 RCA 指数由 1995 年的 1.37 逐渐上升至 2008 年的 2.71，2006~2014 年一直维持在 2.5 以上，2014 年以后呈现下降趋势，至 2021 年为 2.31，总体表现出较强的竞争力，但从新 RCA 指数看，上升力度明显减弱。新 RCA 指数从 1995 年的 1.02 上升到 2008 年的 1.87，之后逐渐下降至 2021 年的 1.51，总体比传统 RCA 指数要低。这主要是因为我国的电气和光学设备产品加工贸易比重高，处于全球生产链条低端，生产过程中进口大量中间品，附加值率低。排除了国外进口价值的贡献之后，在只考虑我国国内增加值的贡献情况下，竞争优势明显减弱。不论从传统 RCA 指数看，还是从新 RCA 指数看，中国的机械器材制造业、交通运输设备制造业都处于竞争劣势。两类制造业的 RCA 指数基本都在 1 以下，不过两类指数都呈现出上升的趋势，机械器材制造业近几年已攀升至略高于 1。我国目前正在加强制造业的产业升级，以提高在国际市场上的竞争力。虽然这些行业里可能有部分产品已具有较强竞争力，比如我国港口机械近年来发展良好，在国际市场上已具有较强的竞争力，但其行业占比较低，竞争优势平均化了，尚没有扭转整个行业竞争弱势的格局。

　　综合比较国际上主要欧美和亚洲国家可以发现，中国的出口优势主要表现在纺织业和纺织服装、鞋、帽制造业等劳动密集型传统行业，美国、英国、法国的服务贸易表现出强劲的出口竞争力，我们的近邻印度也在租赁和商务服务业、住宿餐饮业等服务行业展现出明显的竞争优势。德国、日本的机械器材制造业、交通运输设备制造业表现出明显的出口竞争优势。日本的电气和光学设备产品也展现出强劲的出口优势。

　　具体分行业来看，主要有以下结果：不论从传统 RCA 指数还是新 RCA 指数来看，相对于中国、印度等发展中国家，西方发达国家的农林牧渔业、纺织服装以及鞋、皮革制品业的出口竞争力都较弱。从 1995 至 2021 年，西方发达国家的劳动密集型行业的 RCA 指数都小于 1，有的甚至接近 0，由此可知，由于劳动成本高昂，发达国家在传统劳动密集型行业没有生产优势。

　　传统 RCA 指数显示，从 2002 年起，中国的电气和光学设备产品的比较优势已超过美国和日本，而且趋势越来越明显。但是，与新 RCA 指数相比发现，传统 RCA 指数低估了日本、美国等发达国家的电气和光学设备产品的出口优势，中国大部分年份的新 RCA 指数都小于美国和日本，只有近几年，三个国家的新 RCA 指数才处于一个相近的水平。如图 8.3（a）所示，1995 至 2021 年，日本电气和光学设备产品的两类 RCA 指数介于 1 至 2 之间，具有很强的出口竞争力。图 8.3（b）中美国的传统 RCA 指数显示，2003 年以后，美国电气和光学设备产品已经成为一个出口劣势部门，但根据新的 RCA 指数，美国电气和光学设备仍然是一个具有比较优势的出口部门。究其原因，我们发现，1995 至 2021 年间，中国的电气和光学设备部门的增加值率由 0.3 下降至 0.2，而美国的由 0.3 上升至 0.5。在电气和光学设备产品的全球化生产工序上，发达国家往往负责开发设计、销售等高附加值的生产工序，而中国往往负责加工、组装等低附加值的生产工序，因此相对于传统的出口优势，用增加值贸易测算之后，中国的竞争优势明显降低，而美国、日本等发达国家的生产竞争优势明显上升。这进一步说明，从贸易总值角度测算的比较优势指数忽略了由国际分工导致的同一产品的价值被不同国家分割的问题，造成了一些假象。

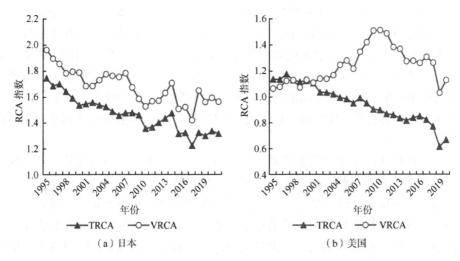

图 8.3　日本和美国电气与光学设备制品业的两类 RCA 指数

资料来源：作者基于 WIOD 数据库和 ADB-MRIO 数据库数据测算得到。其中，1995~2010 年数据结果基于 WIOD 数据库，2011~2021 年数据结果基于 ADB-MRIO 数据库

交通运输设备制造业方面，中国的两类 RCA 指数基本都在 0.6 以下，生产处于竞争弱势，德国、日本的两类 RCA 指数都在 1.7 以上，有的年份超过 2，具有很强的生产竞争优势。由此可见，不论是从总出口比例还是增加值贸易来衡量，中国要由"制造业大国"走向"制造业强国"依然任重而道远。

服务业贸易方面，我国的服务业总体处于出口劣势。美国的批发零售业、金融服务业展现出强劲的竞争优势，两类 RCA 指数基本都在 2 以上。印度的住宿餐饮业、租赁和商务服务业的 RCA 指数也基本都在 2 以上。图 8.4（a）显示我国的商务服务业出口处于比较劣势，两种指数在 0.7 以下。图 8.4（b）的传统 RCA 指数显示，印度在商务服务出口上成绩卓著，这主要依赖于印度著名的 Infosys 商务咨询公司、Wipro 信息技术服务公司等服务公司及各种呼叫中心的良好发展。另外，尽管印度社会贫富分化很严重，但有很庞大的针对社会上层的服务行业，旅

游业、住宿和餐饮业十分发达，因此印度住宿和餐饮业的传统 RCA 指数一直在 3
以上，近几年已经超过 5。我们从图 8.4 还可以看到，印度商务服务业出口的新
RCA 指数远弱于传统 RCA 指数，这主要是因为印度国内其他部门，特别是重要
的制造业部门都处于出口比较劣势，生产中使用商业服务部门的增加值很少，导
致印度商务服务部门增加值的间接出口比例很低。对于制造业发达的国家，这种
现象将会发生变化，比如德国具有强劲优势的制造业出口会拉升生产性服务业增
加值的间接出口。

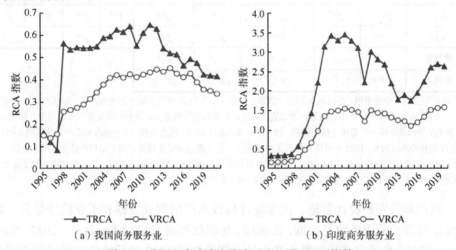

图 8.4 我国和印度商务服务业的两类 RCA 指数

资料来源：作者基于 WIOD 数据库和 ADB-MRIO 数据库数据测算得到。其中，1995~2010 年数据结果基于 WIOD
数据库，2011~2021 年数据结果基于 ADB-MRIO 数据库

第三节 中国异质型企业的出口比较优势分析

基于贸易增加值定义的 RCA 指数考虑了国内产业关联和国际分工，相较于传
统的 RCA 指数，可以更为准确地衡量全球价值链分工下出口产业的比较优势，但
具体到测算中国产业的出口比较优势时，上述方法依然忽略了中国加工出口比重
高这一重要特点。基于目前的国际投入产出表的相关分析有一个隐含的假定：满
足国内需求生产、加工出口生产和非加工出口生产具有相同的投入结构。然而，
通常情况下，加工出口企业只是对进口原材料进行加工和装配，使用了大量进
口品，但国内中间投入和国内增加值比例很低。基于目前中国出口的这一特点，
可以将国内生产拆分为满足国内需求生产、加工出口生产和非加工出口生产三
部分，由此，可以构建反映中国加工贸易的国际投入产出表，具体表式结构如
表 8.3 所示。

表 8.3　区分中国加工贸易的国际投入产出模型

		中间使用					最终使用			总产出
		中国			S 国	R 国	中国	S 国	R 国	
		D	P	N						
中国	D	Z^{DD}	Z^{DP}	Z^{DN}	0	0	F^D	0	0	X^D
中国	P	0	0	0	Z^{PS}	Z^{PR}	0	F^{PS}	F^{PR}	X^P
中国	N	Z^{ND}	Z^{NP}	Z^{NN}	Z^{NS}	Z^{NR}	F^N	F^{NS}	F^{NR}	X^N
S 国		Z^{SD}	Z^{SP}	Z^{SN}	Z^{SS}	Z^{SR}	F^{S*}	F^{SS}	F^{SR}	X^S
R 国		Z^{RD}	Z^{RP}	Z^{RN}	Z^{RS}	Z^{RR}	F^{R*}	F^{RS}	F^{RR}	X^R
增加值		Va^D	Va^P	Va^N	Va^S	Va^R				
总投入		$(X^D)'$	$(X^P)'$	$(X^N)'$	$(X^S)'$	$(X^R)'$				

注：简化表式中有中国、S 国和 R 国三个国家。上标 D、P 和 N 分别表示中国国内产品、加工出口、非加工出口。X 和 Va 分别表示总产出列向量和增加值行向量，F 表示最终需求。Z 表示中间流量矩阵，其中上标 DD、DP 和 DN 分别表示国内产品用于国内使用、加工出口和非加工出口，其余类推。由于国内需求产品并不用于出口，故有 D 部分的出口为 0，即对 S 国和 R 国既无中间投入，也不提供最终使用品。加工出口产品全部用于出口，不用于国内中间投入和最终使用。上标 SD、SP 和 SN 分别表示 S 对中国生产国内产品、加工出口和非加工出口的中间投入，S*表示 S 国用于中国的最终使用品，R 国的上标类似

利用海关贸易统计数据、国家统计局投入产出调查数据和工业统计数据、国家外汇管理局的服务贸易数据，陈锡康、杨翠红等研究组（Chen et al., 2012; Yang et al., 2015）和国家统计局投入产出处合作编制了 2017 年反映加工贸易的中国非竞争型投入产出表。在世界投入产出表中区分中国加工贸易需要用到中国反映加工贸易的中国非竞争型投入产出表和世界投入产出表。中国的 DPN 投入产出表为产品×产品类型，而 WIOD 公布的世界投入产出表为产业×产业类型。为了保持一致性，我们首先将 62 个国家的国际供给使用表合并成一张世界供给使用表，然后基于生产工艺假定将世界供给使用表转化为产品类型的世界投入产出表。最后，利用中国 2017 年 DPN 表以及中国海关提供的分国别、分贸易方式（加工贸易和非加工贸易）的进出口数据，我们编制了 2017 年反映中国加工贸易的国际投入产出表［简称 DPN-WIOT 表，详细编制方法参见 Chen 等（2014）］。

利用各部门的出口额，我们可以计算出基于贸易总额的传统 RCA 指数（TRCA），利用编制的 2017 年 59 部门的世界投入产出表和 DPN-WIOD 表，可以进一步计算出这 59 个部门基于贸易增加值的新 RCA 指数（VRCA）和区分加工贸易的 VRCA 指数。在区分加工贸易时，一个部门的出口增加值既包括加工出口拉动的部分，又包括非加工出口拉动的部分。计算结果如图 8.5 所示，图中横坐标表示传统的 RCA 指数，纵坐标表示区分加工贸易的 VRCA 指数。图中 45 度线上方的圆点表示传统 RCA 指数低估了其增加值出口优势的部门，比如农林牧渔

类产品、食品饮料烟草、化工产品等，下方的圆点表示传统 RCA 指数高估了其出口优势的部门，比如办公器械与计算机、电视广播与通信设备、电气设备、机械设备等。图中区域 I 内的圆点表示的是两类 RCA 指数都大于 1，即两类指数都显示出口优势的部门，典型的有纺织品、服装鞋帽与皮革制品；区域 II 内的圆点表示传统 RCA 指数显示处于出口劣势，但新 RCA 指数显示处于增加值出口优势的部门，典型的有农林牧渔产品；区域 III 内的圆点表示的是两类 RCA 指数都小于 1，都显示处于出口劣势的部门，典型的有交通运输设备、商务服务等服务业；区域 IV 内的圆点表示传统 RCA 指数显示处于出口优势，但新 RCA 指数显示处于出口劣势的部门，比如医疗器械及仪器仪表、建筑服务。

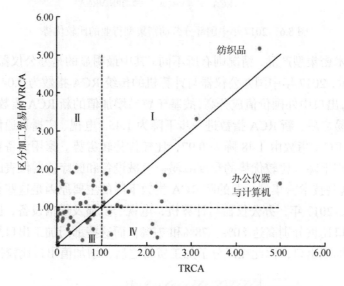

图 8.5 2017 年中国 59 个产品部门的出口比较优势
资料来源：作者基于区分中国加工贸易的世界投入产出表测算得到，下同

接下来我们进一步分析中国部分劳动密集型行业的比较优势，如图 8.6 所示，2017 年中国纺织品、皮革制品以及服装鞋帽与皮毛制品的传统 RCA 指数分别为 3.38、3.06 和 2.29，出口比较优势明显。基于贸易增加值的新 RCA 指数分别为 2.80、2.55 和 1.78，增加值出口优势依然明显。

在区分了加工贸易之后，我们可以看到，新 RCA 指数分别上升至 3.16、2.88 和 1.99，主要原因是这三个行业的总出口中，非加工出口占比较高，而非加工出口拉动增加值的效率往往比加工出口要高，因此，在区分加工贸易之后，这些加工出口比重较小的行业的增加值出口比较优势会有所增强。由此可知，中国的传统劳动密集型产品的出口优势更多地依赖非加工贸易。

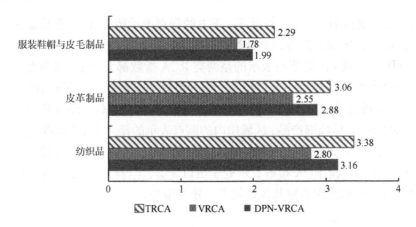

图 8.6　2017 年中国部分劳动密集型行业的比较优势

对于技术密集型产品，情况则有所不同。其中最明显的是办公仪器与计算机，如图 8.7 所示，2017 年中国办公仪器与计算机的传统 RCA 指数为 3.04，由于其增加值率较低，出口中外国价值成分高，故基于贸易增加值的新 RCA 指数降为 1.85，区分加工贸易之后，新 RCA 指数进一步下降为 1.45。电视、广播及通信设备的情况类似，新 RCA 指数由 1.48 降为 0.97，比较优势转劣势。家用设备和电气设备的指数都出现下降，比较优势的程度减弱，机械设备和医疗仪器仪表的比较劣势继续恶化。这些技术密集型行业的新 RCA 指数下降的主要原因是这些行业的加工出口比重大，2017 年，办公仪器与计算机，电视、广播及通信设备，医疗仪器仪表的加工出口比重分别高达 80%、78% 和 71%，而这些部门加工出口拉动的增加值远低于非加工出口，因此在区分了加工贸易之后，增加值出口比较优势都下降

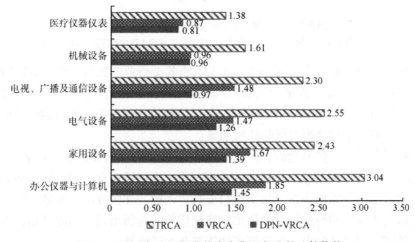

图 8.7　2017 年中国部分技术密集型行业的比较优势

了。如果简单地将加工出口与一般出口同等对待，将会高估中国技术密集型行业的比较优势。中国技术密集型产品的出口优势很大程度上依赖于加工贸易，加工贸易在这些产品的出口比较优势上有着举足轻重的地位。

第四节　本章小结

当前研究产业出口竞争力的文献广泛采用传统 RCA 指数，从出口总额的角度来进行贸易比较优势的分析。我们指出传统 RCA 指数既忽略了国内的生产分工又忽略了国际生产分工，不能反映出口产业真正的竞争优势。为克服这个缺陷，从出口的增加值占比这一角度来定义 RCA 指数。利用区分加工贸易的世界投入产出模型，我们研究了加工出口对于不同产品部门出口优势的作用。

主要有以下结论：从贸易增加值角度来看，我国的劳动密集型轻工业依然保持着很强的出口竞争力，但存在着附加值偏低的问题；我国的农产品生产优势被传统 RCA 指数低估，但电气和光学设备的比较优势被传统 RCA 指数高估；我国虽是制造业大国，但是交通运输设备、机械设备等制造业整体处于比较弱势，与德国等制造业强国还有很大差距；我国服务贸易整体处于比较劣势，且不论与发达国家服务业的差距，即使与我们的近邻印度相比，依然相差较远；加工贸易是影响我国出口比较优势的重要因素之一，如果简单地将加工出口与一般出口同等对待，将会高估中国技术密集型行业的比较优势，加工贸易在技术密集型产品的出口优势上起着重要作用。

针对以上分析结果，最后提出以下建议。

（1）劳动密集型轻工业实施品牌战略，形成产业品牌优势。虽然我国的纺织业和纺织服装、鞋、帽制造业长期以来在国际市场上具有较强的竞争力，但近年来竞争优势有所下降，这主要与我国纺织服装业生产链条短，高附加值产品比重小有关。因此，加强高端成衣制造，提高产品质量和档次，创建优势品牌有利于巩固我国轻工业产品的竞争优势，促进上游产品融入国际市场、参与国际竞争。

（2）进一步推进技术升级，提高工业制成品的附加值含量，推动我国高科技电子产品和高端设备制造业的产业升级。由测算结果可知，在不少工业产品，尤其是高科技产品的生产过程中，中国主要负责加工、组装的生产工序，导致出口产品中附加值低，大大降低了出口产品实际的国际竞争力。因此，需要鼓励实施自主研发核心技术，扩大自主品牌、自主知识产权的研发，提高工业制成品的出口附加值，真正做到由"中国制造"转变为"中国创造"。

（3）从战略上重视服务贸易，大力发展我国的第三产业，为服务贸易奠定坚实基础。要改变过去重视货物贸易，忽视服务贸易的观念。把国际服务贸易作为提高国际竞争力，促进就业、国际收支和经济平衡增长的战略性大事来抓。我国服务业的落后严重制约了我国服务贸易出口的发展，要改变这一现状，必须制定和完善产业政策，发展国内服务业，提高服务业竞争能力。实行服务贸易对外开放，减少和简化审批，为服务外包企业提供通关、外汇管理等便利，大力发展软件和信息技术、研发、金融、政府服务等领域的服务外包，推动向价值链高端延伸，为服务贸易创造条件。

第九章 全球价值链生产核算框架及应用

随着人类分工合作在广度与深度上的快速拓展，全球经济中各类生产活动的构成和作用也日趋复杂。在过去的百年间，由科技进步所推动的两次经济"解绑"（Baldwin，2011），极大促进了全球经济增长。首先，运输技术的突破带来了生产者与消费者之间的"解绑"，使得人类的生产活动从自产自销的"纯国内"模式，过渡到产、销分离的"最终品贸易"模式。随后，信息通信技术的发展，进一步带来了上下游生产者间的"解绑"，人类贸易的模式从传统"最终品"为主向越来越多的"中间投入品"拓展，开启了全球协作生产时代，以跨境生产要素共享为特征的"全球价值链"模式在世界范围内逐渐扩展并向纵深发展。在这一发展历程中，人类的生产活动从不涉及跨国分工的"传统"模式（即"纯国内"或"最终品贸易"模式），向多国协作的"全球价值链"模式拓展。对不同生产活动方式的区分与测度，可为我们认识当今全球经济周期的内在特征及动因提供全新视角。

第一节 全球价值链核算与量化研究进展

如何透过复杂的跨国、跨部门的生产和贸易关联，辨识出全球生产中属于"全球价值链"的部分，一直是价值链量化研究领域中难度最大、最具挑战性的技术难点。经济学文献对该问题的探索最早可以追溯到 Hummels 等（2001），其研究指出垂直专业化必须具备三个条件：一是一种商品在多个阶段连续生产；二是两个或两个以上的国家在商品生产过程中提供价值增值；三是至少有一个国家在生产过程中使用进口投入品，且生产的产品被出口。Hummels 等（2001）利用一国投入产出表最早提出了系统地测量一国参与国际分工水平的指标——垂直专业化，并给出了两种计算方法：①基于后向产业关联的一国出口品中所包含的进口品价值（VS）；②基于前向产业关联，一国生产的出口品中，被其他国家作为中间投入进行消耗并且用于出口的部分（VS1）。

随后，Hummels 等（2001）的方法在国际上得到了广泛的应用和扩展。刘遵义等（2007b）和 Koopman 等（2012）提出用出口品中所包含的国内增加值来衡量一国参与全球价值链的经济收益，并证明出口总值可以分解为 VS 和出口中的国内增加值两部分。Johnson 和 Noguera（2012）提出增加值出口（国内增加值被外国最终吸收的部分）的概念与度量方法，利用全球贸易分析项目数据，对各国增加值贸易进行了实证分析。Koopman 等（2014）提出了一国总出口的分解法，将出口分解为具有不同经济含义的四部分，即被外国吸收的增加值、返回国内的增加值、国外增加值、纯重复计算的中间贸易品部分，并进一步根据出口品价值最终去向，将其细分至九个部分。王直等（2015）扩展了 Koopman 等（2014）的分解法，提出对多个层面（包括国家/部门层面、双边层面、双边/部门层面）的总贸易流量的分解法，建立了从官方贸易总值统计到贸易增加值统计（即以增加值为标准的国民经济核算统计体系）的一套完整核算法则。Los 等（2016）利用假设提取法，提出三种不同角度的增加值出口指标，即出口中隐含的国内增加值、增加值出口并被国外消费者最终吸收和最终产品生产中隐含的外国增加值。Borin和 Mancini（2019）在总结各种贸易分解方法基础上，归纳出根据"来源"和"沉积"两个角度的贸易流分解方法，定义和完善了"全球价值链贸易"在总贸易中比重的指标。

然而，基于出口（或贸易流）分解的方法在衡量全球价值链上存在不足。各种贸易流分解方法都侧重于贸易活动，以及如何衡量和计算贸易流总值中的增加值，没有从生产活动角度去彻底分解全球价值链和非全球价值链活动。举例来说，垂直专业化指标在衡量全球价值链生产上存在以下三点问题：第一，VS 定义为出口生产中进口中间品的投入，实际上大量国际生产分工还包含了进口中间投入品与满足国内需求的最终品生产，而这一部分并不包含在 VS 中；第二，相当多的行业，特别是国民经济上游行业（比如农业、矿产采掘业、金融服务业、研发行业等）直接出口很少，但是这些行业的大量增加值会通过投入于下游产品出口生产中参与国际分工，这也不包含于该行业的 VS 中；第三，VS 或 VS1 作为单个指标，不能区分全球价值链生产分工的复杂程度，比如更多国家和更多次跨境的全球价值链深度复杂分工生产。

据此，本章使用 Wang 等（2017a）提出的全球生产活动分解方法，根据 2016版全球投入产出数据库对全球价值链和非全球价值链生产活动进行了统计上的分解。相较于以往以贸易为中心的研究，该分解方法在全球价值链测度上取得了三个方面的进展：首先，可实现对前文所提及的"纯国内""传统最终品贸易""全球价值链"三类生产模式的清晰区分。换言之，在该分解方法下，全球生产网络中（国内和国际）的每一单位价值，都可无遗漏地实现从增加值创造的"源头"到最终品生产的"末端"的准确追溯。其次，该分解可在从宏观至"全球"、微观至"双边–部门"的不同的细分维度上实现，进而为我们观察全球经济周期的结构特征提供了多层次的视角。最后，分解所得各项指标的经济含义明确，算法思路简明清晰，可为后续国际经济等相关领域的学术研究提供必要的量化基础[①]。

第二节　全球价值链生产分解框架

本书对各类生产活动的定量识别，基于 Wang 等（2017a）提出的生产活动分解方法进行。在该方法下，可对生产活动中每一单位增加值沿生产网络的流动轨迹，实现从"始"至"终"的完整追溯。在此基础上，根据生产要素行进轨迹上是否包含跨境生产协作，识别出其中的"全球价值链"生产活动。

从简化的角度出发，我们以包含 G 个国家、N 个部门的跨国投入产出表为例，对该分解方法的主要思路进行说明。这个方法论的优势之一是可以定量区别相对简单与相对复杂的跨境产业链贸易活动。

跨国投入产出表的一般结构如表 9.1 所示。

表 9.1　跨国投入产出表的一般结构

投入		产出								总产出
		中间品使用				最终需求				
		1	2	…	G	1	2	…	G	
中间品投入	1	Z^{11}	Z^{12}	…	Z^{1g}	Y^{11}	Y^{12}	…	Y^{1g}	X^1
	2	Z^{21}	Z^{22}	…	Z^{2g}	Y^{21}	Y^{22}	…	Y^{2g}	X^2
	⋮	⋮	⋮		⋮	⋮	⋮		⋮	⋮
	G	Z^{g1}	Z^{g2}	…	Z^{gg}	Y^{g1}	Y^{g2}	…	Y^{gg}	X^g
增加值		Va^1	Va^2	…	Va^g					
总投入		$(X^1)'$	$(X^2)'$	…	$(X^g)'$					

注：Z 为 $N×N$ 的方阵，代表各国各部门间的中间品流动情况，其右上前一个标号表示生产国，后一个标号为使用国，如 Z^{12} 表示 1 国生产的中间品被 2 国用于再生产投入使用的部分。Y 为 $N×1$ 的列向量，其右上前一个标号表示生产国，后一个标号为使用国，如 Y^{12} 表示 1 国生产的最终品被 2 国用于满足最终需求的部分。X 为 $N×1$ 的列向量，其中 X^1 则表示 1 国的总产出。Va^2 为 $1×N$ 的行向量，表示 2 国所产生的直接增加值。其中上标 $'$ 表示向量或矩阵转置

基于表 9.1，全球 GDP 可按最初来源地、最终吸收地拆分为一个 $GN×GN$ 的方阵 $\hat{V}B\hat{Y}$，其中：

$$V = \mathrm{Va}\hat{X}^{-1} \tag{9.1}$$

① 前期工作中，我们研究团队已基于 WIOD、OECD 国际投入产出数据库等多类国家间投入产出表完成了分解计算，并搭建了全球价值链数据库（UIBE GVC 数据库），实现了全套数据的公开可获。

表示各国各部门单位产出所产生的增加值，即增加值率向量，上标^表示向量转为对角化矩阵。$\hat{V}$表示由直接增加值系数构成的 $GN \times GN$ 的对角阵。

$$B = (I - A)^{-1} \tag{9.2}$$

即全球里昂惕夫逆矩阵（Leontief，1936），其中 $A = Z\hat{X}^{-1}$，为 $GN \times GN$ 的投入系数阵，表示各国各部门单位生产所需投入的各中间投入品数值；B 表示各国各部门单位最终品生产所拉动各国各部门的总产出数值。

$\hat{Y}$表示由各国各部门最终产出构成的 $GN \times GN$ 对角阵。

$$\hat{Y} = \begin{bmatrix} \hat{Y}^{11} & \hat{Y}^{12} & \cdots & \hat{Y}^{1N} \\ \hat{Y}^{21} & \hat{Y}^{22} & & \hat{Y}^{2N} \\ \vdots & \vdots & & \vdots \\ \hat{Y}^{N1} & \hat{Y}^{N2} & \cdots & \hat{Y}^{NN} \end{bmatrix} \tag{9.3}$$

即最终需求阵中各子矩阵 Y^{sr} 对角化后得到的 $GN \times GN$ 矩阵。

计算后得到的 $\hat{V}B\hat{Y}$ 矩阵结构如图 9.1 所示。

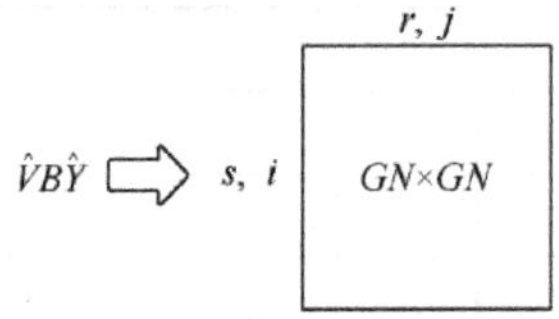

图 9.1　$\hat{V}B\hat{Y}$ 矩阵结构示意图

其中，行标（s,i）表示增加值的源头，列标（r,j）则表示增加值的最终使用地。换言之，该矩阵中位于（s,i）行、（r,j）列的元素 $\sum_{k=1}^{N} v_i^s b_{ij}^{sk} y_j^{kr}$ 的取值，代表由 s 国 i 部门创造、最后包含于被 r 国消费的 j 部门最终品中的增加值数量。这意味着，基于该矩阵，可实现对全球各产业部门 GDP 中每单位价值最初来源、最终吸收地的完整追溯。

因此，如果将该矩阵行向加总，则可追溯全球总 GDP 中的每一单位增加值至其源头（s,i）。反之，若列向加总，则可跟踪至生产链末端（r,j），识别出每一单位增加值最后包含于哪个国家、部门所生产的最终品中。

更进一步地，以上 $\hat{V}B\hat{Y}$ 矩阵可继续分解为四个子矩阵，进而实现对"纯国内""传统最终品贸易"及"全球价值链"（又可再细分为简单、复杂两类价值链类型）生产模式的清晰识别：

$$\hat{V}B\hat{Y} = \hat{V}L\hat{Y}^D + \hat{V}L\hat{Y}^F + \hat{V}LA^F B\hat{Y}$$
$$= \hat{V}L\hat{Y}^D + \hat{V}L\hat{Y}^F + \hat{V}LA^F L\hat{Y}^D + \hat{V}LA^F (B\hat{Y} - L\hat{Y}^D) \tag{9.4}$$

其中，$L = \left(I - A^D\right)^{-1}$ 为国内里昂惕夫逆矩阵，A^D 为国内直接投入系数矩阵，表示各国各部门单位生产所需要国内各部门的中间品投入；$\hat{Y}^D$ 表示各国各部门最终品满足本国需求的部分；$\hat{Y}^D$ 和 A^D 分别表示 $\hat{Y}$ 和 A 的对角子矩阵；$\hat{Y}^F$、A^F 则表示 $\hat{Y}$ 和 A 的非对角子阵。以 $\hat{Y}^D$、$\hat{Y}^F$ 为例，其结构如下：

$$\hat{Y}^D = \begin{bmatrix} \hat{Y}^{11} & 0 & \cdots & 0 \\ 0 & \hat{Y}^{22} & & 0 \\ \vdots & \vdots & & \vdots \\ 0 & 0 & \cdots & \hat{Y}^{NN} \end{bmatrix}, \quad \hat{Y}^F = \begin{bmatrix} 0 & \hat{Y}^{12} & \cdots & \hat{Y}^{1N} \\ \hat{Y}^{21} & 0 & & \hat{Y}^{2N} \\ \vdots & \vdots & & \vdots \\ \hat{Y}^{N1} & \hat{Y}^{N2} & \cdots & 0 \end{bmatrix}$$

在全球 GDP 的分解阵 $\hat{V}B\hat{Y}$ 中，回顾前文图 9.1 所给出的矩阵结构，(s,i) 为增加值源头，而 (r,j) 为最终吸收地。将 $\hat{V}B\hat{Y}$ 进一步分解为四项后，每项所包含的增加值依旧可通过 (s,i) 溯源，通过 (r,j) 判断最终吸收地。因此，将以上四项子矩阵按行向加总，则可追溯至增加值的创造源头（各国、各部门所创造的GDP），并区分各项所对应的生产模式，即实现所谓"前向分解"[1]，所得各项的经济含义具体如下。

"纯国内"模式（$\hat{V}L\hat{Y}^D$）：增加值的生产和消费均在一国内部完成，不产生任何跨境活动，因此属于"非全球价值链"生产模式。典型的例子包括理发、自产自销的消费品等。

"最终品贸易"模式（$\hat{V}L\hat{Y}^F$）：增加值隐含于本国的最终品出口中，以消费为目的经历了 1 次跨境。但其生产过程仍然完全在国内完成，不涉及跨境分工。因此，亦被划分为"非全球价值链"生产模式。

"全球价值链"模式（$\hat{V}LA^FB\hat{Y}$）：此模式所包含的增加值，隐藏于本国的中间品出口中，进入进口国被投入于后续生产。该模式包含多国协作下的"跨境分工"。可以进一步拆分为 $\hat{V}LA^FL\hat{Y}^D$ 和 $\hat{V}LA^F(B\hat{Y} - L\hat{Y}^D)$，前者（$\hat{V}LA^FL\hat{Y}^D$）表示增加值仅跨境 1 次即形成最终品的情形，即"简单全球价值链"模式；后者 $\left[\hat{V}LA^F(B\hat{Y} - L\hat{Y}^D)\right]$ 则表示跨境 2 次及以上的情形，即"复杂全球价值链"模式。

以上生产活动分解框架可概括为图 9.2 的结构。

---

① 如前文所述，若按列向加总，则可实现"后向分解"，即从各国、各部门的最终品需求出发，识别其中每单位增加值所归属的生产模式。在讨论价值链生产活动与经济周期的关系时，更关心各国、各部门的 GDP 构成，因此将基于前向分解进行分析。关于后向分解的技术细节，详见 Wang 等（2017a）。

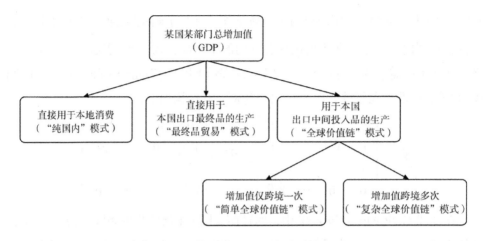

图 9.2　增加值生产活动分解框架（前向方法）

利用 2016 版 WIOD 所提供的国际投入产出表进行生产活动分解。该数据可覆盖 2000 年至 2014 年，给出了 44 个国家、56 个行业间的完整投入产出关系。

分解工作首先在最细分的"双边–部门"层面上进行，其后行向加总，得到"国家–部门"层面的前向分解结果。该结果可进一步向国家、全球等更高维度加总。因此，可在各细分层面上实现对不同类别的增加值生产活动的识别。

后文将基于该分解结果，尝试对全球经济中各类生产活动的结构进行分析，考察经济周期与全球价值链生产活动间的关联，并进一步识别全球价值链生产活动在世界经济周期中所起的作用。

第三节　全球经济中的生产活动结构变化

量化结果表明：在 2000 年至 2014 年，全球经济中各类生产活动的组成结构发生了很大变化。就总体趋势来看：在经济增长时期，贸易相关的生产活动（尤其是其中的全球价值链部分）急剧扩张，而传统的纯国内生产活动则在快速收缩；经济衰退期的情形则恰好相反。然而，2012 年之后，全球经济增长骤缓，其间各类生产活动的结构变化亦陷入停滞。

具体如图 9.3 所示，2000 年至 2014 年，全球经济共经历了五个阶段。首先，在 2001 年互联网泡沫的影响下，全球经济出现了小幅衰退，纯国内生产占比上升，而跨境分工下的全球价值链生产活动出现收缩。其后，自 2002 年起，全球经济进入了持续近 7 年的高速增长期。在经济上升的背后，贸易相关的三类生产活动（最终品贸易、简单及复杂全球价值链贸易），尤其是其中的全球价值链部分，均在加速扩张；而传统的纯国内生产活动，则出现了明显的衰减。就以上现象来看，该阶段的经济高速增长与跨境分工的蓬勃发展之间具有密不可分的关联。随着2008年次贷危机的爆发，增长态势被打破，全球经济陷入深度衰退，国际贸易及国际分工遭遇严重影响。与之相伴，最终品贸易及全球价值链生产活动均出现明显收缩，而纯国内生产活动则显著上扬。危机后，全球经济迎来"恢复性增长"。全球价值链生产（尤其是复杂全球价值链部分）及最终品贸易生产触底反弹，纯国内生产活动则重新进入下降轨道。然而，与 2002~2008 年的高速增长阶段不同，2010~2011 年出现的恢复性增长未能长期持续。自 2012 年起，全球价值链生产活动的扩张几乎完全停滞，纯国内生产活动有小幅上扬，全球经济复苏乏力。

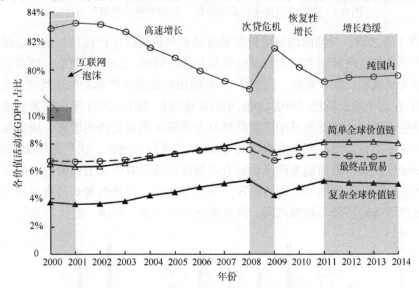

图 9.3　全球经济周期中各类生产活动在 GDP 中占比变化

　　至于今后与全球价值链相关的生产与贸易会不会恢复增长，需要取决于目前的贸易摩擦能否得到合理、及时的管控。确切的答案需要等到新的贸易与国际投入产出数据公布之后才能算出，但本章的方法论仍然适用。

　　具体就全球价值链生产活动来看，其内部"简单"及"复杂"两类生产活动在经济波动中亦出现了规律性的结构变化。图 9.4 给出了仅跨境 1 次的"简单全球价值链"生产活动在价值链整体生产中的占比变化。该结果清晰表明，经济增长（高速增长阶段、恢复性增长阶段）与简单全球价值链生产活动的收缩密切相伴；而经济衰退阶段，则与以上规律的变化完全相反。

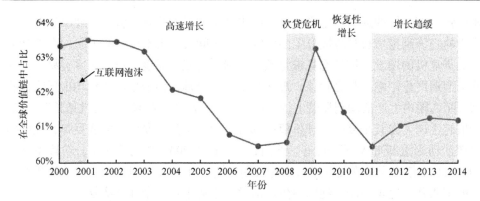

图 9.4　全球价值链生产活动中的"简单全球价值链"占比

2011 年之前，与纯国内价值链及最终品贸易价值链生产活动相比，全球价值链生产活动与经济周期之间的联动性明显更强。然而，2012 年之后，两者之间的强联动大幅减弱。具体来看，根据图 9.5 所给出的四类生产活动的年均增速：2011年之前，在两个增长阶段（2002~2008 年的高速增长、2010~2011 年的恢复性增长），价值链生产活动（尤其是其中的复杂部分）表现出明显更快的增速，成为经济增长中的主导力量。而在两次危机期间（2001 年互联网泡沫、次贷危机影响期），情况则恰好相反，价值链生产活动的衰退幅度远超相对传统的纯国内价值链及最终品贸易价值链生产活动。概括而言，2011 年之前，经济的增长与衰退和全球价值链生产活动的扩张与收缩之间，具有极强的联动性，可谓"起伏与共"。

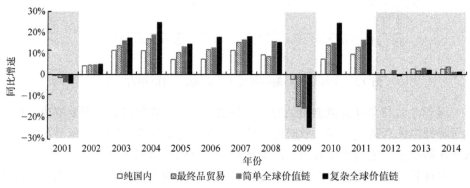

图 9.5　各类型增加值的年均增速

而 2012 年之后，全球经济增速骤缓，价值链生产与经济周期之间的规律性关联消退。在贸易自由化红利耗尽、贸易保护主义抬头等背景下，价值链网络中的国际分工扩张受阻，全球经济增长开启乏力阶段。

全球价值链生产活动与经济周期间联动关系的转变，在部门层面仍然存在。

在制造业、服务业及农矿业部门，均可观察到：在 2002~2008 年及 2010~2011 年的增长阶段，纯国内生产活动都出现了明显的收缩，取而代之的，贸易相关的三类生产活动出现扩张，且价值链生产活动的扩张更为明显；在 2001 年及 2009 年出现的衰退中，该关联规律恰好相反；2012 年之后，经济波动与价值链生产之间的关联规律减弱。

前文分析表明，经济的增长与衰退和各类生产活动的扩张与收缩之间具有关联性，价值链生产活动在其中的作用特殊，与经济周期的联动相对更为明显。那么，在经济的起伏波动中，全球价值链生产活动究竟起了怎样的作用？本章将尝试讨论这一问题。

有系列文献认为，参与全球价值链生产有助于技术在参与国之间传递且有助于各国在分工细化的过程中更集中于自身比较优势的发挥，进而对经济增长产生积极作用。然而，由于缺乏"价值链参与程度"的量化方法，以上论断往往停留在定性层面。

在所采用的 Wang 等（2017a）的生产活动分解框架下，可通过构建"价值链参与度"指数，对各国、各部门在全球分工中的融入程度进行准确衡量。该指数的计算方法为

$$全球价值链参与度 = \frac{包含在价值链生产活动中的增加值}{总增加值（GDP）} \times 100\%$$

即价值链生产活动在所有增加值创造活动中的占比。与分解框架的维度一致，该指数既可在"国家–部门"层面上计算，也可进一步向国家、全球等更高的维度加总。计算结果的取值越高，则表明该对象在全球分工中的参与程度越高。

就国家层面的实际计算结果（表 9.2）来看，对比样本所覆盖的首、尾年份，全球各国价值链参与度的整体水平提高了近 3 个百分点。同时亦发现，样本所覆盖的 44 个国家在价值链参与程度上具有很大差异。

表 9.2　全球价值链参与度指数：描述统计

年份	国家数	全球价值链参与度		
		均值（按 GDP 加权）	最小值	最大值
2000	44	10.33%	4.97%	42.02%
2014	44	13.20%	6.31%	45.67%

基于以上国家层面的测算结果，统计分析发现：初期全球价值链参与度较高的国家，后续经济增长的表现更佳。具体如图 9.6 所示，2001 年各国的全球价值链参与度与后续 2002~2008 年的年均 GDP 增速之间存在较为明显的正相关关系。

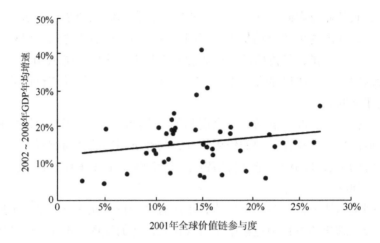

图 9.6　经济增长与期初价值链参与度（国家层面，2002~2008 年）

更进一步地，基于以下计量经济模型，针对 2000~2014 年的不同经济阶段，分析各类生产活动在经济增长与衰退中的作用差异：

$$\Delta VA_{i,c,t\sim t+\Delta t} = \beta_0 + \beta_1 \times \text{V-FShare}_{i,c,t-1} + \beta_2 \times \text{Kintensity}_{i,c,t-1} + \gamma_i + u_{i,c,t\sim t+\Delta t}$$

其中，下标 i,c 分别表示部门、国家；$\Delta VA_{i,c,t\sim t+\Delta t}$ 表示国家 c、部门 i 在 t 至 $t+\Delta t$ 年的年均 GDP 增长率，用于量化各国各部门在样本期间的经济增速（或衰退速度），计算方法为

$$\Delta VA_{i,c,t\sim t+\Delta t} = (VA_{i,c,t+\Delta t} / VA_{i,c,t-1})^{(1/(\Delta t+1))-1}$$

$VA_{i,c,t-1}$ 是各阶段开始前一年（将其认定为期初年份）各类生产活动所创造的增加值在 GDP 中的占比。该变量根据前文的 GDP 前向分解结果计算得到，用于考察各国各部门期初时在各类经济活动中的侧重性。

$\text{Kintensity}_{i,c,t-1}$ 是按人均资本存量衡量的资本密集度，同样为各阶段开始前一年的数值，数据源自 2016 版 WIOD 社会经济账户。根据前文中图 9.3 所展示的，我们在回归分析中将分别考虑五个经济阶段：互联网泡沫（2001 年），高速增长（2002~2008 年），次贷危机影响期（2009 年），恢复性增长（2010~2011 年）及增长趋缓阶段（2012~2014 年）。

$\text{V-FShare}_{i,c,t-1}$ 是各阶段开始前一年（将其看作期初年份）归属于各类生产活动的增加值在 c 国 i 部门的 GDP 中的占比，用于考察期初时各国各部门在四类生产活动（纯国内、最终品贸易、简单及复杂全球价值链）上的参与结构侧重性，可分别根据上文中的前向生产分解方法计算得到。采用各阶段开始前一年的数据为 $\text{V-FShare}_{i,c,t-1}$ 赋值，可在一定程度上避免前文所提及的经济周期与价值链生产

活动间的双向联动所造成的内生性问题。

　　在所有回归中，我们均控制了部门固定效应（γ_i），并根据期初 GDP 加权。基准回归结果报告在表 9.3 中。出于简便考虑，表 9.3 只报告了回归系数 β_1 的结果，同时在表 9.4 中给出了更易读的版本。

表 9.3　基准回归结果

时间段	各类生产活动的期初占比（% GDP）			
	纯国内	最终品贸易	简单全球价值链	复杂全球价值链
Ⅰ.互联网泡沫 2001 年	−0.0732*** (0.0281)	0.170*** (0.0474)	0.0885 (0.0638)	0.196* (0.111)
Ⅱ.高速增长阶段 2002~2008 年	−0.147*** (0.0154)	0.251*** (0.0326)	0.288*** (0.0402)	0.408*** (0.0673)
Ⅲ.次贷危机影响期 2009 年	0.191*** (0.0323)	−0.217*** (0.0745)	−0.385*** (0.0897)	−0.612*** (0.0950)
Ⅳ.恢复性增长阶段 2010~2011 年	−0.0197 (0.0564)	−0.0565 (0.124)	0.229* (0.130)	−0.129 (0.198)
Ⅴ.增长趋缓阶段 2012~2014 年	0.103** (0.0521)	0.225** (0.105)	−0.510*** (0.135)	−0.596*** (0.152)
部门固定效应	是	是	是	是

注：表中仅报告了系数 β_1 的回归结果，括号中为异方差稳健标准误，所有回归均按期初 GDP 加权

***、**、*分别表示 $p<0.01$、$p<0.05$、$p<0.1$

表 9.4　回归结果概览

时间段	纯国内	最终品贸易	简单全球价值链	复杂全球价值链
Ⅰ.互联网泡沫 2001 年	×	○		○
Ⅱ.高速增长阶段 2002~2008 年	×	○	○	○
Ⅲ.次贷危机影响期 2009 年	○	×	×	×
Ⅳ.恢复性增长阶段 2010~2011 年			○	
Ⅴ.增长趋缓阶段 2012~2014 年	○	○	×	×

注：○ 代表对应回归系数 β_1 正显著（显著水平至少达到 10%），× 代表负显著，空白则表明未得到显著的回归结果

对于两个增长阶段（Ⅱ和Ⅳ）而言，虽然全球 GDP 均表现出高速增长的特征，但两个阶段之间具有本质差异。前者（Ⅱ）是相对稳定且持久的增长，而后者则带有"触底反弹"的性质，且并不持久。

我们的回归结果进一步揭示了两者之间的差异。就阶段Ⅱ（高速增长阶段）来看，期初更多参与贸易相关生产活动（最终品贸易、简单及复杂全球价值链生产），尤其是深度参与复杂价值链分工的国家部门，后续经济增速显著更高——更开放的生产结构带来更快的经济发展。而对于阶段Ⅳ来说，虽然亦表现为增长，但具体情况截然不同。期初更多参与最终品贸易及复杂价值链生产，对经济复苏并不能产生积极影响，仅有"简单全球价值链"一项的系数为正显著。这可能意味着：次贷危机中遭受重创的复杂价值链生产活动，很难在短期内恢复元气。该阶段的增长更多带有反弹意味，而不是由生产推动的稳定情形。

再关注Ⅰ、Ⅲ两个衰退阶段，在相似的表象背后，同样具有本质的差异。后者是典型的"贸易型衰退"，而前者则更偏向短期波动。具体而言，在 2001 年互联网泡沫所带来的衰退中，期初生产结构相对开放、更多参与复杂价值链的国家部门，在衰退中亦能维持较好的经济表现。而 2009 年次贷危机影响期则明显带有"贸易衰退"特征：贸易相关的三类生产活动的期初占比越高，尤其是当更多参与价值链生产活动时，危机中受到的负面冲击亦越大。

而 2012 年之后（阶段Ⅴ），全球经济陷入停滞，在全球价值链中的深度参与不再为经济提供增长动力。随着贸易保护主义抬头，"全球价值链停滞"迹象出现，深度参与全球分工的国家部门在后续衰退中反而受到了更大的波及。

更细分的，我们在部门层面上重新估计以上回归。基于制造业、服务业、农矿业的结果汇总后的易读版本见表9.5。回归结果显示，在 2002~2008 年这一高速增长时期（阶段Ⅱ），与基准回归的结果一致：三套子样本回归的结果高度一致，贸易更加开放、参与国际分工（尤其是复杂分工）更多的国家部门，往往拥有更好的增长表现。与此同时，这一明显的正向关联在次贷危机后的反弹恢复时期（阶段Ⅳ）并不存在。对于次贷危机影响期（阶段Ⅲ）而言，除农矿业部门外，制造业及服务业部门的回归结果亦与基准回归保持一致：在国际分工中融入程度更高的国家，在衰退中受到的波及亦越大。而这一现象在 2001 年互联网泡沫所造成的临时性衰退期间并不存在。2012 年之后（阶段Ⅴ），部门层面的回归结果同样揭示了经济趋缓阶段的"全球价值链停滞"特征，深度参与全球分工所带来的经济利好基本消失，在农矿业部门，甚至可能产生负向影响。

表 9.5　部门层面回归结果概览

时间段	制造业				服务业				农矿业			
	纯国内	最终品贸易	简单全球价值链	复杂全球价值链	纯国内	最终品贸易	简单全球价值链	复杂全球价值链	纯国内	最终品贸易	简单全球价值链	复杂全球价值链
Ⅰ. 互联网泡沫 2001 年	×	○	○	○	×		○	○				
Ⅱ. 高速增长阶段 2002~2008 年	×	○	○	○	×	○	○	○	×		○	○
Ⅲ. 次贷危机影响期 2009 年	○	×	×	×	○		×	×				
Ⅳ. 恢复性增长阶段 2010~2011 年							○			×	○	
Ⅴ. 增长趋缓阶段 2012~2014 年				×	○				○	○	×	×

注：○ 代表对应回归系数 β_1 正显著（显著水平至少达到 10%），× 代表负显著，空白则表明未得到显著的回归结果

第四节　本 章 小 结

　　本章基于 Wang 等（2017a）所提出的生产活动分解框架，采用 2016 版世界投入产出数据，对 2000 年至 2014 年全球增加值创造活动中的各生产类型（纯国内、最终品贸易、全球价值链）进行量化识别，并对经济周期中全球价值链生产活动的特殊作用进行分析。

　　研究有三点发现：其一，2000 年以来，全球生产结构发生了很大变化。全球价值链网络（尤其是复杂网络）在经济增长周期中快速扩张，在经济衰退中则转为收缩；2012 年之后，全球经济增速变缓，生产结构的演变亦陷入停滞。其二，以 2012 年为分界点，全球经济周期与价值链生产活动之间的强联动关系减弱。其三，经济波动背后，全球价值链生产活动的作用亦富有变化。对于国际分工的深度参与者而言，在经济上行阶段的增长表现更佳，衰退阶段却可能受到更大波及。2012 年开始的经济停滞阶段背后，更是出现了全球价值链生产活动下降的现象。

今后全球价值链生产活动能否恢复快速增长，部分取决于国际贸易环境能否较快恢复正常。当新的贸易与跨国投入产出的数据公布之后，今后的学者可以用本章的方法论做出跟踪度量与研究。

以上关于经济周期与全球价值链生产活动的探讨，有助于我们在量化测度的基础上，对全球分工在经济起伏背后的作用进行思考。但需要强调的是，本书更多关注两者之间的"关联"，其因果关系及影响机制有待在后续研究中讨论。

此外，本章所采用的生产活动分解法，根据现行基于属地原则的国民经济核算体系，将所有在境内注册的企业，包括外资子公司，都视为国内企业，并将其在国内的生产和销售活动归类为"纯国内"类型。然而就现实来看，此类公司的生产活动往往与其境外母公司的直接投资水平（跨境资本）有关，因而有相当比例应属于"全球价值链"范畴，例如当企业通过 FDI 来实现跨境服务贸易时尤为如此。有鉴于此，在国民经济核算中必须区分国内、外资企业。然而，包含企业类别信息的跨国投入产出表直到近期才可获①。该数据库的公开将有助于我们重新认识全球价值链网络中的贸易-投资关联，进而在区分国内、外资企业的基础上，更加准确地识别和测度全球价值链生产活动。

---

① OECD 跨国公司活动分析数据库，2019 年 5 月发布，2023 年 8 月更新，读者可访问官网获取。

第十章 反映跨国公司活动的全球价值链核算及应用

跨国公司不仅从事全球价值链进出口相关的国际贸易活动，而且是跨境直接投资的主体。根据世界银行《世界发展报告》（2020）[①]，跨国公司在贸易企业总数中的占比不足 15%，但几乎囊括了全球贸易总量的 80%。跨国公司通过跨境资本、技术与管理的输出，与东道国境内的劳动力等生产要素合作，形成跨国生产分工，是全球价值链活动的主要方式之一。

在中国的对外贸易中，跨国公司在华分支机构扮演着重要角色。2013 年之前外资企业在中国进出口中的占比一直超过一半，虽然在 2015 年被民营企业超过，但直到 2019 年其占比仍有 40%，其中出口占比 39%，进口占比 41%。进一步地，美国经济分析局公布的美国跨国公司数据表明[②]，在华美资企业 83%的销售额是在中国境内的本地销售，跨国公司在华分支机构的更多活动是本地生产、采购和销售，在"内循环"中也有着非常重要的作用。在"一带一路"建设和"双循环"新发展战略格局下，通过跨国投资重构并引领新的全球价值链，是中国对外开放新阶段和中国企业走出去的关键战略抓手。传统的基于国际贸易的全球价值链核算框架在这一新形势下更具有明显的局限性。鉴于此，充分考虑跨国公司的生产与国际贸易活动，构建能够包括跨国直接投资的全球价值链核算的新框架，既在理论上是对传统增加值贸易和价值链活动核算框架的重要补充，亦对新形势下中国参与全球价值链的模式和特征的分析具有关键的实践意义。

本章将扩展我们早期工作（Wang et al.，2017a）中所提出的全球价值链生产分解框架，将跨国公司生产与贸易活动与本地企业的异质性以及其与本地企业的生产关联纳入考虑，提出识别和测度包括跨国公司价值链活动的全球价值链新核算框架：将一个国家增加值的创造活动按生产分解为纯国内价值链活动、传统最终品贸易价值链活动以及全球价值链活动，并进一步将全球价值链活动分解为贸

---

① https://www.worldbank.org/en/publication/wdr2020。

② https://www.bea.gov/data/intl-trade-investment/activities-us-affiliates-foreign-mnes。

易相关的全球价值链活动、投资相关的全球价值链活动，以及贸易投资双相关的全球价值链活动三类。

这一框架对跨国公司和本土企业的不同生产和贸易活动方式进行了分解，沿价值链追溯了与跨国公司相关的全部增加值创造活动，将为研究跨国公司在全球价值链生产和贸易活动中发挥的作用提供相应的测度指标与基础数据，而这些信息在仅考虑贸易相关活动的现有的增加值贸易和全球价值链核算框架中是无法获得的。

第一节　跨国公司与全球价值链研究进展

如何识别和度量全球价值链活动一直是全球价值链研究文献的重点之一。这方面文献主要建立在对贸易总值的分解或对 GDP（增加值或最终产品）生产分解的基础上。其中最受关注的是贸易分解，现有文献大多集中在这一角度。Hummels 等（2001）对这个问题作出了开创性贡献。他们强调了定义全球价值链生产（垂直专业化）的三个条件：产品或服务是在多个阶段的连续过程中生产的；至少在两个国家实现了价值增值；至少有一个国家在其出口生产中使用了进口中间投入。根据单国投入产出模型，他们计算了经济学文献中最早的全球价值链参与度指标（垂直专业化率）：一个国家单位出口生产中使用进口中间投入的份额（VS），以及一个国家单位出口中被其他国家用于出口生产的中间产品份额（前向产业关联的垂直专业化，简称VS1）。刘遵义等（2007b）和 Koopman 等（2012）构建了反映加工贸易的中国非竞争型投入产出模型，提出了总出口中的国内增加值概念，并建立了 VS 与国内增加值之间的联系：一个国家的出口总额可以分解为国内增加值和 VS 两个组成部分。Johnson 和 Noguera（2012）提出了增加值贸易的概念：增加值出口（VAX），定义为由出口国创造但被另一国最终吸收的增加值，即出口国 GDP 满足国外最终需求的部分。李昕和徐滇庆（2013）从全球价值链出发，测算了中国与各贸易伙伴的贸易增加值，并重新估算了中国对外贸易依存度和贸易差额，指出从贸易增加值角度特别是剔除加工出口的重复计算和外资企业出口后，中国的对外依存度并不高，也不存在严重的贸易失衡问题。张杰等（2013）从微观层面对中国企业出口增加值率进行了测度，并分析了不同贸易方式和不同所有制企业出口增加值率的差异及形成机制。罗长远和张军（2014）运用增加值贸易框架，考察了中国的出口增加值发展态势，从产业内和产业间效应角度，探究了中国出口增加值变化的动因。Koopman 等（2014）和王直等（2015）提出了一个总贸易核算框架，将一个国家的总出口分解为四个部分：满足国外最终需求的出口国的国内增加值、出口后返回并满足国内最终需求的国内增加值、出口品生产中的外国增加值，以及因中间品多次跨越边境而产生的纯重复计算项等四项。这四项相互独立，总和为100%的出口总值。该框架在官方统计的贸易数据（以总量计算）的各组成部分和GDP（以净值计算）之间建立了确切的关系。在后继的贸易总额分解文献中，不同的作者将VAX进一步分解，并对外国增加值和重复计算项的核算方法进行了改进（Nagengast and Stehrer，2016；Johnson，2018；Borin and Mancini，2019；Arto et al.，2019；Miroudot and Ye，2020）。

目前对增加值或最终产品生产进行完整分解研究的文献较少。Los 等（2015）根据增加值来源分解最终产品，使用隐含在最终产品生产中的外国增加值（定义为最终生产国以外的所有增加值）的份额来衡量国际生产分工。然而，他们的分解仅基于后向关联，并且没有区分全球价值链和非全球价值链生产活动。Wang 等（2017a）构建了一个统一框架：不仅通过后向关联追溯了最终产品生产活动中的增加值来源，而且通过前向关联追溯了各国家、部门所产出的增加值各部分的去向，以识别和衡量不同的价值链活动。当产品中包含的增加值出于生产目的而跨越国界时，被归类为全球价值链活动。据此全球生产活动被分解为三类：完全在国内生产和消费的"纯国内价值链活动"；生产完全在国内，而消费发生在国外的"传统最终品贸易价值链活动"；隐含在中间产品中的增加值被出口到国外，被另一个国家用于再生产，即"全球价值链活动"。最后一类可以根据要素的跨境次数进一步分解为简单和复杂的全球价值链活动。在简单全球价值链活动中，要素在生产过程中仅跨越一次国界，不涉及通过第三国的间接出口或再出口/再进口活动。在复杂全球价值链活动中，生产要素则至少两次跨越国界。

需要指出的是，在以往以国际投入产出数据为基础的全球价值链分解和核算测度研究中，绝大多数相关的生产贸易活动分解框架都没有区分跨国公司和本土企业[①]。基于国民经济核算的"驻地"规则，将所有在国境内的跨国公司分支机构与本土企业的增加值创造活动同样对待。换句话说，如果一个外国跨国公司的子公司在东道国不从事跨境贸易，其创造的增加值将被视为东道国纯国内生产的一部分。鉴于世界上庞大且不断增长的FDI存量以及跨国公司分支机构在东道国市场（不通过国际贸易渠道）的大量销售及购买，现有文献可能严重低估了全球价值链的重要性。

对贸易总值的分解和对GDP的分解是由两个不同但相关的问题驱动的：如何根据国民账户体系所设定的标准把海关贸易统计数据与 GDP 数据正确地联系起

---

① 多数研究跨国企业价值链生产的文献主要基于单国投入产出模型（比如，Ma et al.，2015；李鑫茹等，2018；周琢和祝坤福，2020），研究出口的属地增加值和属权增加值，但并未关注到外资企业满足本地市场的价值链生产活动。

来，从而根据构成贸易总值的不同部分与 GDP 的关系，准确地以增加值（净值）的标准解释海关贸易统计数据的经济学意义，是 Koopman 等（2014）和王直等（2015）研究所要解决的问题；如何分解 GDP 和最终产品生产以正确识别全球价值链和非全球价值链活动，则是 Wang 等（2017a）和本章所要研究的问题，其答案将有助于定义符合国民账户体系标准的国际生产分割测度和全球价值链参与度指标。

相对于现有文献，本章主要贡献有三点：首先，本章提出了一个扩展的全球价值链核算框架，在衡量全球价值链活动时充分考虑了跨国公司及其境外分支机构的重要作用。现有的全球价值链核算与测度文献没有区分本地企业和外商投资企业，仅侧重于识别和测度贸易统计数据中所反映的全球价值链活动。Antràs（2020）指出，识别全球价值链活动的关系性质非常重要，但考虑这一"关系"特征的实证研究非常少。通过明确区分各国境内的外资企业与内资企业，本章的核算框架可以识别和度量与跨国公司相关的全球价值链活动。虽然仍然无法精确衡量所有具有关系性质的全球价值链活动，但离达到这样的目标更近了一步。

其次，本章首次根据跨国公司在价值链活动中发挥的不同作用，将跨国公司价值链细分为纯跨国公司的全球价值链（"跨国公司–跨国公司"型）、上游为跨国公司的全球价值链（"跨国公司–本土企业"型）和上游为本土企业的全球价值链（"本土企业–跨国公司"型），拓展了关于跨国公司在全球生产分割和全球价值链中的作用的文献（Alfaro and Charlton，2009；Ramondo et al.，2015；Blanchard et al.，2016；Alfaro et al.，2019；Andrenelli et al.，2019；Ramondo，2020）。这类文献的早期研究旨在解决企业为何在海外投资并成为跨国公司的问题，区分了遵循需求因素的市场导向型外商直接投资（水平型 FDI）和寻求当地低成本生产要素的投入（或效率）导向型外商直接投资（垂直型 FDI）。而最近的研究则发现跨国企业通过跨境直接投资和国际贸易相结合，以及一系列非股权、基于合同的伙伴关系使得全球价值链活动越来越复杂（Andrenelli et al.，2019）。使用来自 Dun & Bradstreet（邓白氏）的企业层面数据（该数据记录了 100 多个国家的国内企业和外国子公司是否从事国际贸易或提供本地市场服务），Ramondo（2020）发现垂直型 FDI 应该被更广义地理解为生产的分割或碎片化：不一定是在同一跨国公司的两个分支机构之间（如英特尔），还可能是在不相关的企业之间（如苹果和富士康），因此涉及所有类型的贸易活动。这些研究大多遵循 Alfaro 和 Charlton（2009）提出并由 Antràs 和 Chor（2013）以及 Alfaro 等（2019）扩展的方法。这一方法将企业的生产活动与单一国家投入产出表中的信息相结合，来研究全球价值链上的企业边界问题。通过衡量企业在供应链上的位置（或"上游度"），这些文献从各个方面检验了企业边界产权理论，并研究了它们在全球价值链上进行各种整合的选择。苏丹妮等（2020）研究了全球价值链分工地位对企业生产率以及企业参与本地产业集群的关联效应，指出全球价值链分工地位越高的企业生产率亦越高，全球价值链上游环节参与度越高的企业与本地产业集群的空间关联度越弱，而全球价值链下游环节参与度越高的企业的空间关联度越强。但目前还没有任何"宏观层面"的指标可以用来度量外商投资企业在服务于本地和全球市场的全球价值链活动中的参与程度。

最后，利用跨国公司投资收益的全球分配矩阵，本章将全球价值链的属地增加值转化为属权增加值，并据此重新考察了各经济体在全球价值链下的贸易平衡问题。本章利用 OECD 公布的各经济体各行业增加值中的劳动报酬和资本报酬占比，以及 OECD 的跨国公司活动分析数据库（AMNE 数据库）中公布的跨国公司产出的双边分配矩阵，把跨国公司在东道国的属地增加值中投资收益转化为母国的属权增加值。

第二节　反映跨国公司全球价值链的核算模型

假设全球有 G 个经济体和 N 个行业，每个经济部门有两种类型的企业：内资企业（D）和跨国公司在东道国的分支机构（简称外资企业，F）[①]。不同企业类型、不同行业间的跨国联系在扩展的国家间投入产出（ICIO）表中显示，其中包含企业类型信息，反映跨国公司的国际投入产出模型的表式结构如表 10.1 所示。

表 10.1　区分内资和外资企业的国家间投入产出表

投入			产出												总产出
			中间使用								最终使用				
			国家1		国家2		...	国家G			国家1	国家2	...	国家G	
			D	F	D	F	...	D	F						
中间 投入	国家1	D	Z_{DD}^{11}	Z_{DF}^{11}	Z_{DD}^{12}	Z_{DF}^{12}	...	Z_{DD}^{1G}	Z_{DF}^{1G}		Y_D^{11}	Y_D^{12}	...	Y_D^{1G}	X_D^1
		F	Z_{FD}^{11}	Z_{FF}^{11}	Z_{FD}^{12}	Z_{FF}^{12}	...	Z_{FD}^{1G}	Z_{FF}^{1G}		Y_F^{11}	Y_F^{12}	...	Y_F^{1G}	X_F^1

---

① 在统计中，外资企业大部分是外国跨国公司在东道国的分支机构，也有一部分其他企业。本章所使用的 OECD 发布的 AMNE-ICIO 数据库中，外资企业明确定义为外国跨国公司在东道国的分支机构，因此之后将外国跨国公司在东道国的分支机构简称为外资企业，东道国的其他企业简称为内资企业，这一定义仅适用于本章所用数据结果与分析。同时，根据 OECD 对外资企业的定义，AMNE 数据库中，只有实收资本来源结构中有 50% 以上来自境外才被认为是外资企业，这与各国政府对境外外资企业的认定标准并不相同，比如美国商务部经济分析局规定美国境内企业，有 10% 以上的资本来自境外就被认为是外资企业，中国则是把这一标准定在 25%，即企业实收资本结构中有 25% 以上来自境外，则认定为外资企业。

续表

投入			产出												
			中间使用							最终使用				总产出
			国家1		国家2		⋯	国家G		国家1	国家2	⋯	国家G	
			D	F	D	F	⋯	D	F					
中间投入	国家2	D	Z^{21}_{DD}	Z^{21}_{DF}	Z^{22}_{DD}	Z^{22}_{DF}	⋯	Z^{2G}_{DD}	Z^{2G}_{DF}	Y^{21}_{D}	Y^{22}_{D}	⋯	Y^{2G}_{D}	X^{2}_{D}
		F	Z^{21}_{FD}	Z^{21}_{FF}	Z^{22}_{FD}	Z^{22}_{FF}	⋯	Z^{2G}_{FD}	Z^{2G}_{FF}	Y^{21}_{F}	Y^{22}_{F}	⋯	Y^{2G}_{F}	X^{2}_{F}
	⋮	⋮	⋮	⋮	⋮	⋮	⋱	⋮	⋮	⋮	⋮	⋱	⋮	⋮
	国家G	D	Z^{G1}_{DD}	Z^{G1}_{DF}	Z^{G2}_{DD}	Z^{G2}_{DF}	⋯	Z^{GG}_{DD}	Z^{GG}_{DF}	Y^{G1}_{D}	Y^{G2}_{D}	⋯	Y^{GG}_{D}	X^{G}_{D}
		F	Z^{G1}_{FD}	Z^{G1}_{FF}	Z^{G2}_{FD}	Z^{G2}_{FF}	⋯	Z^{GG}_{FD}	Z^{GG}_{FF}	Y^{G1}_{F}	Y^{G2}_{F}	⋯	Y^{GG}_{F}	X^{G}_{F}
增加值			Va^{1}_{D}	Va^{1}_{F}	Va^{2}_{D}	Va^{2}_{F}	⋯	Va^{G}_{D}	Va^{G}_{F}					
总投入			X^{1}_{D}	X^{1}_{F}	X^{2}_{D}	X^{2}_{F}	⋯	X^{G}_{D}	X^{G}_{F}					

注：各个 Z 是一个 $N×N$ 的矩阵，表示不同类型企业和国家间的中间投入流量。两个上标分别代表供给国和需求（使用）国，两个下标分别代表供给企业和使用企业的类型，其中 D 和 F 分别表示内资企业和外资企业。例如，Z^{sr}_{FD} 表示由 s 国的外资企业（F）生产并被 r 国内资企业（D）用作投入的产品的中间使用矩阵。各个 Y 都是 $N×1$ 的最终使用向量，上标分别代表供给国和使用国，下标分别代表生产企业和使用企业的类型。例如，Y^{sr}_{D} 代表由 s 国的内资企业生产供给并被 r 国消费的最终产品；X 是 $N×1$ 的总产出向量，X^{s}_{D} 给出了 s 国内资企业的总产出；Va 表示 $1×N$ 的直接增加值向量，Va^{s}_{F} 表示 s 国外资企业创造的直接增加值

$$定义直接投入系数矩阵为 A = Z\hat{X}^{-1} = \begin{bmatrix} A^{11}_{DD} & A^{11}_{DF} & \cdots & A^{1G}_{DD} & A^{1G}_{DF} \\ A^{11}_{FD} & A^{11}_{FF} & & A^{1G}_{FD} & A^{1G}_{FF} \\ \vdots & \vdots & & \vdots & \vdots \\ A^{G1}_{DD} & A^{G1}_{DF} & & A^{GG}_{DD} & A^{GG}_{DF} \\ A^{G1}_{FD} & A^{G1}_{FF} & \cdots & A^{GG}_{FD} & A^{GG}_{FF} \end{bmatrix}，代表在$$

特定部门和国家，内资企业和外资企业分别生产一单位总产出所需的中间投入的价值。例如，A^{sr}_{DF} 代表 r 国的外资企业生产 1 单位总产出所需要的 s 国内资企业的中间投入的价值；其中 $\hat{X}$ 表示对向量进行对角化操作，即将向量转化为对角矩阵。反映国家间、行业间和不同企业类型间关联的经典的 Leontief（1936）逆矩阵可以表示为 $B = (I - A)^{-1}$，也称为全球完全需求系数矩阵，给出了满足特定国家、部门和企业类型的平均一单位最终需求所需的各国各部门中每种企业类型的产出，其中 I 是 $2GN×2GN$ 的单位矩阵。

定义增加值系数向量为 $V = Va\hat{X}^{-1} = \begin{bmatrix} V^{1}_{D} & V^{1}_{F} & \cdots & V^{G}_{D} & V^{G}_{F} \end{bmatrix}$。可以根据增加值的来源和最终生产地（Wang et al.，2017a），将全球 GDP 生产分解为 $2GN×2GN$ 的方阵 $\hat{V}B\hat{Y}$，其中 $\hat{V}$ 是一个 $2GN×2GN$ 的对角矩阵，对角线上的元素为各国各部门

增加值系数，Y 也是 $2GN \times 1$ 的列向量，表示每个国家/部门/企业类型的最终产品产量，$Y = \begin{bmatrix} \sum_k^G Y_D^{1k} & \sum_k^G Y_F^{1k} & \cdots & \sum_k^G Y_D^{Gk} & \sum_k^G Y_F^{Gk} \end{bmatrix}$。其中，$\sum_k^G Y_D^{ik}$ 和 $\sum_k^G Y_F^{ik}$ 分别是 i 国内资企业和外资企业的最终生产产品向量。

根据 Wang 等（2017a）的研究，一个国家部门的 GDP 生产可以根据其产品所包含的要素是否出于生产目的跨越国界以及跨越国界的次数，分解为四种类型的价值链活动：在整个生产和消费过程中没有任何要素跨越国界的纯国内价值链；生产要素完全来自国内并且产品在其他国家消费的传统贸易价值链；一国某部门中间投入中的国内增加值出口到直接伙伴国，并用于直接伙伴国的最终品生产和消费的简单全球价值链，以及生产要素多次跨越国界的复杂全球价值链。其分解公式如下：

$$\hat{V}B\hat{Y} = \hat{V}L\hat{Y}^L + \hat{V}L\hat{Y}^E + \hat{V}LA^E L\hat{Y}^L + \hat{V}LA^E (B\hat{Y} - L\hat{Y}^L) \tag{10.1}$$

其中，B 表示全球里昂惕夫逆矩阵，反映各国之间的产业关联；$L = \left(I - A^L\right)^{-1}$ 表示本地的里昂惕夫逆矩阵，反映了各国国内不同行业之间的关联。其中，A^L 表示各国国内直接投入系数矩阵，即 A 的对角子矩阵。$\hat{Y}^L$ 和 $\hat{Y}^E$ 分别表示以 Y^L 和 Y^E 为对角元的对角矩阵，Y^L 和 Y^E 分别是各国各部门生产的国内最终需求品和最终出口品，公式表示为 $Y^L = \begin{bmatrix} Y_D^{11} & Y_F^{11} & \cdots & Y_D^{GG} & Y_F^{GG} \end{bmatrix}$ 和 $Y^E = Y - Y^L$。A^E 是 A 的非对角子矩阵，表示进口品中间投入系数矩阵。

式（10.1）右边的四项分别是纯国内价值链、传统贸易价值链、简单全球价值链和复杂全球价值链。每项均为一个 $GN \times GN$ 的矩阵，行和为增加值生产的分解（基于前向关联）；列和为最终产品和服务生产的分解（基于后向关联）。这就是矩阵形式的式（10.1）的巧妙之处，它通过将每个矩阵在不同方向上的元素相加，在一个统一的公式中表达了基于前向关联和后向关联的全球价值链生产分解。

追踪内外资企业创造的增加值和每种类型企业生产的最终产品和中间产品，我们可以将增加值系数向量 V、最终产品向量（Y^L 与 Y^F）和中间进口投入系数矩阵 A^E 拆分如下：

$$\hat{V} = \hat{V}_D + \hat{V}_F, \quad \hat{Y}^L = \hat{Y}_D^L + \hat{Y}_F^L, \quad \hat{Y}^E = \hat{Y}_D^E + \hat{Y}_F^E, \quad A^E = A_D^E + A_F^E \tag{10.2}$$

其中，$V_D = \begin{bmatrix} V_D^1 & 0 & \cdots & V_D^G & 0 \end{bmatrix}$ 和 $V_F = \begin{bmatrix} 0 & V_F^1 & \cdots & 0 & V_F^G \end{bmatrix}$ 分别是各国家各行业内资企业和外资企业的直接增加值系数向量；A_D^E 和 A_F^E 分别是各国家各行业内资企业和外资企业的中间进口投入系数矩阵；$Y_D^L = \begin{bmatrix} Y_D^{11} & 0 & \cdots & Y_D^{GG} & 0 \end{bmatrix}'$ 和

$Y_F^L = \begin{bmatrix} 0 & Y_F^{11} & \cdots & 0 & Y_F^{GG} \end{bmatrix}'$ 分别代表满足东道国国内最终需求的各行业内资企业和外资企业的最终产品与服务；$Y_D^E = Y_D - Y_D^L$ 和 $Y_F^E = Y_F - Y_F^L$ 分别是内资企业和外资企业对不同国家/行业的最终产品与服务出口。将式（10.2）中的系数向量（$\hat{V}_D$ 和 $\hat{V}_F$）、（A_D^E 和 A_F^E）和（$\hat{Y}_D$、$\hat{Y}_F$、$\hat{Y}_D^L$、$\hat{Y}_F^L$、$\hat{Y}_D^E$ 和 $\hat{Y}_F^E$）代入式（10.1），则

$$\hat{V}B\hat{Y} = \left(\hat{V}_D + \hat{V}_F\right)L(\hat{Y}_D^L + \hat{Y}_F^L) + \left(\hat{V}_D + \hat{V}_F\right)L(\hat{Y}_D^E + \hat{Y}_F^E)$$
$$+ \left(\hat{V}_D + \hat{V}_F\right)L(A_D^E + A_F^E)\,L\hat{Y}^L + \left(\hat{V}_D + \hat{V}_F\right)L(A_D^E + A_F^E)(B\hat{Y} - L\hat{Y}^L) \quad （10.3）$$

扩展式（10.3），我们可以得到以下公式：

$$\hat{V}B\hat{Y} = \hat{V}_D L\hat{Y}_D^L + \hat{V}_D L\hat{Y}_F^L + \hat{V}_F L\hat{Y}_D^L + \hat{V}_F L\hat{Y}_F^L + \hat{V}_D L\hat{Y}_D^E + \hat{V}_D L\hat{Y}_F^E + \hat{V}_F L\hat{Y}_D^E + \hat{V}_F L\hat{Y}_F^E$$
$$+ \hat{V}_D LA_D^E L\hat{Y}^L + \hat{V}_D LA_F^E L\hat{Y}^L + \hat{V}_F LA_D^E L\hat{Y}^L + \hat{V}_F LA_F^E L\hat{Y}^L + \hat{V}_D LA_D^E\left(B\hat{Y} - L\hat{Y}^L\right)$$
$$+ \hat{V}_D LA_F^E(B\hat{Y} - L\hat{Y}^L) + \hat{V}_F LA_D^E(B\hat{Y} - L\hat{Y}^L) + \hat{V}_F LA_F^E(B\hat{Y} - L\hat{Y}^L)$$
$$（10.4）$$

根据不同类型企业增加值的来源及其在最终生产中的用途，重新排列式（10.4）中的各项，我们就可得到区分内资企业和外资企业的 16 项分解公式如下：

$$\hat{V}B\hat{Y} = \hat{V}_D L\hat{Y}_D^L + \hat{V}_D L\hat{Y}_D^E + \hat{V}_D LA_D^E L\hat{Y}^L + \hat{V}_D LA_D^E(B\hat{Y} - L\hat{Y}^L)$$
$$+ \hat{V}_D L\hat{Y}_F^L + \hat{V}_D L\hat{Y}_F^E + \hat{V}_D LA_F^E L\hat{Y}^L + \hat{V}_D LA_F^E(B\hat{Y} - L\hat{Y}^L)$$
$$+ \hat{V}_F L\hat{Y}_D^L + \hat{V}_F L\hat{Y}_D^E + \hat{V}_F LA_D^E L\hat{Y}^L + \hat{V}_F LA_D^E(B\hat{Y} - L\hat{Y}^L)$$
$$+ \hat{V}_F L\hat{Y}_F^L + \hat{V}_F L\hat{Y}_F^E + \hat{V}_F LA_F^E L\hat{Y}^L + \hat{V}_F LA_F^E(B\hat{Y} - L\hat{Y}^L) \quad （10.5）$$

式（10.5）右侧的 16 项被分为四行四列。为便于讨论，我们将在以下讨论中进行增加值追溯的国家/地区作为分析对象。首先按行分解。第一行追溯了内资企业创造的增加值如何用于内资企业的最终生产活动。第二行追溯了外资企业如何在最终生产活动中使用内资企业创造的增加值。第三行追溯了外资企业创造的增加值如何用于内资企业的最终生产活动。第四行追溯了外资企业创造的增加值如何用于本国和直接进口国的外资企业的最终生产活动。然后按列进行分解。第一列分解了满足国内最终需求的国内价值链生产活动。第二列分解了满足国外最终需求的传统贸易价值链生产活动。第三列分解了满足直接进口国最终需求的本国出口的中间品生产。第四列分解了被直接进口国再出口用于满足世界市场需求的本国出口的中间品生产。我们的框架也可以用表 10.2 来总结。

表 10.2　区分跨国企业和本土企业的全球价值链生产分解

增加值来源和去向		生产活动			
		东道国的纯国内生产	东道国的最终出口生产	简单中间品出口生产	复杂中间品出口生产
内资企业产生的增加值	被内资企业用于最终品/出口生产	$\hat{V}_D L \hat{Y}_D^L$	$\hat{V}_D L \hat{Y}_D^E$	$\hat{V}_D L A_D^E L \hat{Y}^L$	$\hat{V}_D L A_D^E (B\hat{Y} - L\hat{Y}^L)$
	被外资企业用于最终品/出口生产	$\hat{V}_D L \hat{Y}_F^L$	$\hat{V}_D L \hat{Y}_F^E$	$\hat{V}_D L A_F^E L \hat{Y}^L$	$\hat{V}_D L A_F^E (B\hat{Y} - L\hat{Y}^L)$
外资企业产生的增加值	被内资企业用于最终品/出口生产	$\hat{V}_F L \hat{Y}_D^L$	$\hat{V}_F L \hat{Y}_D^E$	$\hat{V}_F L A_D^E L \hat{Y}^L$	$\hat{V}_F L A_D^E (B\hat{Y} - L\hat{Y}^L)$
	被外资企业用于最终品/出口生产	$\hat{V}_F L \hat{Y}_F^L$	$\hat{V}_F L \hat{Y}_F^E$	$\hat{V}_F L A_F^E L \hat{Y}^L$	$\hat{V}_F L A_F^E (B\hat{Y} - L\hat{Y}^L)$

从表 10.2 中我们可以清楚地看到，第一行的第一个单元格中，增加值的来源和满足国内最终需求的生产者都是内资企业，整个生产过程都在东道国，因此可以定义为纯粹的国内生产活动。第一行的第二个单元格中，增加值的来源和最终出口的生产均来自内资企业，可以定义为传统的贸易活动。前两个单元格是内资企业的增加值用于内资企业的最终生产，不涉及生产分工，被定义为非全球价值链活动。第一行的最后两个单元格中，增加值的来源和最终生产者也为内资企业，但生产要素随中间品贸易流动进行了跨国生产共享，因此可以定义为与贸易相关的全球价值链活动。其余三行的单元格均与东道国的外资企业相关，因此可以定义为与直接投资相关的全球价值链活动。其中，第二、第三和第四列中的前两个单元格是 Wang 等（2017a）中遗漏的全球价值链活动。

基于表 10.2 中定义的全球价值链活动和非全球价值链活动，我们对式（10.5）进行组合简化得到：

$$\hat{V}B\hat{Y} = \underbrace{\underbrace{\hat{V}_D L \hat{Y}_D^L}_{\substack{\text{纯国内价值链}\\ \text{(1) V\_D}}} + \underbrace{\hat{V}_D L \hat{Y}_D^E}_{\substack{\text{传统最终品贸易价值链}\\ \text{(2) V\_RT}}}}_{\text{非全球价值链活动}} + \underbrace{\hat{V}_D L A_D^E B\hat{Y}}_{\substack{\text{与贸易相关的全球价值链}\\ \text{(3) V\_GVCT}}}$$

$$+ \underbrace{\hat{V}_D L \hat{Y}_F + \hat{V}_F L \hat{Y}_D + \hat{V}_F L \hat{Y}_F}_{\substack{\text{FDI相关全球价值链}\\ \text{(4) V\_GVCI}}} + \underbrace{\hat{V}_D L A_F^E B\hat{Y} + \hat{V}_F L A_D^E B\hat{Y} + \hat{V}_F L A_F^E B\hat{Y}}_{\substack{\text{贸易及FDI双相关全球价值链}\\ \text{(5) V\_GVCTI}}}$$

（10.6）

式（10.6）右边的 9 项可归为 5 类价值链活动，前三项分别为纯国内价值链、传统最终品贸易价值链和与贸易相关的全球价值链。其中的每一项都有明确的经济含义，具体如下：第 1 项 $\hat{V}_D L \hat{Y}_D^L$ 是内资企业创造的增加值，被内资企业用于满足国内最终需求的最终生产——内资企业既是增加值的提供者，也是最终产品的生产者，整个生产完全在东道国境内，既不涉及外资企业的生产，也不涉及国际贸易以及外国生产要素，因而被定义为纯国内价值链活动（V_D）[①]。第 2 项 $\hat{V}_D L \hat{Y}_D^E$ 是内资企业创造的增加值，被内资企业用于生产出口的最终产品和服务以满足国外的最终需求——内资企业既是增加值的提供者，也是最终产品的生产者，它们的最终产品在国外消费，但与第一项类似，生产过程完全在东道国国内，不涉及跨国生产分工，因此被视为传统最终品贸易价值链活动（V_RT）。第 3 项 $\hat{V}_D L A_D^E B \hat{Y} = \hat{V}_D L A_D^E L \hat{Y}^L + \hat{V}_D L A_D^E \left(B \hat{Y} - L \hat{Y}^L \right)$ 是隐含在东道国内资企业生产的中间产品出口中的增加值，这些中间品被直接进口国用于生产最终产品以满足国内最终需求或再出口到第三国。东道国的内资企业是增加值的提供者，中间出口的生产者也是内资企业，即中间出口的国内生产链中增加值创造方和出口品生产方都是内资企业，与外资企业无关。出口国和进口国通过至少一次跨越国境的中间投入贸易参与生产分工，因此被定义为仅与贸易相关的全球价值链活动（V_GVCT）。

中间的三项都与外资企业在东道国内的生产或销售活动有关，是与 FDI 和外资企业相关的全球价值链活动：第 4 项 $\hat{V}_D L \hat{Y}_F = \hat{V}_D L \hat{Y}_F^L + \hat{V}_D L \hat{Y}_F^E$ 是东道国内资企业创造的增加值，用于外资企业的最终品生产，以满足国内外市场的最终需求。东道国内资企业是位于上游的增加值提供者，外资企业是位于下游的最终产品的生产者，即上游为本土企业的跨国公司全球价值链（V_GVCI_UD）。它衡量了寻求投入（一般中间品或战略资产）效率的 FDI 和 FDI 出口平台的影响。第 5 项 $\hat{V}_F L \hat{Y}_D = \hat{V}_F L \hat{Y}_D^L + \hat{V}_F L \hat{Y}_D^E$ 是外资企业在东道国创造的增加值，用于内资企业的最终品生产，以满足国内和全球市场的最终需求。外资企业是位于上游的增加值提供者，内资企业是位于下游的最终产品的生产者，即上游为外资企业的跨国公司全球价值链（V_GVCI_UF）。它衡量了寻求中间投入市场的 FDI 的影响。第 6 项 $\hat{V}_F L \hat{Y}_F = \hat{V}_F L \hat{Y}_F^L + \hat{V}_F L \hat{Y}_F^E$ 是外资企业在东道国创造的增加值，用于境内外资企业生产最终产品和服务，以满足国内外市场的最终需求。东道国的外资企业既是提供者又是生产者，即纯跨国公司全球价值链（V_GVCI_F）。它衡量了寻求最终产品市场的 FDI 的影响。第 4、5 和 6 项的共同点是都涉及在东道国生产最终产品和服务，在生产过程中不存在隐含在中间贸易流中的生产跨境分工。但由于跨国

---

① 括号内为基于前向产业关联计算的价值链指标，下同。

企业的当地分支机构可以看作是外国生产要素跨越国界的结果，第 4~6 项存在通过跨国投资（如外国资本与当地劳动力结合）的生产分工，因而可统称为与 FDI 相关的全球价值链活动（V_GVCI），是本章关注的重点。它们可以是水平型或垂直型 FDI，也可以是两者的综合。

最后三项都既与外资企业的跨境贸易有关，又与跨境投资有关，是与贸易及 FDI 双相关的全球价值链活动：第 7 项 $\hat{V}_D LA_F^E B\hat{Y} = \hat{V}_D LA_F^E L\hat{Y}^L + \hat{V}_D LA_F^E (B\hat{Y} - L\hat{Y}^L)$ 是隐含在外资企业的中间出口产品中内资企业创造的增加值，被直接进口国用于生产满足本国最终产品和服务或再出口到其他国家。东道国的内资企业是上游增加值的提供者，外资企业是下游中间产品的生产者。隐含在东道国中间产品出口的外资企业跨国投资要素跨越了国界，因此在这种跨国生产分工中，生产要素需要至少两次跨越国界，因而可定义为与贸易和 FDI 都相关的复杂全球价值链活动。第 8 项 $\hat{V}_F LA_D^E B\hat{Y} = \hat{V}_F LA_D^E L\hat{Y}^L + \hat{V}_F LA_D^E (B\hat{Y} - L\hat{Y}^L)$ 是由外国跨国公司在东道国的分支机构创造的增加值隐含于内资企业中间出口品中，被直接进口国用以满足当地和全球市场的生产中。东道国的外资企业是位于上游的增加值提供者，生产中间出口的内资企业是位于下游的生产者。由于外国跨国公司在东道国的分支机构是外国资本跨越国界的结果，因此该项也应视为与贸易和 FDI 都相关的复杂全球价值链活动。最后一项 $\hat{V}_F LA_F^E B\hat{Y} = \hat{V}_F LA_F^E L\hat{Y}^L + \hat{V}_F LA_F^E (B\hat{Y} - L\hat{Y}^L)$ 是由外国跨国公司在东道国的分支机构创造的增加值隐含于外资企业的中间投入品中，被直接进口国用于满足当地消费或再出口到其他国家的生产中。东道国的外资企业是上游增加值的提供者，也是中间出口品的生产者。它最有可能衡量了与贸易和跨国投资相关的全球价值链活动。第 7、8 和 9 项的共同特点是，它们都涉及跨国贸易和直接投资，是衡量跨国公司全球采购和生产分割的指标，因而被定义为与贸易和 FDI 双相关的全球价值链活动（V_GVCTI）。

总之，前两项是国内企业用于生产最终产品和服务的增加值，不涉及生产分工，因此被定义为非全球价值链活动。其余七项都涉及跨国生产分工：其生产过程中要素至少跨越一次国境。它是由至少两个国家的生产要素组合，向消费者提供具有一定特征的具体产品和服务，因此可以定义为全球价值链活动。其中，第 3 项是与贸易相关的全球价值链活动，记为 V_GVCT；第 4 到第 6 项是与 FDI 相关的简单全球价值链活动，记为 V_GVCI，这是以前文献中遗漏的；最后三项是与跨国贸易和直接投资相关的复杂全球价值链活动，记为 V_GVCTI。前四项加上第 7 项的总和描述了东道国内资企业创造的增加值如何分解为这相互独立的五项。第 5 项、第 6 项和最后两项之和将外资企业在东道国创造的增加值分为四个相互独立的部分，共同度量了跨国企业全球价值链活动的不同表现形式。此外，第 3 项和第 7、8、9 项的总和是与中间品出口相关的全球价值链活动，等于 Wang 等（2017a）定义的全球价值链活动。Borin 和 Mancini（2019）测算的与贸易相关的全球价值链活动中缺少第 5 项（$\hat{V}_F L \hat{Y}_D$）和第 6 项（$\hat{V}_F L \hat{Y}_F$）的一部分。

与式（10.1）类似，式（10.6）右边的 9 项中的每一项都是 $2GN \times 2GN$ 的矩阵。行和为根据前向关联 GDP 生产分解。

这个扩展的全球价值链核算框架纠正了现有文献中未识别的三个 FDI 相关的全球价值链活动部分。特别是第 4、5、6 三项，即 V_GVCI_UD，V_GVCI_UF 和 V_GVCI_F，是外国跨国公司的分支机构在东道国市场"遗漏"或未计算的全球价值链活动，因为早期的研究将所有公司，包括外资企业在东道国国内市场的销售和最终产品出口作为"纯国内生产"或"传统贸易"活动。之前的框架忽略了这样一个事实，即跨国公司进入东道国时总是伴随着 FDI 和其他"无形"资产的流入，已经造成了事实上的生产要素以生产为目的的跨境活动。

正如 Antràs（2020）所指出的那样，全球价值链活动"不仅仅是在生产中使用外国要素或参与进出口。全球价值链组织企业间和企业内部关系的方式不仅是涉及有形商品的转移，还涉及体现在产品或服务中的信息和技术的转移"。全球价值链活动的很大一部分"本质上是关系型的，因此其涉及的原材料和同质中间投入的交易更可能表现出持久性或黏性"。即使有了 ICIO 表中有关公司所有权的信息，我们也无法准确识别和衡量这种关系型的全球价值链活动，但我们通过分别追踪跨国公司分支结构的活动与纯本地公司的活动，朝着这一目标又迈进了一步[①]。基于这个扩展的核算框架，我们可以将与 FDI 相关的全球价值链活动考虑在内，对 Wang 等（2017b）提出的全球价值链参与度指数进行扩展。根据前向产业关联推导出全球价值链参与度指数，如式（10.7）所示。

$$\text{GVCP\_F} = \frac{\text{V\_GVC}}{\text{Va}'} = \frac{\text{V\_GVCT}}{\text{Va}'} + \frac{\text{V\_GVCI}}{\text{Va}'} + \frac{\text{V\_GVCTI}}{\text{Va}'} \quad （10.7）$$

其中，V_GVC 表示全球价值链隐含的增加值；Va′ 表示增加值。

从式（10.6）的右边来看，公式中第 5 项（$\hat{V}_F L \hat{Y}_D$）、第 6 项（$\hat{V}_F L \hat{Y}_F$）、第 8 项（$\hat{V}_F L A_D^E B \hat{Y}$）和第 9 项（$\hat{V}_F L A_F^E B \hat{Y}$）是跨国公司的增加值被隐含于不同的价值链活动中，这一部分增加值属于东道国的 GDP，即跨国公司的属地增加值。但是跨国公司属地增加值中的投资收益是属于 FDI 母国的投资人的，因此从参与全

[①] 我们早期工作中定义的"简单全球价值链"（Wang et al., 2017）并未区分欠发达国家农民的初级产品贸易以及这些国家的跨国公司子公司所组织的初级产品贸易。换言之，我们为出口的中间产品成为国际生产网络的一部分提供了"必要"而非"充分"的条件。通过识别与 FDI 相关的全球价值链活动，这一扩展的核算框架为量化和评估有关全球价值链活动重要部分的发展提供了可能——这部分涉及跨国公司的外国子公司。

球价值链活动的收益角度来看，跨国公司的增加值实际上大部分是母国投资人的收益，需要追溯回母国，即跨国公司的属权增加值。因此，需要将跨国公司属地增加值向属权增加值的转换。

OECD 的 AMNE 数据库中公布了跨国公司国家部门双边层面总产出的估计值。以三国模型为例，可将其表达为矩阵形式，结构如下：

$$X_M = \begin{bmatrix} X_F^{ss} & X_F^{sr} & X_F^{st} \\ X_F^{rs} & X_F^{rr} & X_F^{rt} \\ X_F^{ts} & X_F^{tr} & X_F^{tt} \end{bmatrix}$$

上式矩阵中每一个变量表示双边总产出向量（$1 \times N$），其中变量上标第 1 个字符表示母国，第二个字符表示东道国。举例来说，X_F^{sr} 为母国 s 国跨国公司在东道国 r 国分支机构的总产出。总矩阵 X_M 为 $G \times GN$ 的矩阵，行向表示跨国公司的资本来源（母国），列向表示跨国公司分支机构所在的东道国和行业的产出。矩阵 X_M 列向求和汇总即为东道国各部门的跨国公司分支机构的总产出，矩阵各元素与相应的跨国公司分支机构的总产出之比得到权重矩阵 W_M（即 X_M 的列向比例矩阵），其结构如下：

$$W_M = \begin{bmatrix} W_F^{ss} & W_F^{sr} & W_F^{st} \\ W_F^{rs} & W_F^{rr} & W_F^{rt} \\ W_F^{ts} & W_F^{tr} & W_F^{tt} \end{bmatrix}$$

举例来说，$W_F^{sr} = X_F^{sr}(\hat{X}_F^r)^{-1}$，表示东道国 r 国的跨国公司分支机构的总产出中母国 s 国的跨国公司产出的占比。

跨国公司的属地增加值中劳动者报酬项绝大多数是本地劳动要素的收入[1]，但资本报酬的大部分是母国投资人的属权增加值。因此，本章基于 OECD 的 AMNE 数据库公布的各国各部门劳动者报酬占增加值的比例，推算跨国公司分支机构在各东道国国境内各部门增加值中的劳动者报酬和资本报酬。根据投入产出模型中关于同一国家同一部门下生产的同质性假设[2]，利用权重矩阵 W_M 将式（10.6）中的各跨国公司的属地增加值（第 5 项、第 6 项、第 8 项和第 9 项）中的资本报酬分配到各母国。

---

[1] 实际中，跨国公司从业人员中有一部分是母公司派遣的管理者，其获得的劳动者报酬收益也是母国属权增加值，但这一部分没有相关数据支持，而且通过对国际收支平衡表的分析，劳动者报酬收益相对投资收益来说非常低，对劳动者报酬不作处理，都认为是东道国属权增加值。

[2] 此处假设外资企业的劳动者报酬和资本报酬在增加值中占比与东道国的本土企业是一致的。

$$W_M \widehat{KVa_F} = W_M \operatorname{diag}\left[\widehat{KV_F}LY_D\right] + W_M \operatorname{diag}\left[\widehat{KV_F}LY_F\right]$$
$$+ W_M \operatorname{diag}\left[\widehat{KV_F}LA_D^E BY\right] + W_M \operatorname{diag}\left[\widehat{KV_F}LA_F^E BY\right] \qquad (10.8)$$

其中，K 表示各国各部门资本报酬占增加值的比例向量。

由此，将式（10.6）生产分解结果中的跨国公司属地增加值向量（$GN \times 1$）分解为反映母国收益的跨国公司收益分配矩阵（$G \times GN$，前一个 G 表示母国数量，后一个 GN 表示东道国跨国公司分支机构在世界上分布的国家部门数），其行向汇总即为跨国公司母国投资人的属权增加值。

需要注意的是，式（10.6）中的另外两项：第 4 项（$\hat{V}_D L \hat{Y}_F$）和第 7 项（$\hat{V}_D LA_F^E B\hat{Y}$），为由跨国公司最终生产中间投入需求所拉动的上游内资企业增加值，既是东道国的 GDP，也是东道国的 GNI，不需要进行上述处理。

本章使用的数据为 OECD2019 年发布的 AMNE-ICIO 数据库，该数据库将跨国公司活动分析数据库与国家间投入产出表联系起来，可以区分各国各部门的国内企业和外资企业，涵盖了 2005 年至 2016 年 34 个部门的 59 个国家以及 1 个 "世界其他地区"。为了将基于 AMNE-ICIO 数据库计算的属地增加值转化为投资国的属权增加值，本章使用了 OECD 统计数据库[①]公布的各国各部门增加值数据和劳动者报酬在增加值中占比数据，推算出各国各部门中资本报酬在增加值中的占比情况，并与 OECD AMNE-ICIO 数据库中的双边产出流量矩阵相结合，得出各国各部门的外资企业增加值的收入分配流向矩阵。其中，双边产出流量矩阵缺失值的补全方法参照了 Duan 和 Jiang（2021）的研究。

第三节　跨国公司在全球价值链的作用分析

将上一节反映跨国公司的全球价值链核算框架应用于 AMNE-ICIO 数据库，我们计算了国内本地企业和外资企业生产分工与全球价值链活动在 GDP 中的比重。我们报告了式（10.6）中的五类价值链生产活动，分别为：V_D（纯国内价值链活动，对应于表 10.2 中的第一行第一列），V_RT（传统最终品贸易价值链活动），V_GVCT（贸易相关全球价值链活动），V_GVCI（FDI 相关全球价值链活动）和 V_GVCTI（贸易及 FDI 双相关全球价值链活动）。其中重点分析了 FDI 相关的全球价值链活动及其三个细项。并结合 OECD 数据库中的增加值收入分配与双边总产出数据测算了中国及美国参加全球价值链活动创造的属地增加值和产权增加值。

---

① https://stats.oecd.org/。

我们在图 10.1 中总结了 2005~2016 年全球经济的分解结果（GDP 中不同类型价值链活动创造的增加值）。根据 Wang 等（2017a）的分解方法，纯国内价值链活动占全球 GDP 份额在 80%左右，传统最终品贸易价值链活动占全球 GDP 份额在 8%左右，全球价值链活动占全球 GDP 份额在 12%左右。而根据本章提出的包括跨国公司的全球价值链核算方法，可以看到，纯国内价值链活动（仅使用国内要素生产满足国内最终需求）虽然仍占全球 GDP 的最大份额，但其份额下降至73%左右，而且相对重要性似乎是反经济周期的。它在经济增长阶段下降，在2008~2009 年的大衰退期间增长。其次，与 FDI 相关的全球价值链活动（V_GVCI）始终大于与贸易相关的全球价值链活动（V_GVCT）或传统最终品贸易价值链活动（V_RT）。再次，全球价值链活动中与 FDI 相关的部分比与贸易相关的全球价值链部分更稳定。

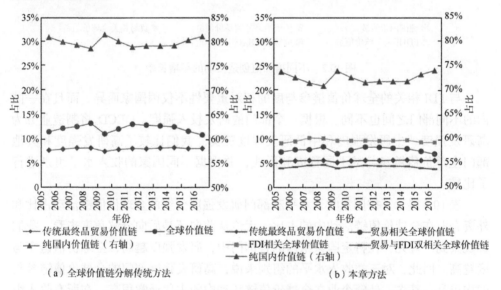

图 10.1　全球 GDP 中不同的增加值创造活动占比变化，2005~2016 年

显然，如果不考虑与 FDI 相关的全球价值链活动，全球价值链创造的增加值占全球 GDP 的 12%左右，一旦我们考虑到 FDI 及其在全球价值链中的作用，全球价值链在全球 GDP 中的份额几乎翻倍，达到 22%左右。为了从另一个角度看待这些途径，我们绘制了不同类型生产活动中增加值创造的年增长率（图 10.2）。2005~2008 年，全球价值链活动急剧增长。与贸易相关的活动所创造的增加值更多地受到 2008 年全球金融危机和之后经济衰退的影响。而不涉及贸易的 FDI 相关全球价值链活动（灰色柱形）所创造的增加值（占全球 GDP 的份额）在经济波动中的起伏则相对平缓。

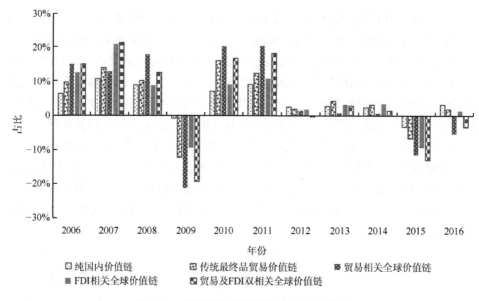

图 10.2　不同增加值创造活动的年增长率

与 FDI 相关的全球价值链参与度的相对重要性不仅因国家而异，而且在一国内的不同部门之间也不同。根据一个部门的研发投入强度，OECD 将制造业分为高研发强度、中研发强度和中低研发强度三类。我们比较了高研发强度和其他部门全球价值链参与的不同程度和形式，并根据不同国家的收入水平组别进行了比较。

表 10.3 展示了按国家收入水平和部门研发强度分组的全球价值链活动占比和外资企业在全球价值链活动中的占比。无论从前向还是后向分解角度来看，我们都观察到：首先，在特定国家组内的各部门中，研发强度越高，全球价值链参与度越高。因此，对三类收入水平的组别来说，高研发强度部门的全球价值链参与度均更高。其次，外资企业在全球价值链活动中的占比通常很高，在所有收入组别中都约为 60%。这一比率在高研发强度部门普遍高于中研发强度和中低研发强度部门。最后，外资企业的相对重要性在不同国家间存在显著差异。对于高收入国家，外资企业在中研发强度或中低研发强度部门也很重要。相比较而言，对于中等收入国家，跨国公司分支机构在中研发强度、中低研发强度部门中的作用并不那么突出。这些现象表明，任何试图脱钩或转移制造业生产的政策都需要考虑到全球生产网络的大规模重组，尤其是在高研发强度部门中。

表 10.3　贸易及 FDI 相关的全球价值链活动，按国家收入和部门研发强度[1]

产业关联	收入水平	全球价值链占比 （V_GVCT+ V_GVCI+ V_GVCTI）			跨国公司相关价值链的占比 （V_GVCI+ V_GVCTI）		
		高研发强度	中研发强度	中低研发强度	高研发强度	中研发强度	中低研发强度
前向关联	高收入	46.7%	44.0%	33.4%	71.8%	65.0%	70.8%
	中高收入	38.3%	29.9%	21.9%	68.8%	56.3%	38.1%
	中低收入	36.9%	28.7%	17.9%	73.2%	57.0%	56.5%
后向关联	高收入	49.0%	39.5%	39.7%	78.8%	73.5%	68.8%
	中高收入	44.6%	42.8%	19.6%	64.2%	64.2%	36.3%
	中低收入	41.3%	32.9%	20.7%	73.9%	71.4%	61.4%

　　各经济体情况可能有所不同。例如，小型开放经济体可能比大型经济体更多地参与到非加工和全球价值链活动中[2]。因此，我们选取了全球最大的两个经济体（中国和美国）作为例子，比较分析了两国不同价值链活动在 GDP 中的占比情况，以及不同研发强度的制造业部门全球价值链参与度的不同特征。

　　表 10.4 分别报告了 2005 年、2010 年和 2016 年中国和美国的 GDP 分解结果。中国作为世界上最大的发展中国家、最大的出口国和最大的 FDI 流入国，2005 年与 FDI 相关的总增加值占 GDP 的比重（按 V_GVCI+V_GVCTI 衡量）略低于与贸易相关的总增加值（按 V_GVCT+V_GVCTI 衡量），但 2010 年和 2016 年前者略高于后者。中国的数据也证实了我们的观点，即如果使用没有考虑跨国公司的 ICIO 表，那么一个国家在全球价值链中的参与程度会被大大低估。美国作为世界最大的经济体，不难发现其由本地生产要素创造的增加值的 80%以上被本国吸收。尽管如此，就美国与全球价值链相关的增加值分布结构来看，其与 FDI 相关全球价值链活动（V_GVCI 与 V_GVCTI 之和）大于其与贸易相关的全球价值链活动（V_GVCT 与 V_GVCTI 之和）。

---

　　① 我们采纳了 OECD 对高、中、低技术部门的定义（基于研发支出占一个部门总投入成本的份额）。对于任何给定的部门，利用本章分解框架，可以根据前向产业联系追踪增加值的去向，并根据后向产业联系追踪增加值的来源。

　　② 根据我们的测算，小型开放经济体在全球价值链参与方面，跨国公司相关的全球价值链参与度会高达 80%（比如新加坡、中国香港等），因此在与中国进行比较分析时，尽量选取经济体量与中国同一量级的美国作为比较对象（日本也可以）。

表 10.4　新核算框架下中、美价值链活动分解结果

年份	纯国内价值链	传统最终品贸易价值链	贸易相关全球价值链	FDI 相关全球价值链	贸易及 FDI 双相关全球价值链	非全球价值链	新全球价值链参与度	原全球价值链参与度
				中国				
2005	70.3%	8.2%	9.5%	8.6%	3.4%	78.5%	21.5%	12.90%
2010	73.9%	6.9%	7.2%	9.2%	2.8%	80.8%	19.2%	10.00%
2016	79.5%	5.2%	6.1%	7.0%	2.2%	84.7%	15.3%	8.30%
				美国				
2005	86.1%	3.2%	3.0%	6.4%	1.3%	89.3%	10.7%	4.40%
2010	83.9%	3.8%	3.8%	6.9%	1.6%	87.7%	12.3%	5.40%
2016	83.8%	3.6%	3.5%	7.5%	1.6%	87.3%	12.7%	5.10%

　　我们对比了 2016 年中国和美国高、中、中低研发强度制造业的全球价值链参与模式。如图 10.3 所示，中国不同研发强度的制造业全球价值链参与度总体均低于美国，这与国家层面全球价值链参与度完全相反。但从细项来看，中国不同研发强度的制造业的贸易相关全球价值链参与度（V_GVCT 与 V_GVCTI 之和在 GDP 中份额）均高于美国。中国制造业总全球价值链参与度低的原因在于与 FDI 相关的全球价值链活动（V_GVCI 与 V_GVCTI 之和），特别是仅与 FDI 相关的全球价值链参与度远低于美国。这说明了美国制造业参与全球价值链活动的主要方式是通过跨国公司跨境投资的模式，这与中国制造业通过贸易参与全球价值链活动的模式完全不同。

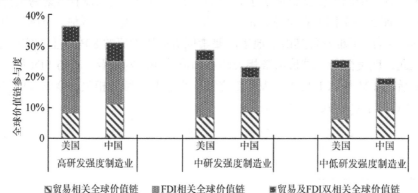

图 10.3　中美高、中、中低研发强度的制造业全球价值链参与度指数比较，2016 年

　　中美参与全球价值链活动的这种模式上的差异进一步说明了中美经济发展阶段与结构的不同。另外，通过中美制造业参与全球价值链活动的模式对比，可以

发现跨国公司的 FDI 相关全球价值链活动纳入考量的重要性。显然，传统全球价值链核算框架不仅带来对各国各部门全球价值链活动的极大低估，还可能造成中国制造业全球价值链参与度高于美国的方向性误判。

根据式（10.6）对 FDI 相关全球价值链活动的测度及其细项划分，我们测算并展示了 2005~2016 年中国境内跨国公司价值链的增长态势，考察了纯跨国公司价值链、上游为外资企业和上游为本土企业的跨国公司全球价值链在 FDI 相关全球价值链活动中的占比变化（图 10.4）。可以看出中国 FDI 相关全球价值链活动在 2005~2016 年总体呈上升态势。即使在 2008~2009 年国际金融危机冲击下，中国 FDI 相关的全球价值链也增长了 7.4%。但受全球投资不断下降影响，2014~2015 年中国 FDI 相关全球价值链活动有一个快速下降。从结构来看，纯跨国公司价值链在中国 FDI 相关全球价值链中占比较低，2016 年仅有 26.4%，远低于全球平均水平（44%），而中国境内本土企业与跨国公司之间相互关联的价值链活动占比显著，这一点尤其体现在上游为内资企业的跨国公司价值链活动占比上。从趋势来看，纯跨国公司价值链在中国 FDI 相关全球价值链中占比呈下降趋势，2005~2016 年下降了 12.3 个百分点，跨国公司与本土企业之间相互关联的价值链活动占比有大幅提升，其中上游为内资企业的跨国公司价值链活动占比上升了 8.6 个百分点。这与中国本土企业在全球价值链中（特别是上游位置）的竞争力提升直接相关。

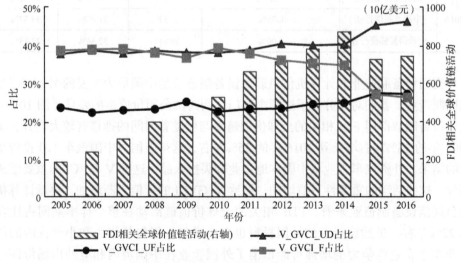

图 10.4　中国 FDI 相关的全球价值链增长及其细项占比变化

从不同研发强度的制造业来看（表 10.5），中研发强度制造业的中国 FDI 相关全球价值链参与度显著低于中低研发强度制造业和高研发强度制造业，而高研发强度制造业的 FDI 相关全球价值链参与度最高。从时间变化来看，高、中、中低研发强度制造业的 FDI 相关全球价值链参与度均有一定程度下降。从 FDI 相关全球价值链的不同细项活动占比来看，高、中、中低研发强度制造业纯跨国公司价值链活动占比均有较大幅度的下降，而跨国公司与本土企业之间相互关联的价值链活动占比有大幅提升。其中，中低研发强度制造业中上游为内资企业的跨国公司价值链活动占比上升最为显著（升幅为 9.6 个百分点），高研发强度制造业中上游为外资企业的价值链活动占比上升更为显著。显然中、中低研发强度制造业中本土企业的上游位置得到加强，高研发强度制造业中外资企业在上游位置竞争力有所提升。这说明外资企业所生产的中间投入品对中国的高技术高研发强度制造业的发展正起着日益重要的作用，外资企业在中国高技术产业的"内循环"中也有着不可或缺的作用。

表 10.5　中国不同研发强度制造业的 FDI 相关全球价值链参与度及其细项占比

年份	研发强度等级	FDI 相关全球价值链参与度	FDI 相关全球价值链中细项占比		
			V_GVCI_UD	V_GVCI_UF	V_GVCI_F
2005	高研发强度行业	15.67%	35.06%	21.04%	43.90%
	中研发强度行业	11.28%	25.48%	28.38%	46.14%
	中低研发强度行业	13.35%	30.26%	29.83%	39.92%
2016	高研发强度行业	11.15%	36.25%	24.83%	38.92%
	中研发强度行业	8.75%	29.37%	31.06%	39.57%
	中低研发强度行业	9.00%	39.81%	32.34%	27.85%

交通设备制造业和计算机信息通信设备制造业是中国最为主要的两个高研发强度制造业，我们对比分析了这两个部门之间跨国公司价值链的差异（图 10.5）。交通设备制造部门 FDI 相关的全球价值链参与度随着时间的推移有较大提升，从 2005 年的 18%左右增长到 2016 年的 25%左右，这是外国对中国汽车工业投资增加的结果。外资汽车企业从中国本地企业购买投入品，这是 V_GVCI 的重要组成部分。这些活动的重要性日益增加，导致 V_GVCI 的价值不断增加。再就计算机信息通信设备制造业来看，FDI 相关的全球价值链活动在整个样本期间占比在 15.22%左右。虽然该行业的外国投资也有所增加，但包括华为和小米在内的该行业本土企业竞争力的增强可能抵消了外国企业在中国境内和境外市场份额的增长。

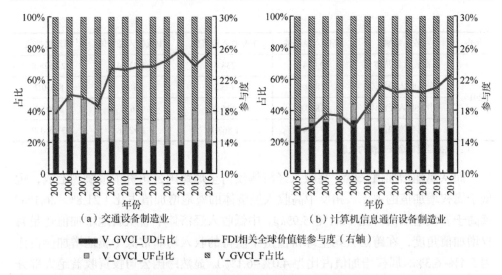

（a）交通设备制造业　　　　　　　（b）计算机信息通信设备制造业

■ V_GVCI_UD占比　　　——FDI相关全球价值链参与度（右轴）
▨ V_GVCI_UF占比　　　▨ V_GVCI_F占比

图 10.5　中国代表性高研发制造业 FDI 相关全球价值链参与度及其细项

　　各东道国境内的跨国公司分支机构所创造的增加值中的资本报酬实际上是跨国公司母国的投资收益。这一部分从属地增加值来看，是东道国的 GDP，但从产权增加值来看，是属于母国的 GNI。如表 10.6 的核算结果所示，从全球跨国公司资本报酬总体规模来看，2005~2010 年增长迅速，从 2005 年的 1.96 万亿美元上升至 2010 年的 2.93 万亿美元，增幅为 49.4%。而 2010~2015 年增长大幅放缓，2015年只有 3.16 万亿美元，较 2010 年只增长了 7.7%。从不同收入层级的经济体来看，全球跨国公司资本报酬有约九成来自高收入经济体的对外投资收益，属于高收入经济体的产权增加值。其中高收入经济体之间跨国投资的收益占全球跨国公司资本报酬的 2/3 左右，高收入经济体对中高收入经济体的跨国投资收益占全球跨国公司资本报酬的二成左右。

表 10.6　全球层面不同收入经济体的投资收益分配情况（单位：亿美元）

年份	收入级别	高收入经济体	中高收入经济体	中低收入经济体	属地增加值
2005	高收入经济体	13 113.5	376.5	794.8	14 284.9
	中高收入经济体	3 553.4	572.8	146.9	4 273.2
	中低收入经济体	975.0	52.6	29.9	1 057.5
	属权增加值	17 642.0	1 001.9	971.7	19 615.6
2010	高收入经济体	18 612.2	486.2	932.6	20 031.0
	中高收入经济体	6 448.2	999.4	202.2	7 649.8
	中低收入经济体	1 484.1	95.5	41.1	1 620.7
	属权增加值	26 544.6	1 581.1	1 175.9	29 301.6

年份	收入级别	高收入经济体	中高收入经济体	中低收入经济体	属地增加值
2015	高收入经济体	19 074.9	738.6	1 715.4	21 528.8
	中高收入经济体	6 849.1	993.3	188.3	8 030.7
	中低收入经济体	1 840.0	135.2	26.1	2 001.4
	属权增加值	27 764.1	1 867.1	1 929.8	31 561.0

注：数据经过四舍五入修约处理

　　而从属地增加值来看，高收入经济体仅占全球跨国公司资本报酬约七成，远低于属权增加值的占比。相反中高收入经济体的属地增加值占比（21.8%~26.1%）远高于属权增加值占比（5.1%~5.9%）。中低收入经济体不管从属地增加值还是属权增加值角度，在跨国公司全球价值链中获得的收入均非常低（属地增加值占比为5.4%~6.3%，属权增加值占比为4.0%~6.1%）。显然跨国公司投资收益绝大部分由高收入经济体获得。

　　我们挑选了美国和中国分别作为高收入经济体和中等收入经济体的代表，比较了两个经济体境内跨国公司全球价值链活动中创造的属地增加值和属权增加值情况（图10.6）。美国作为全球最大的跨国投资来源地和接收地，创造了全球最大规模的属地增加值和属权增加值。美国跨国公司属权增加值规模从2005年的6747亿美元上升至2016年的11 088亿美元，占全球跨国公司增加值1/3。美国境内跨国公司属地增加值低于属权增加值，规模从2005年的5690亿美元上升至2016年的9588亿美元，占全球跨国公司增加值约30%。

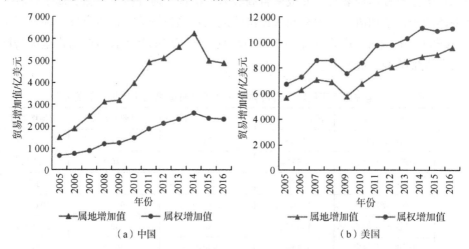

图10.6　中美的跨国公司属地增加值和属权增加值变化

　　中国的属权增加值规模则远低于属地增加值。中国境内跨国公司分支机构创造的属地增加值规模较高，在 2005~2014 年呈快速上升趋势，从 2005 年的 1485 亿美元升至 2014 年的 6244 亿美元，全球占比扩大了一倍多，从 2005 年的 7.6% 升至 2014 年的 18.0%，2014~2016 年属地增加值虽然稍有下降，但仍占全球跨国公司增加值的 15.4%。但中国的属权增加值规模相对较低，仅在 640 亿美元（2005 年）到 2597 亿美元（2014 年）之间，不到属地增加值规模的一半。中国属权增加值主要为境内跨国公司分支机构增加值中的劳动者报酬，而中国跨国公司的境外投资收益非常低。

　　综合以上，当前属地增加值（GDP）高估了中国等中低收入经济体参与全球价值链活动的收益，同时低估了美国等高收入经济体的收入。属地增加值核算低估了全球价值链活动带来的全球收入分配不平等现象。

　　我们发现，如图 10.7 所示，与按贸易总值衡量的情况一致，美国在增加值贸易统计上也存在巨额逆差[①]。但是，美国的跨国公司通过跨境投资，从境外获取了大量的投资收益，存在巨额的跨境投资收入顺差，因此从属权增加值贸易平衡来看，美国的贸易逆差大幅降低，贸易失衡现象得到明显改善。这与美国在贸易总值和增加值贸易角度的巨额赤字形成了鲜明对比。与此相反，无论以贸易总值衡量还是增加值贸易衡量，中国均存在巨额的贸易顺差。但是跨国公司在中国境内

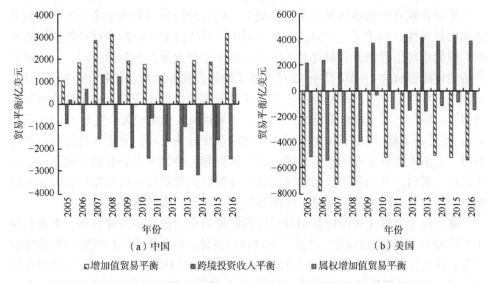

图 10.7　中美两国的增加值贸易平衡和跨境投资收入平衡比较

注：增加值贸易平衡数据来自 OECD TiVA 数据库，跨境投资收入指标为作者测算结果

----

① 理论上一个经济体的贸易总值平衡与其增加值贸易平衡应该是一致的。

获取了大量的跨境投资收入，中国在跨境投资收入平衡上存在相当大的逆差，这抵消了中国在贸易总值和增加值贸易上的顺差。特别地，在2009~2014年，中国属权增加值贸易平衡呈现逆差现象。

以上中、美两国的情况对比，说明两国在参与或组建全球价值链方面存在差异。美国是主要的跨国投资来源地，通过对外投资方式组建或参与全球价值链，获得巨额的投资收益，而中国是跨国投资主要目的地，通过吸收外国投资方式参与全球价值链，向境外跨国公司支出了大量的投资收益。另外，该数据事实也解释了为什么美国能长期存在巨额贸易逆差和中国能长期存在贸易顺差的合理性。这也印证了李昕和徐滇庆（2013）提出的剔除外资企业进出口后中国贸易顺差大幅降低的结论。

通过以上分析，传统的全球价值链分解框架利用属地增加值来分析全球价值链收益时，会造成对全球价值链收入特别是跨国公司全球价值链活动的收入分配格局的极大扭曲。属权增加值测度应该作为全球价值链核算的重要内容加以考虑。

第四节　本 章 小 结

本章在现有价值链核算框架的基础上，引入跨国公司和本土企业生产及贸易活动的异质性，构建了一个包括跨国公司生产异质性的扩展的全球价值链核算框架。根据增加值提供方和最终品（或出口品）生产方是否为跨国公司，将全球生产活动详细分解为16项，其中12项反映了跨国公司在全球价值链中发挥的作用。我们进一步将全球生产活动细项汇总为5类，即纯国内价值链、传统最终品贸易价值链，以及三类全球价值链生产活动（贸易相关、FDI相关、贸易及FDI双相关）。并进一步将FDI相关的全球价值链活动细分为三项，分别为纯跨国公司价值链、上游为外资企业的跨国公司全球价值链和上游为本土企业的跨国公司全球价值链。最后，利用跨国公司的要素收入分配数据和双边产出数据将各国属地增加值转换为属权增加值，度量了一国参与全球价值链活动的真实收入。

基于以上能够反映跨国公司异质性的扩展的全球价值链核算模型，本章利用OECD AMNE-ICIO数据库，计算了全球各经济体、各行业不同价值链活动的分解细项。我们发现FDI相关的全球价值链活动约占全球GDP的10%，这一部分在传统全球价值链核算框架中被遗漏，进而导致全球价值链参与程度被严重低估。而在我们提出的扩展的全球价值链核算方法下，全球价值链活动在全球GDP中的占比高达20%左右。高收入经济体的与FDI相关的全球价值链参与度大于中低收入经济体，高研发强度制造业FDI相关的全球价值链参与度大于中低研发强度制造业。

具体就中国来看，中国制造业贸易相关的全球价值链参与度高于美国，但投资相关的 GVC 参与度远低于美国，在中国 FDI 相关的全球价值链活动中，有 2/3 以上是外资企业与本土企业之间的生产关联活动，其中外资企业对上游本地企业生产拉动更为显著，说明外资企业在中国的"内循环"（满足内需）中也有着非常重要的作用。

最后，基于"属权原则"，本章对以往基于"属地原则"的全球价值链增加值核算结果进行了转换。计算发现：跨国公司的跨境投资收益绝大部分被高收入经济体获得，利用属地增加值来测度各经济体收益会严重扭曲对全球价值链收入特别是跨国公司全球价值链活动收入分配格局的理解。从属权增加值贸易来看，中国的贸易顺差与跨境投资收入逆差基本相抵消，美国的贸易失衡则大大降低，中美在跨境投资收入平衡上的巨大差异反映了两国在全球价值链的特征差异。总体来看，属权增加值需要纳入全球价值链核算框架。

虽然本章没有进行相关的计量经济分析，但扩展的全球价值链核算框架带来了丰富的跨国公司价值链分解结果，这为未来进行此类实证研究提供了重要的数据基础。

参 考 文 献

北京大学中国经济研究中心课题组. 2006. 中国出口贸易中的垂直专门化与中美贸易. 世界经济, （5）: 3-11, 95.

蔡浩仪, 韩会师. 2012. FDI 稳定性下降与宏观经济风险防范. 国际金融研究, （3）: 77-84.

陈东阳, 张宏. 2017. 中美双边贸易差额再测算及其驱动因素研究——属地与属权融合视角. 亚太经济, （4）: 54-63, 174.

陈锡康, 杨翠红, 等. 2011. 投入产出技术. 北京: 科学出版社.

戴翔, 张二震. 2012. 危机冲击与中国贸易"超调式"震荡的经验分析. 国际贸易问题, （1）: 3-11.

段玉婉, 蒋雪梅. 2012. 中欧贸易对双方经济和就业的影响分析. 国际贸易问题, （8）: 29-39

段玉婉, 祝坤福, 陈锡康, 等. 2013. 区分内外资企业和贸易方式的非竞争型投入产出模型. 系统工程理论与实践, 33（9）: 2204-2211.

冯丹卿, 钟昌标, 黄远浙. 2013. 外资进入速度对内资企业出口贸易的影响研究. 世界经济, 36（12）: 29-52.

冯国钊, 刘遵义. 1999. 对美中贸易平衡的新估算. 国际经济评论, （Z3）: 10-20.

傅朝阳. 2005. 中国出口商品比较优势的实证分析: 1980—2000. 世界经济研究, （3）: 34-39.

葛明, 赵素萍, 林玲. 2016. 中美双边贸易利益分配格局解构——基于 GVC 分解的视角. 世界经济研究, （2）: 46-57, 136.

葛顺奇, 罗伟. 2015. 跨国公司进入与中国制造业产业结构——基于全球价值链视角的研究. 经济研究, （11）: 34-48

郭雪凡, 祝坤福. 2022. 全球价值链视角下中美属地和属权增加值贸易: 核算方法与贸易收益. 南京社会科学, （5）: 45-55.

国家统计局国民经济核算司. 2012. 2012 年中国投入产出表. 北京: 中国统计出版社.

韩民春, 张丽娜. 2015. 中国制造业 FDI 撤离的就业效应和应对政策的效果. 数量经济技术经济研究, 32（9）: 56-72.

康振宇, 徐鹏. 2015. 全球价值链时代的中日贸易分析——基于增加值的视角. 国际贸易问题, （4）: 75-84.

李宏艳, 王岚. 2015. 全球价值链视角下的贸易利益: 研究进展述评. 国际贸易问题, （5）:

103-114.

李昕, 徐滇庆. 2013. 中国外贸依存度和失衡度的重新估算——全球生产链中的增加值贸易. 中国社会科学, (1): 29-55, 205.

李鑫茹, 陈锡康, 段玉婉, 等. 2018. 国民收入视角下的中美贸易平衡分析. 世界经济, 41 (6): 3-27.

林毅夫, 李永军. 2003. 出口与中国的经济增长: 需求导向的分析. 经济学 (季刊), (3): 779-794.

刘斌, 魏倩, 吕越, 等. 2016. 制造业服务化与价值链升级. 经济研究, (3): 151-162.

刘志彪, 吴福象, 2018. "一带一路"倡议下全球价值链的双重嵌入. 中国社会科学, (8): 17-32.

刘遵义, 陈锡康, 杨翠红, 等. 2007a. 非竞争型投入占用产出模型及其应用——中美贸易顺差透视. 中国社会科学, (5): 91-103, 206-207.

刘遵义, 张晓静, 阎冬, 等. 2007b 依国内增加值评判中美贸易差额. 国际贸易译丛, (3): 1-6.

罗长远, 张军. 2014. 附加值贸易: 基于中国的实证分析. 经济研究, 49 (6): 4-17, 43.

穆智蕊, 杨翠红. 2009. 中日贸易对双方影响的比较分析. 管理评论, 21 (5): 97-102, 120.

潘文卿, 李子奈. 2002. 20 世纪 90 年代中国外贸外资发展形势、作用及格局. 世界经济, (5): 32-37, 80.

蒲华林. 2011. 产品内国际分工与贸易对我国贸易平衡的影响分析. 国际贸易问题, (4): 15-23.

屈小博, 霍学喜. 2007. 我国农产品出口结构与竞争力的实证分析. 国际贸易问题, (3): 9-15.

沈国兵. 2005. 贸易统计差异与中美贸易平衡问题. 经济研究, (6): 82-93.

沈利生, 吴振宇. 2003. 出口对中国 GDP 增长的贡献——基于投入产出表的实证分析. 经济研究, (11): 33-41, 70-92.

沈利生, 吴振宇. 2004. 利用投入产出模型测算外贸对经济的贡献. 北京: 中国统计出版社: 268-280.

苏丹妮, 盛斌, 邵朝对, 等. 2020. 全球价值链、本地化产业集聚与企业生产率的互动效应. 经济研究, 55 (3): 100-115.

唐宜红, 张鹏杨. 2020. 全球价值链嵌入对贸易保护的抑制效应: 基于经济波动视角的研究. 中国社会科学, (7): 61-80, 205.

唐宜红, 张鹏杨, 梅冬州. 2018. 全球价值链嵌入与国际经济周期联动: 基于增加值贸易视角. 世界经济, (11): 49-73.

田开兰, 祝坤福, 杨翠红. 2017. 中国出口比较优势分析——基于不同贸易方式生产异质性的研究. 中国管理科学, 25 (9): 1-10.

王岚, 盛斌. 2014. 全球价值链分工背景下的中美增加值贸易与双边贸易利益. 财经研究, 40 (9): 97-108.

王雅炯, 幸丽霞. 2007. FDI 留存收益对中国经济潜在威胁的度量. 金融研究, (8B): 18-25.

王直, 魏尚进, 祝坤福. 2015. 总贸易核算法: 官方贸易统计与全球价值链的度量. 中国社会科学，（9）：108-127，205-206.

魏浩，毛日昇，张二震. 2005. 中国制成品出口比较优势及贸易结构分析. 世界经济，（2）：21-33，80.

吴振宇，沈利生. 2004. 中国对外贸易对 GDP 贡献的经验分析. 世界经济，（2）：13-20.

谢康，李赞. 2000. 货物贸易与服务贸易互补性的实证分析——兼论中美贸易不平衡的实质. 国际贸易问题，（9）：47-52.

杨汝岱. 2008. 香港转口贸易及其对中美贸易平衡的影响. 经济科学，（2）：65-77.

张二震，方勇. 2005. 要素分工与中国开放战略的选择. 南开学报，（6）：9-15.

张芳. 2011. 针对加工贸易之非竞争型投入产出表的编制与应用分析. 统计研究，28（8）：73-79.

张鸿. 2006. 我国对外贸易结构及其比较优势的实证分析. 国际贸易问题，（4）：46-52.

张杰，陈志远，刘元春. 2013. 中国出口国内附加值的测算与变化机制. 经济研究，48（10）：124-137.

张幼文. 2005. 从廉价劳动力优势到稀缺要素优势——论"新开放观"的理论基础. 南开学报，（6）：1-8，61.

张跃. 2005. 美国吸收外资和发展外资企业的政策. 全球科技经济瞭望，（8）：12-14.

郑志国，刘明珍. 2004. 从中国 GNP 与 GDP 差额看经济开放结构. 中国工业经济，（3）：14-21.

中华人民共和国海关总署. 2003. 2002 中国海关统计年鉴. 北京：中国海关出版社：12.

中华人民共和国海关总署. 2013. 2012 中国海关统计年鉴. 北京：中国海关出版社：14.

周琢，祝坤福. 2020. 外资企业的要素属权结构与出口增加值的收益归属. 中国工业经济，（1）：118-135.

祝坤福，陈锡康，杨翠红. 2013. 中国出口的国内增加值及其影响因素分析. 国际经济评论，（4）：116-127，7.

祝坤福，唐志鹏，裴建锁，等. 2007. 出口对中国经济增长的贡献率分析. 管理评论，19（9）：42-45，41，64.

祝坤福，余心玎，魏尚进，等. 2022. 全球价值链中跨国公司活动测度及其增加值溯源. 经济研究，57（3）：136-154.

Ahmad N. 2013. Estimating trade in value-added：why and how?//Elms D K，Low P. Global Value Chains in a Changing World. Secretariat：World Trade Organization Publications：85-108.

Ahmad N，Sonia A，Loturco A，et al. 2011. Using trade micro data to improve trade in value added measures：proof of concept using Turkish data//Matto A，Wei S，Wang Z. Trade in Value-Added：Developing New Measures of Cross-Border Trade. Washington，D.C.：World Bank：189-221.

Alfaro L，Antràs P，Chor D，et al. 2019. Internalizing global value chains：a firm-level analysis. Journal of Political Economy，127（2）：508-559.

Alfaro L，Charlton A. 2009. Intra-industry foreign direct investment. The American Economic

Review, 104（2）: 459-494.

Altomonte C, di Mauro F, Ottaviano G I P, et al. 2012. Global value chains during the great trade collapse: a bullwhip effect? ECB Working Paper, No.1412.

Andrenelli A, Lejárraga I, Miroudot S, et al. 2019. Micro-evidence on corporate relationships in global value chains: the role of trade, FDI and strategic partnerships. OECD Trade Policy Papers, No. 227.

Antràs P. 2020. Conceptual aspects of global value chains. The World Bank Economic Review, 34（3）: 551-574.

Antràs P, Chor D. 2013. Organizing the global value chain. Econometrica, 81（6）: 2127-2204.

Antràs P, Chor D. 2021. Global value chains. NBER Working Paper, No. 28549.

Arkolakis C, Ramanarayanan A. 2009. Vertical specialization and international business cycle synchronization. The Scandinavian Journal of Economics, 111（4）: 655-680.

Arndt S W, Kierzkowski H. 2001. Fragmentation: New Production Patterns in the World Economy. Oxford: Oxford University Press.

Arto I, Dietzenbacher E, Rueda-Cantuche J M. 2019. Measuring Bilateral Trade in Value Added Terms. Luxembourg: Publications Office of the European Union.

Balassa B. 1965. Trade liberalisation and "revealed" comparative advantage. The Manchester School of Economic and Social Studies, 33（2）: 99-123.

Baldwin R. 2011. Trade and industrialization after globalization's second unbundling: how building and joining a supply chain are different and why it matters. NBER Working Paper, No. 17716.

Baldwin R. 2012. Global supply chains: why they emerged, why they matter, and where they are going. The Fung Global Institute Working Papers, 15.

Baldwin R, Lopez-Gonzalez J. 2013. Supply-chain trade: a portrait of global patterns and several testable hypotheses. NBER Working Paper, No. 18957.

Barattieri A. 2014. Comparative advantage, service trade, and global imbalances. Journal of International Economics, 92（1）: 1-13.

Batra A, Khan Z. 2005. Revealed comparative advantage: an analysis for India and China. Indian Council for Research on International Economic Relations. New Delhi Working Papers, 168.

Blanchard E J, Bown C P, Johnson R C. 2016. Global supply chains and trade policy. NBER Working Paper, No. 21883.

Borin A, Mancini M. 2019. Measuring what matters in global value chains and value-added trade. World Bank Policy Research Working Paper, No. 8804.

Brandt L, Biesebroeck V J, Zhang Y F. 2011. Creative accounting or creative destruction? Firm-level productivity growth in Chinese manufacturing. Journal of Development Economics, 97（2）:

339-351

Chen H，Whalley J. 2014. China's service trade. Journal of Economic Surveys，28（4）: 746-774.

Chen Q R，Zhu K F，Chen X Y，et al. 2014. Distinguishing the processing trade in the world input-output table: a case of China. Lisbon: The 22th International Input-Output Conference: 14-18.

Chen X K. 1990. Input-occupancy-output analysis and its application in China//Chattezji M，Kuenne R E. Dynamics and Conflict in Regional Structural Change. London: Macmillan Press: 267-278.

Chen X K. 1999. Input-occupancy-output analysis and its application in the Chinese economy// Dahiya S B. The Current State of Economic Science. Rohtak: Spellbound Publications Pvt. Ltd: 501-514.

Chen X K，Cheng L K，Fung K C，et al. 2004. The estimation of domestic value-added and employment induced by exports: an application to Chinese exports to the United States. Stanford University Working Paper.

Chen X K，Cheng L K，Fung K C，et al. 2006. Estimates of U.S.-China trade balances in terms of domestic value-added. Stanford Center for International Development Working Paper.

Chen X K，Cheng L K，Fung K C，et al. 2012. Domestic value added and employment generated by Chinese exports: a quantitative estimation. China Economic Review，23（4）: 850-864.

Chen X K, Guo J, Yang C H. 2005. Extending the input-output model with assets. Economic Systems Research，17（2）: 211-225.

David D，Guilherme J，Wang Z. 2017. Measuring and analyzing the impact of GVCs on economic development. Global Value Chain Development Reports.

Dean J M, Fung K C, Wang Z. 2011. Measuring vertical specialization: the case of China. Review of International Economics，19（4）: 609-625.

Dedrick J, Kraemer K, Linden G. 2009. Who profits from innovation in global value chains? A Study of the iPod and notebook PCs. Industrial and Corporate Change，19（1）: 81-116.

Dietzenbacher E，Los B. 1998. Structural decomposition techniques: sense and sensitivity. Economic Systems Research，10（4）: 307-324.

Dietzenbacher E，Los B，Stehrer R，et al. 2013. The construction of world input-output tables in the WIOD Project. Economic Systems Research，25（1）: 71-98.

Dixit A K，Grossman G M. 1982. Trade and protection with multistage production. Review of Economic Studies. Oxford University Press，49（4）: 583-594.

Duan Y W，Jiang X M. 2021. Haven or pollution halo? A re-evaluation on the role of multinational enterprises in global CO_2 emissions. Energy Economics，97（4）: 105181.

Duan Y W, Yang C H, Zhu K F, et al. 2012. Does the domestic value added induced by China's exports really belong to China? China & World Economy, 20（5）: 83-102.

Feenstra R C, Jensen J B. 2012. Evaluating estimates of materials offshoring from U.S. manufacturing. Economics Letters, 117（1）: 170-173.

Feenstra R C, Robert G H. 2005. Ownership and control in outsourcing to China: estimating the property-rights theory of the firm. The Quarterly Journal of Economics, 120（2）: 729-761.

Fetzer J, Strassner E H. 2015. Identifying heterogeneity in the production components of globally engaged business enterprises in the United States. BEA Working Papers, 0130.

Fung K C, Lau L J, Xiong Y. 2006. Adjusted estimates of United States-China bilateral trade balances: an update. Pacific Economic Review, 11（3）: 299-314.

Gangnes B, Ma A C, van Assche A. 2012. Global value chains and the transmission of business cycle shocks. ADB Economics Working Paper Series, No.329.

Glass A.J, Saggi K. 2001. Innovation and wage effects of international outsourcing. European Economic Review, 45（1）: 67-86.

Grossman G M, Helpman E. 2004. Managerial incentives and the international organization of production. Journal of International Economics, 63（2）: 237-262.

Grossman G M, Rossi-Hansberg E. 2008. Trading tasks: a simple theory of offshoring. American economic review. American Economic Association, 98（5）: 1978-1997.

Hummels D, Ishii J, Yi K M. 2001. The nature and growth of vertical specialization in world trade. Journal of International Economics, 54（1）: 75-96.

Hummels D, Rapoport D, Yi K M. 1998. Vertical specialization and the changing nature of world trade. Economic Policy Review, 4（2）: 79-99.

Johnson R C. 2014. Five facts about value-added exports and implications for macroeconomics and trade research. The Journal of Economic Perspectives, 28（2）: 119-142.

Johnson R C. 2018. Measuring global value chains. Annual Review of Economics, 10（1）: 207-236.

Johnson R C, Noguera G. 2012. Accounting for intermediates: production sharing and trade in value added. Journal of International Economics, 86（2）: 224-236.

Johnson R C, Noguera G. 2016. A portrait of trade in value added over four decades. NBER Working Papers, No. 22974.

Justin D L C, Koopman R, Wang Z, et al. 2011. Estimating foreign value-added in Mexico's manufacturing exports. U.S. International Trade Commission Office of Economics Working Paper, No. 2011-04-A.

Kawakami M, Sturgeon T J. 2011. The Dynamics of Local Learning in Global Value Chains: Experiences from East Asia. London: Palgrave Macmillan.

Kee H L, Tang H W. 2016. Domestic value added in exports: theory and firm evidence from China. American Economic Review, 106 (6): 1402-1436.

Koopman R, Powers W, Wang Z, et al. 2010. Give credit where credit is due: tracing value-added in global production chains. NBER Working Paper, No. 16426.

Koopman R, Wang Z, Wei S J. 2008. How much of Chinese exports is really made in China? Assessing the domestic value-added when processing trade is pervasive. NBER Working Paper, No. 14109.

Koopman R, Wang Z, Wei S J. 2012. Estimating domestic content in exports when processing trade is pervasive. Journal of Development Economics, 99 (1): 178-189.

Koopman R, Wang Z, Wei S J. 2014. Tracing value-added and double counting in gross exports. The American Economic Review, 104 (2): 459-494.

Kowalski P, Gonzalez J L, Ragoussis A, et al. 2015. Participation of developing countries in global value chains: implications for trade and trade-related policies. Organization for Economic Co-operation and Development (OECD) Trade Policy Papers, No. 179.

Kraemer K, Linden G, Dedrick J. 2011. Capturing value in global networks: Apple's iPad and iPhone. University of California.

Kummritz V. 2016. Do global value chains cause industrial development? CTEI Working Paper, No. 2016-01.

Lall S, Narula R. 2013. Understanding FDI-assisted Economic Development. London: Routledge.

Lau L J, Chen X K, Cheng L K, et al. 2006. Estimates of U.S.-China trade balances in terms of domestic value-added. Stanford University: Stanford Center for International Development. Working Paper No. 295.

Lau L J, Chen X K, Cheng L K, et al. 2010. Input-occupancy-output models of the non-competitive type and their application — an examination of the China-US trade surplus. Social Sciences in China, 31 (1): 35-54.

Lau L J, Chen X K, Xiong Y. 2017. Understanding the real China-US trade balance. https://www.chinausfocus.com/finance-economy/understanding-the-real-china-us-trade-balance[2023-06-08].

Leontief W. 1936. Quantitative input and output relations in the economic system of the United States. The Review of Economic Statistics, (18): 105-125.

Leontief W, Ford D. 1972. Air pollution and the economic structure: empirical results of input-output computations//Brody A, Carter A P. Input-Output Techniques. Amsterdam: North Holland: 9-30.

Leontief W. 1941. The Structure of American Economy, 1919-1929. Cambridge: Harvard University Press.

Leontief W W, Chenery H B, Clark P G, et al. 1953. Studies in the Structure of the American

Economy: Theoretical and Empirical Explorations in Input-Output Analysis. New York: Oxford University Press.

Los B, Timmer M P. 2018. Measuring bilateral exports of value added: a unified framework. NBER Working Paper, No. 24896.

Los B, Timmer M P, de Vries G J. 2015. How global are global value chains? A new approach to measure international fragmentation. Journal of Regional Science, 55 (1): 66-92.

Los B, Timmer M P, de Vries G. J. 2016. Tracing value added and double counting in gross exports: comments. American Economic Review, 106 (7): 1958-1966.

Lu D. 2010. Exceptional exporter performance? Evidence from Chinese manufacturing firms. University of Chicago, Job Market Paper.

Ma A, Ari V A. 2010. The role of trade costs in global production networks: evidence from China's processing trade regime. World Bank Working Paper, No. 5490.

Ma H, Wang Z, Zhu K F. 2015. Domestic content in China's exports and its distribution by firm ownership. Journal of Comparative Economics, 43 (1): 3-18.

Mattoo A, Wang Z, Wei S J. 2013. Trade in Value Added: Developing New Measures of Cross-border Trade. Washington D.C.: World Bank.

Melitz M J. 2003. The impact of trade on intra-industry reallocations and aggregate industry productivity. Econometrica, 71: 1695-1725.

Meng B, Gao Y, Zhang T, et al. 2022. The US-China relations and the impact of the US-China trade war: global value chain analyses. IDE Discussion Paper, No. 851.

Miroudot S, Ye M. 2020. Decomposing value added in gross exports. Economic Systems Research, 33 (1): 67-87.

Nagengast A J, Stehrer R. 2016. Accounting for the differences between gross and value added trade balances. The World Economy, 39 (9): 1276-1306.

Naughton B. 2006. China's emergence and prospects as a trading nation. Brookings Papers on Economic Activity, 27 (2): 273-313.

Pahl S, Timmer M P. 2019. Patterns of vertical specialization in trade: long-run evidence for 91 countries. Review of World Economics, 155 (3): 459-486.

Pietrobelli C, Rabellotti R. 2011. Global value chains meet innovation systems: are there learning opportunities for developing countries? World Development, 39 (7): 1261-1269.

Ramondo N. 2020. Factory Asia: The determinants of multinational activity in the context of global value chains//Susantono B, Park C. Future of Regional Cooperation in Asia and the Pacific. Manila: Asian Development Bank: 180-237.

Ramondo N, Rodríguez-Clare A, Tintelnot F. 2015. Multinational production: data and stylized facts.

The American Economic Review: Papers & Proceedings, 105（5）: 530-536.

Stone R. 1971. Demographic Accounting and Model-Building. Paris: OECD.

Timmer M P, Dietzenbacher E, Los B, et al. 2015. An illustrated user guide to the world input-output database: the case of global automotive production. Review of International Economics, 23: 575-605.

Timmer M P, Erumban A A, Los B, et al. 2014. Slicing up global value chains. Journal of Economic Perspectives, 28（2）: 99-118.

Timon B, Brakman S, Dietzenbacher E. 2021. From exports to value added to income: accounting for bilateral income transfers. Journal of International Economics, 131: 103496.

Upward R, Wang Z, Zheng J H. 2013. Weighing China's export basket: the domestic content and technology intensity of Chinese exports. Journal of Comparative Economics, 41（2）: 527-543.

Vaccara B N, Simon N W. 1968. Factors affecting the postwar industrial composition of real product// Kendrick J W. The Industrial Composition of Income and Product. Cambridge: NBER: 19-66.

Wang Z, Wei S J, Yu X, et al. 2017a. Measures of participation in global value chain and global business cycles. NBER Working Paper, No. 23222.

Wang Z, Wei S J, Yu X, et al. 2017b. Characterizing global value chains: production length and upstreamness. NBER Working Paper, No. 23261.

Wang Z, Wei S J, Yu X, et al. 2021. Tracing value added in the presence of foreign direct investment. NBER Working Paper, No. 29335.

Wang Z, Wei S J, Yu X, et al. 2023. Measuring domestic factor content in bilateral and sectoral-level trade flows. NBER Working Paper, No. 30953.

Wang Z, Wei S J, Zhu K. 2013. Quantifying international production sharing at the bilateral and sector level. NBER Working Paper, No. 19677.

World Bank. 2017. Trade developments in 2016: policy uncertainty weighs on world trade. http:// documents.worldbank.org/curated/en/228941487594148537/[2017-02-21].

World Bank. 2020. World Development Report 2020: Trading for Development in the Age of Global Value Chains. Washington D. C.: World Bank.

Xing Y Q. 2007. Foreign direct investment and China's bilateral intra-industry trade with Japan and the US. Journal of Asian Economics, 18（4）: 685-700.

Xing Y Q. 2019. How the iPhone widens the US trade deficit with China: the case of the iPhone X. GRIPS Discussion Papers, 19-21.

Xing Y Q, Detert H. 2010. How the iPhone widens the United States trade deficit with the People's Republic of China. ADBI Working Paper, No. 257.

Yang C, Dietzenbacher E, Pei J, et al. 2015. Processing trade biases the measurement of vertical specialization in China. Economic Systems Research，27（1）：60-76.

Yeats A. 1998. Just how big is global production sharing? World Bank Policy Research Working.

Yi K M. 2003. Can vertical specialization explain the growth of world trade? Journal of Political Economy，111（1）：52-102.

Zhang K H. 2005. How does FDI affect a host country's export performance? The case of China. International Conference of WTO. China and the Asian Economies：25-26.